Job?

나는 **인공지능** 전문가가 될 거야!

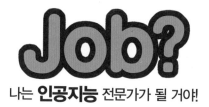

Job?

나는 인공지능 전문가가 될 거야!

Special 04

길문섭 글 | 동서만화연구소 그림

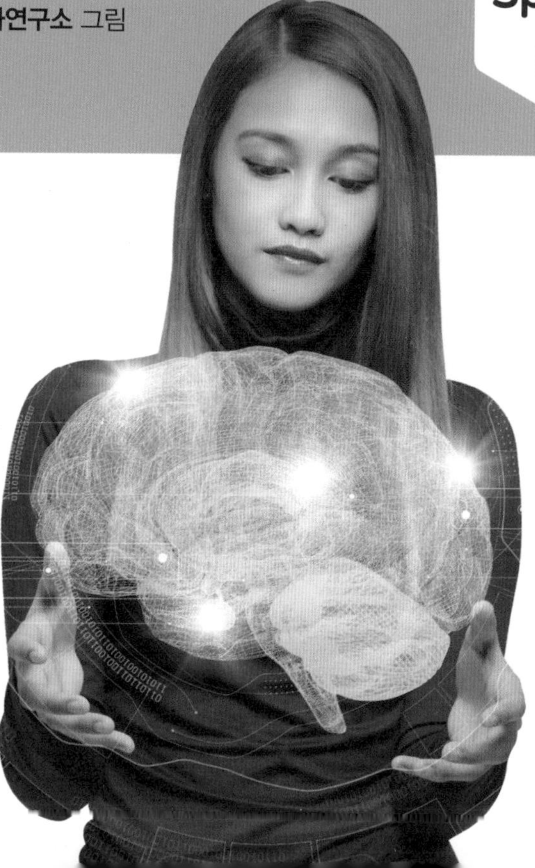

국일아이

차례

직업 탐험
워크북

나는 **인공지능**
전문가가 될 거야!

등장인물

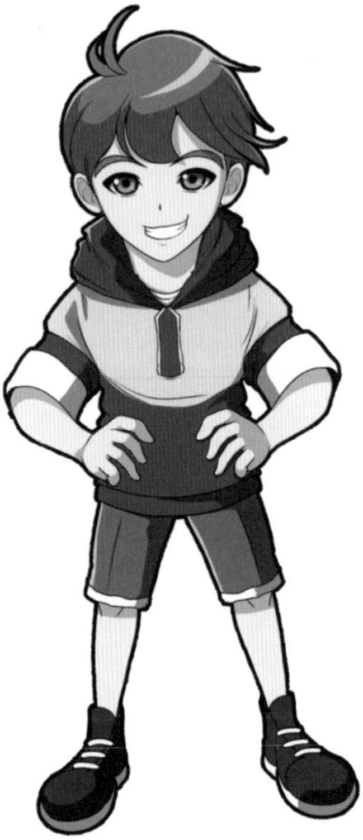

지니

인공지능에 관심이 많고 장래에 어떤 직업을 선택할지 고민이 많은 초등학교 6학년 남자아이이다. 게임을 좋아하지만 늘 동생 미노에게 지기만 한다. 활달한 성격이고 용기가 있다. 번뜩이는 재치로 검은 안경 사나이를 잡는 데 중요한 단서를 제공한다.

미노

지니의 동생이며 항상 침착하고 어른스럽다. 특유의 관찰력과 예리한 감각으로 콧수염 박사의 비밀을 알아낸다. 가짜 콧수염 박사가 등장했을 때 다른 사람이라는 것을 눈치채고 그의 정체를 밝히고자 노력한다.

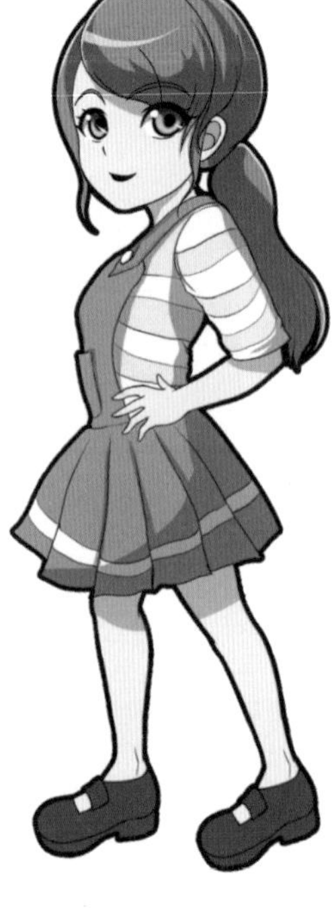

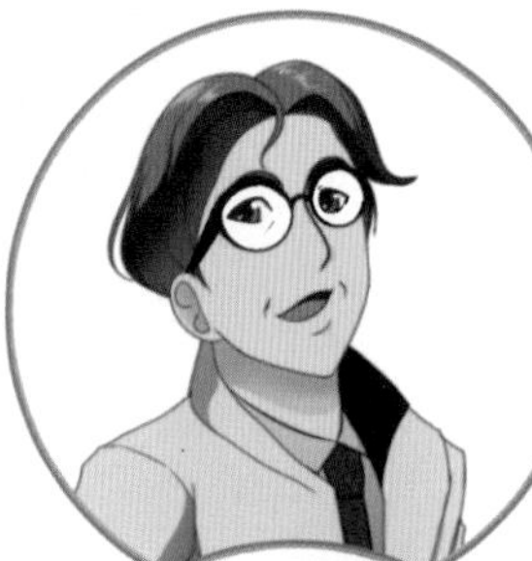

마르노 박사

지니와 미노의 아빠이며 코리아 인공지능 연구소에 근무하는 자율주행 자동차 개발자다. 한국을 대표하는 인공지능 개발자이지만 건망증이 심하다. 가짜 콧수염 박사에게 초인공지능 메모리 카드를 건네주고 곤경에 처한다.

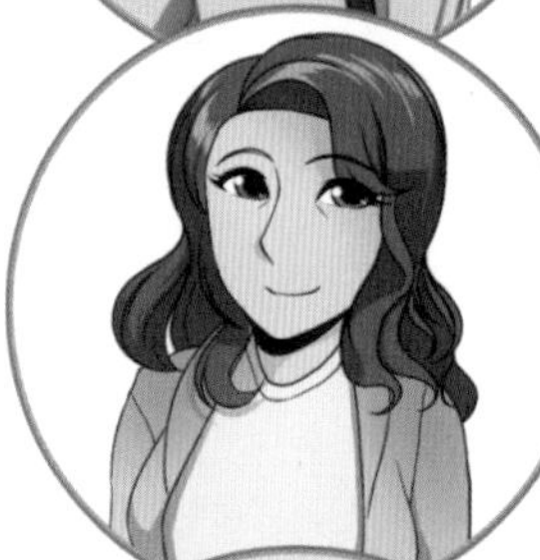

김지혜

마르노 박사의 아내이며 쇼핑을 좋아한다. 요리를 잘하지 못해 인공지능 로봇의 도움을 받아 요리를 완성한다. 예의를 중요시하고 모든 사람에게 친절하고 상냥하다.

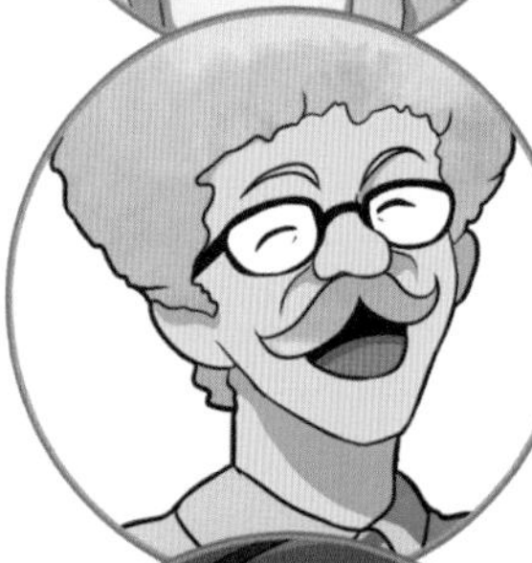

콧수염 박사

마르노 박사와 함께 프로젝트를 진행하기 위하여 미국에서 온 인공지능 번역 개발자다. 유쾌하고 긍정적인 성격의 소유자로 아이들에게 친절하게 인공지능에 관해 설명해 준다. 그의 콧수염에 숨겨진 비밀은 무엇일까?

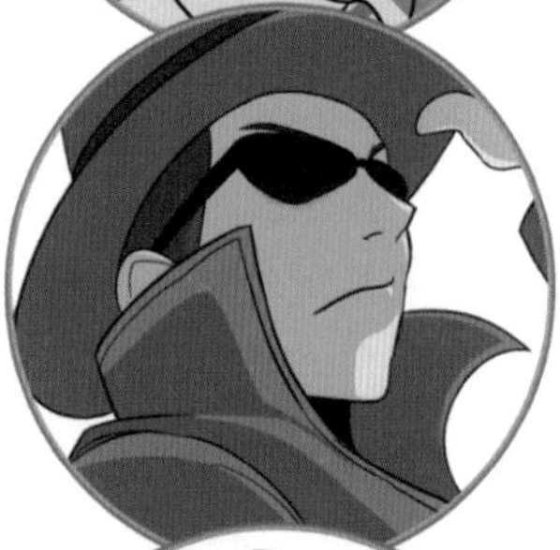

검은 안경 사나이

마르노 박사의 초인공지능 메모리 카드를 빼앗기 위해 가짜 콧수염 박사와 함께 범행을 모의한다. 명령에 죽고 사는 행동파로, 가짜 콧수염 박사의 명령에 따라 콧수염 박사를 미행하고 납치한다.

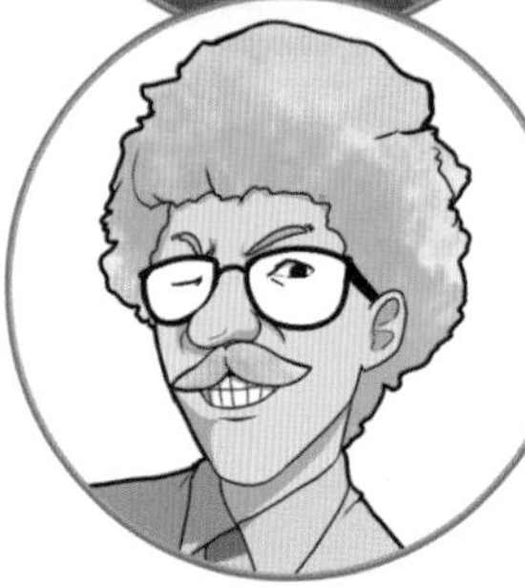

가짜 콧수염 박사

인공지능 의료 기기 개발자였으나 자신이 개발한 의료 기기의 오류로 사고가 생기는 바람에 명성을 잃고 만다. 딸의 의수를 개발하기 위한 돈을 마련하고자 자신의 정체를 숨기고 범죄를 저지른다.

추천사

꿈을 찾아가는
꿈나무를 위한 길잡이

허영만 화백이 그린 만화 《식객》이 한국 음식 문화의 품격과 철학의 깊이를 더한 '음식 문화서'라고 한다면, 《job?》 시리즈는 '바라고 꿈꾸는 것을 이루기 위해 줄기차게 노력하면 반드시 꿈은 이루어진다'는 교육 철학을 담은 직업 관련 학습 만화입니다. 어린이와 청소년들이 만화를 통해 각 분야의 직업을 이해하고, 스스로 장래 희망을 설정하는 데 도움을 주는 진로 교육서이기도 합니다.

꿈과 희망은 사람을 움직이는 가장 강력한 에너지입니다. 꿈과 희망이 있는 사람은 밝고 활기찹니다. 그리고 호기심과 열정이 가득해서 지루할 틈이 없이 부지런합니다. 특히 어린이와 청소년들에게 꿈과 희망은 삶을 긍정적으로 바라보게 하는 가장 강력한 버팀목 역할을 합니다.

어른이 되어 이루는 성공과 성취는 어린 시절부터 바랐던 꿈과 희망이 이뤄 낸 결과입니다. 링컨과 케네디, 빌 게이츠와 오바마, 이들은 어린 시절에 꾸었던 꿈과 희망을 실현하기 위해 노력한 사람들입니다. 삼성을 일류 기업으로 이끈 고(故) 이병철 회장이나 우리나라 경제 발전에 초석을 다진 현대그룹의 고(故) 정주영 회장도 어린 시절의 꿈을 실현한 대표적인 사람입니다. 꿈과 희망 안에는 미래를 변하게 하는 놀라운 능력이 숨어 있습니다. 꿈과 희망을 품고 노력하면 바라던 것이 이루어집니다.

어린이와 청소년들이 스스로 미래를 준비할 수 있도록 도움을 주고자 기획한 《job?》 시리즈는 우리 사회 각 분야의 직업을 다루고 있습니다. 어떤 분야의 직업을 갖고 사는 것이 좋으며 가치 있을지를 만화 형식을 빌려서 설명하여 이해뿐 아니라 재미까지 더하였습니다.

그동안 직업을 소개하는 책은 많았지만, 어린이 눈높이에 맞춘 직업 관련 안내서는 드물었습니다. 이 책의 차별성은 바로 여기에 있습니다. 단순히 각각의 직업이 무슨 일을 하는지를 소개하는 데 그치지 않고 사회적 측면에서 바라본 직업의 존재 이유와 작용 원리를 적절한 용어를 사용하여 어린 독자들의 이해를 돕습니다. 자칫 딱딱할 수 있는 직업 이야기를 맛깔스러운 대화와 재미있는 전개로 설명하여 효과적인 진로 안내서 역할도 합니다.

이 책이 어린이와 청소년들에게 세상의 여러 직업을 깊이 이해하고 자신의 미래를 여는 데 도움을 줄 것이라 기대합니다. 아울러 장차 세계를 이끌 주인공이 될 어린이와 청소년들이 직업과 관련해서 멋진 꿈과 희망을 얻길 바랍니다.

문용린(서울대학교 교육학과 명예교수)

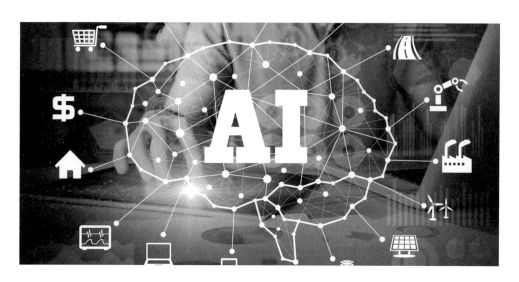

작가의 말

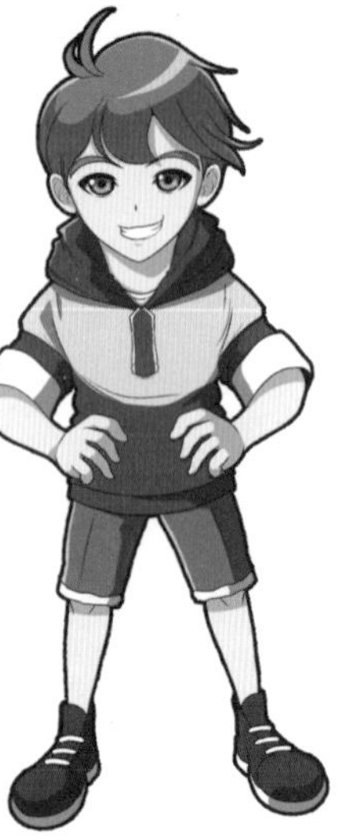

끊임없이 변모하는 인공지능 시대, 여러분의 꿈은 무엇인가요?

여러분, 인공지능에 관해 들어 본 적 있나요? 아마 알파고와 이세돌 기사의 바둑 대국을 통해 인공지능이 무엇인지 관심을 갖게 되지 않았나 싶습니다. 전 세계 각 나라에서는 현재 여러 정보 기술의 분야에 인공지능을 도입하고 있습니다. 그만큼 인공지능은 우리의 생활과 점점 가까워지고 있지요. 세탁기, 에어컨, 텔레비전뿐만 아니라 요즘 한창 이슈가 되고 있는 자율주행 자동차 역시 인공지능 기술을 활용한 것이랍니다.

그렇다면 인공지능은 언제부터 발전해 왔을까요? 인공지능은 4차 산업 혁명 시대에 맞춰 갑자기 나타난 기술이 아니에요. 인공지능 연구는 1950년대부터 시작되었어요. 하지만 인간의 언어를 제대로 다루지 못해 불완전한 인공지능이라는 인식이 강했지요. 2000년대 이후 인터넷 시대와 현재 모바일 시대를 맞이하면서 인공지능은 컴퓨터 - 정보 - 사용자를 연결하는 시대로 발전하고 있어요. 그리고 앞으로 사물인터넷(IoT) 시대가 열리면서 인공지능 기술은 새로운 문제를 스스로 해결하는 방향으로 진화할 것으로 예상하고 있답니다.

인간처럼 사고하는 인공지능 시대는 우리 생활을 편하게 바꾸어 삶의 질을 높여 줄 거예요. 한편으로는 인공지능이 인간이 하는 일을 대체하여 기존의 많은 직업이 사라지게 된다는 우려의 목소리도 있지요. 하지만 인공지능 기술은 로봇 설계뿐 아니라 게임, 재생 에너지, 빅데이터, 얼굴·음성 인식 등 다양한 영역에서 활용되며, 그에 따른 새로운 직업이 생길 거예요.
《job? 나는 인공지능 전문가가 될 거야!》는 인공지능과 관련한 직업을 재미있는 이야기와 함께 소개하였어요. 앞으로 인공지능이 어떻게 발전해 나가는지 살펴보고, 인공지능 시대에 필요한 직업은 무엇이 있는지 함께 알아볼까요? 인공지능에 관해 호기심이 많은 친구라면 분명 도움이 될 거예요.

글쓴이 **길문섭**

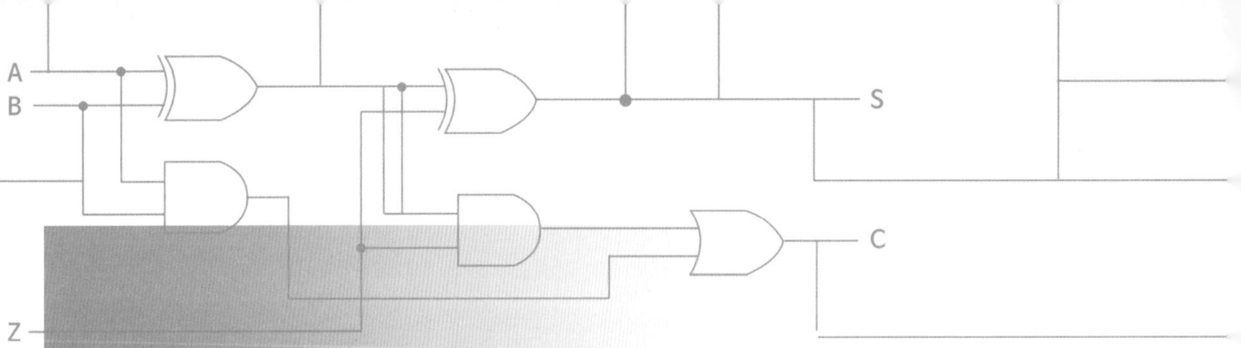
A
B
S
C
Z

콧수염 박사의 등장

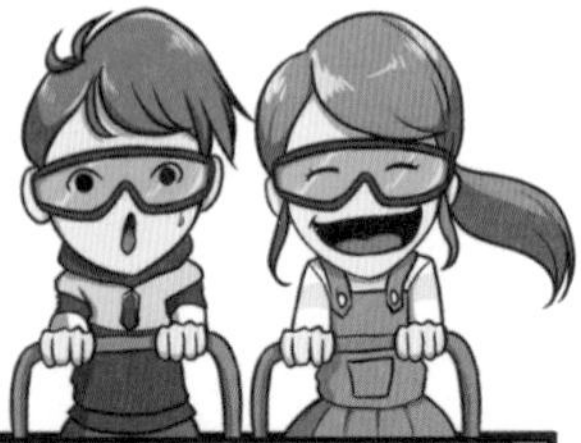

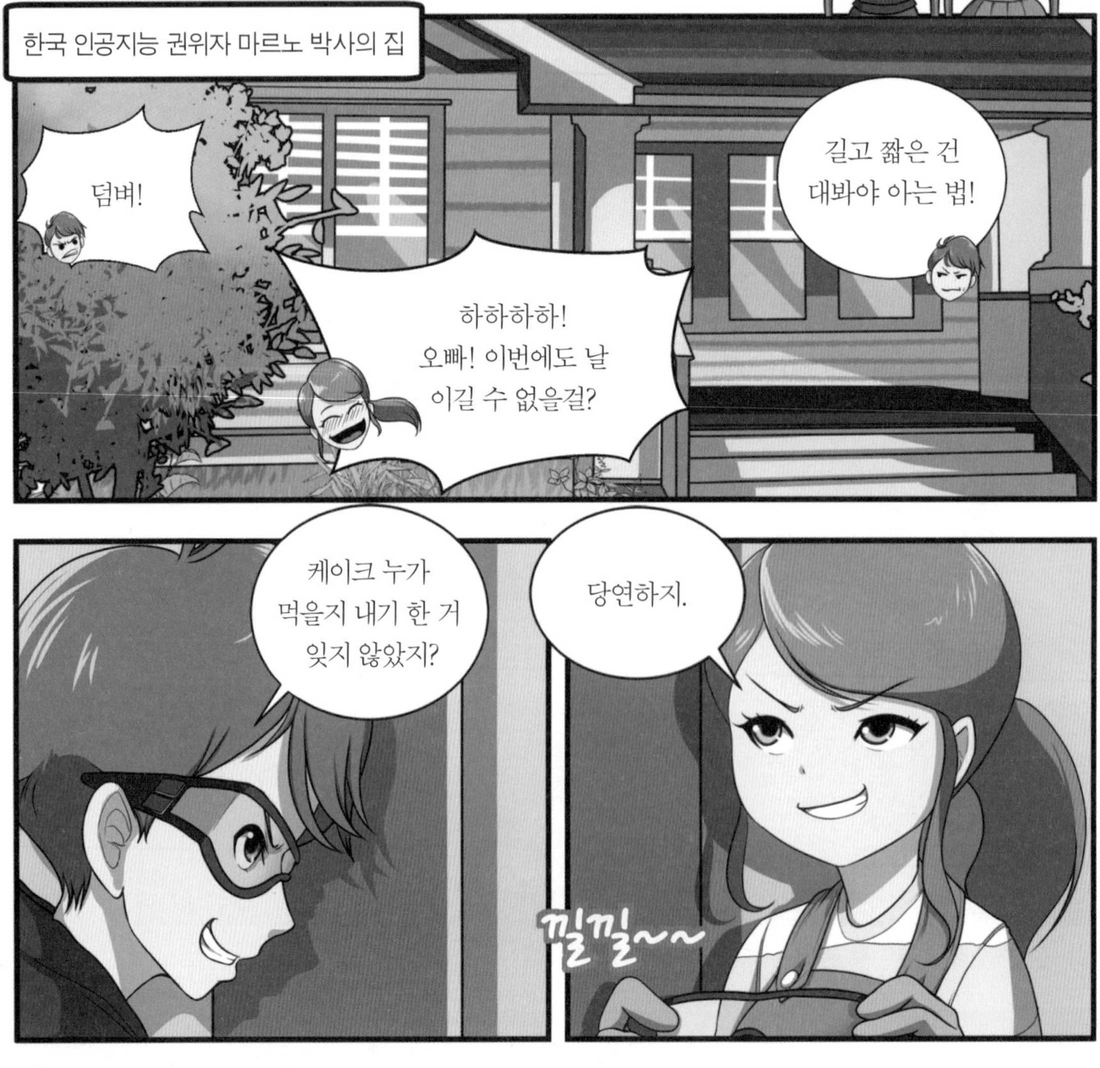
한국 인공지능 권위자 마르노 박사의 집
덤벼!
하하하하! 오빠! 이번에도 날 이길 수 없을걸?
길고 짧은 건 대봐야 아는 법!
케이크 누가 먹을지 내기 한 거 잊지 않았지?
당연하지.
낄낄~~

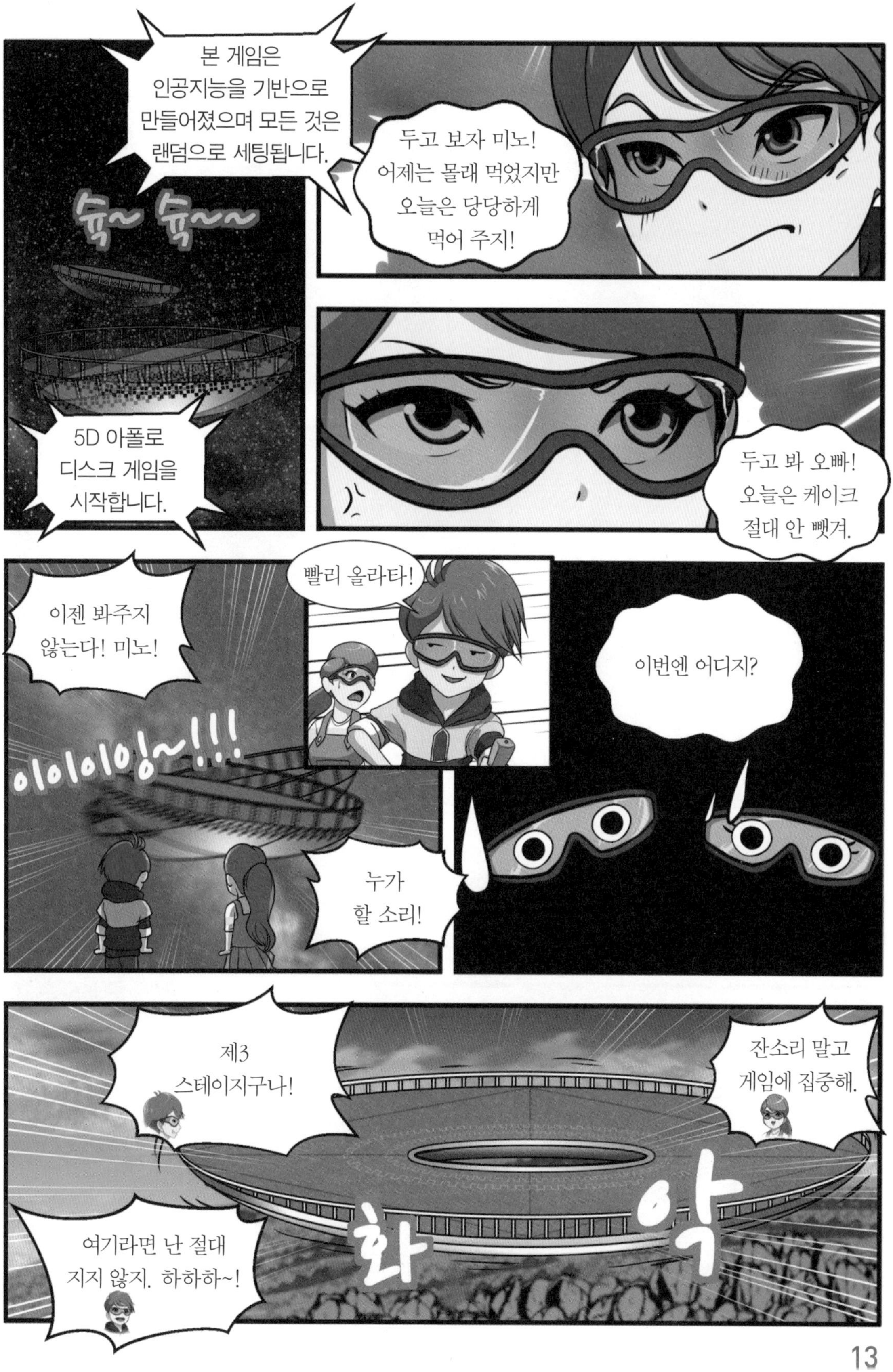
본 게임은 인공지능을 기반으로 만들어졌으며 모든 것은 랜덤으로 세팅됩니다.
슉~ 슉~~~
5D 아폴로 디스크 게임을 시작합니다.
두고 보자 미노! 어제는 몰래 먹었지만 오늘은 당당하게 먹어 주지!
두고 봐 오빠! 오늘은 케이크 절대 안 뺏겨.
이젠 봐주지 않는다! 미노!
이이이잉~!!!
빨리 올라타!
이번엔 어디지?
누가 할 소리!
제3 스테이지구나!
잔소리 말고 게임에 집중해.
여기라면 난 절대 지지 않지. 하하하~!
화악

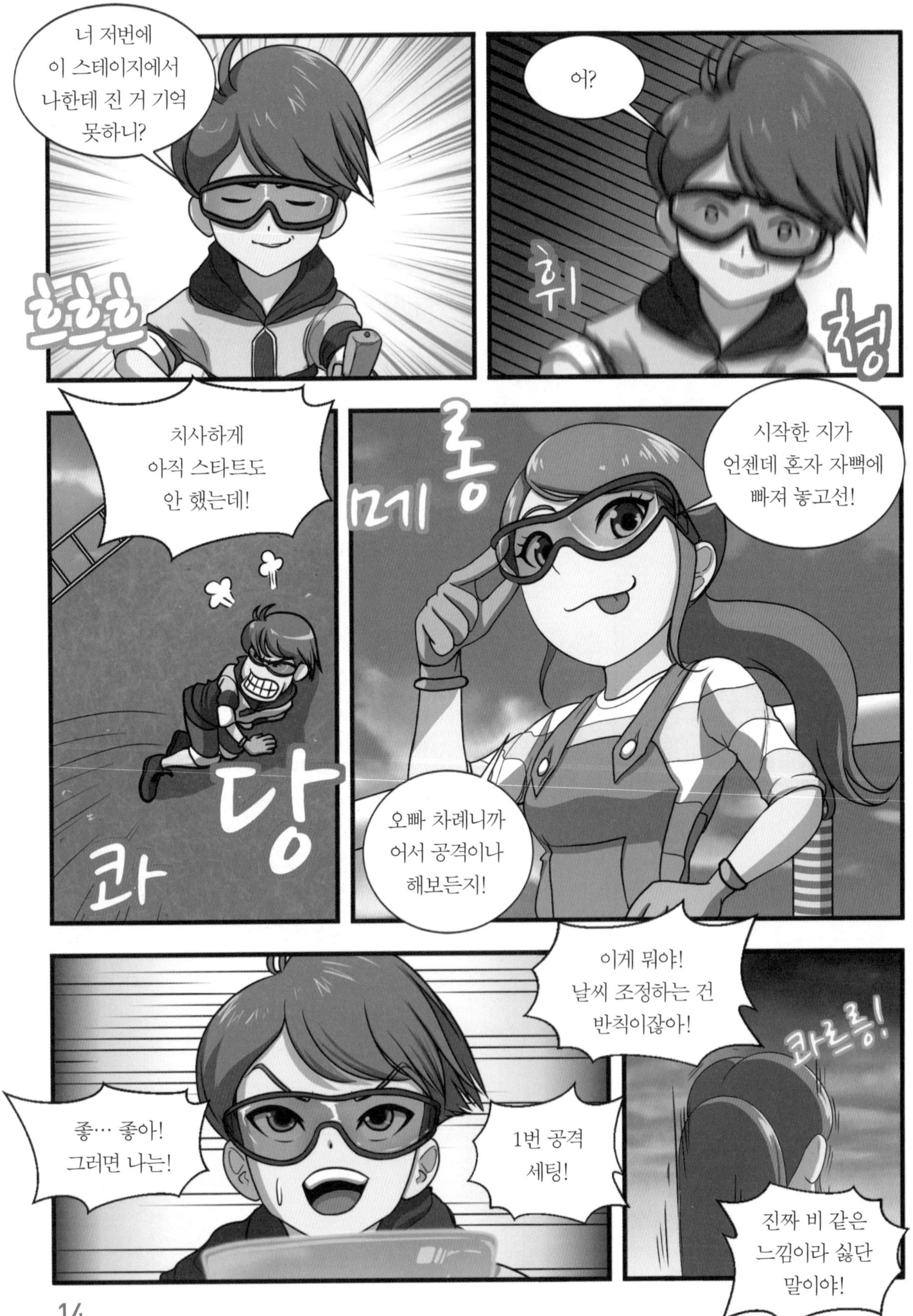
너 저번에 이 스테이지에서 나한테 진 거 기억 못하니?
흐흐흐
어?
휘
청
치사하게 아직 스타트도 안 했는데!
콰
당
메롱
시작한 지가 언젠데 혼자 자뻑에 빠져 놓고선!
오빠 차례니까 어서 공격이나 해보든지!
이게 뭐야! 날씨 조정하는 건 반칙이잖아!
콰르릉!
좋… 좋아! 그러면 나는!
1번 공격 세팅!
진짜 비 같은 느낌이라 싫단 말이야!

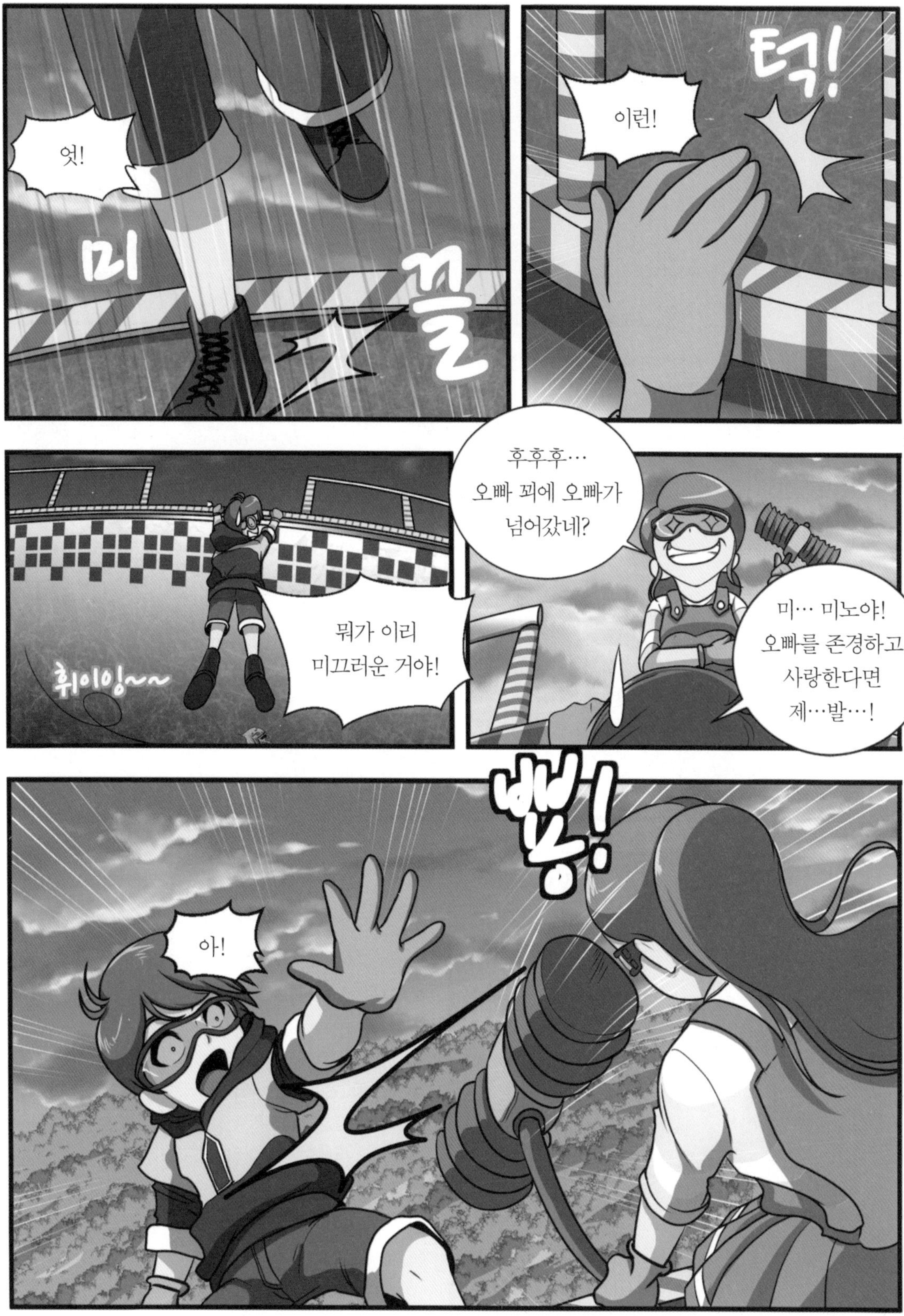

엇!
미
끌
이런!
턱!
뭐가 이리
미끄러운 거야!
휘이잉~~
후후후…
오빠 꾀에 오빠가
넘어갔네?
미… 미노야!
오빠를 존경하고
사랑한다면
제…발…!
뻥!
아!

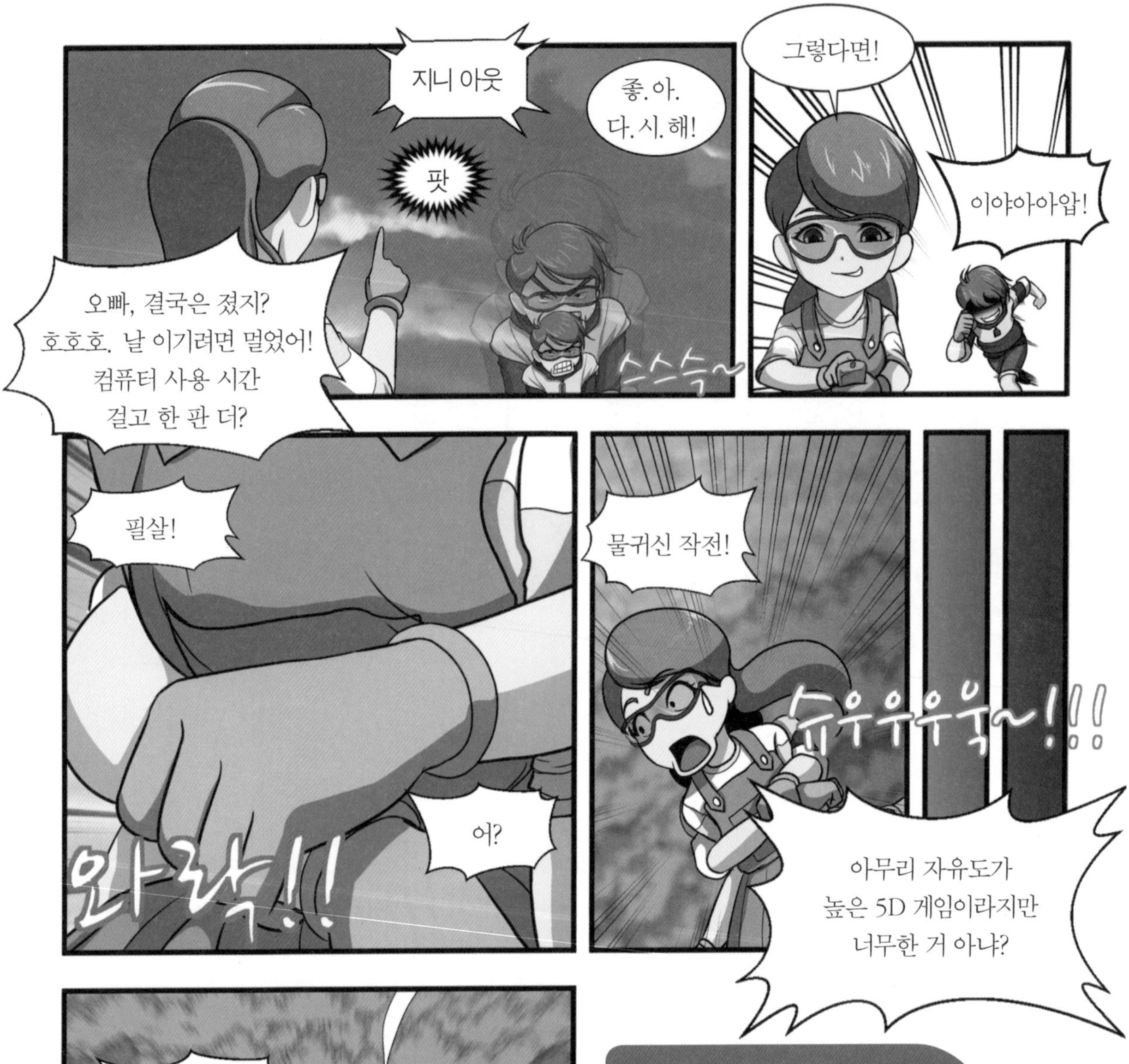

지니 아웃
좋.아.
다.시.해!
팟
오빠, 결국은 졌지?
호호호. 날 이기려면 멀었어!
컴퓨터 사용 시간
걸고 한 판 더?
스스슥~
그렇다면!
이야아아압!
필살!
어?
와락!!
물귀신 작전!
슈우우우욱~!!!
아무리 자유도가
높은 5D 게임이라지만
너무한 거 아냐?

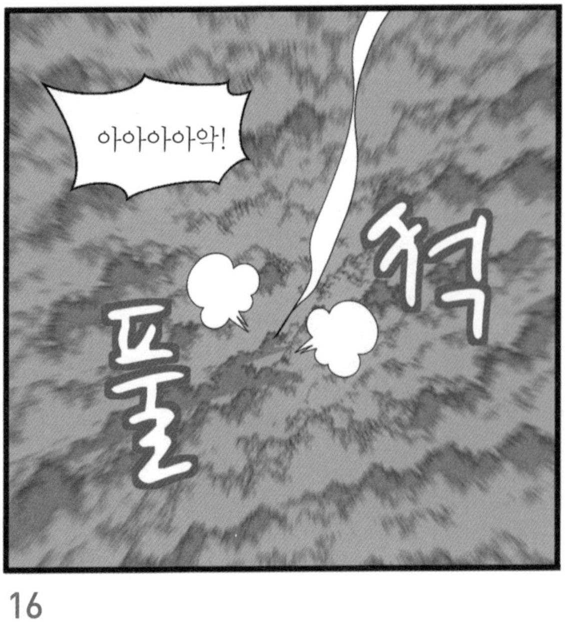

아아아아악!
풀
척

3D, 4D, 5D

3D: X, Y, Z 축에 의한 입체 영상을 의미하며 눈으로만 표현되는 영상이에요.

4D: 3D(3차원)에 물리적인 동작 효과를 포함하여 좀 더 현실적인 느낌을 받을 수 있도록 한 거예요.

5D: 360도로 표현함으로써 가상 현실을 실재처럼 더욱 완벽하게 표현할 수 있는 장치예요.

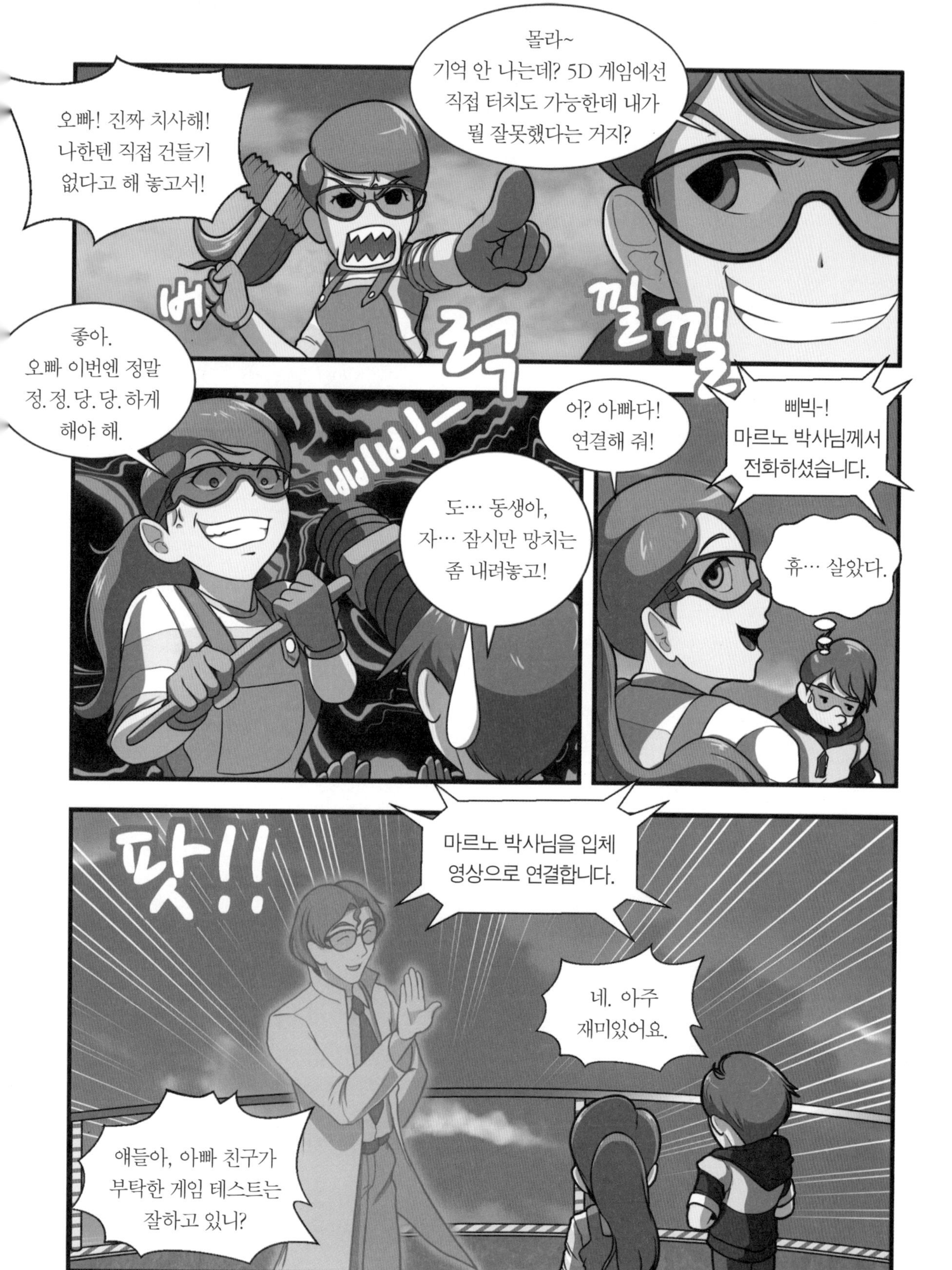
오빠! 진짜 치사해! 나한텐 직접 건들기 없다고 해 놓고서!
몰라~ 기억 안 나는데? 5D 게임에선 직접 터치도 가능한데 내가 뭘 잘못했다는 거지?
버럭
낄낄
좋아. 오빠 이번엔 정말 정.정.당.당.하게 해야 해.
삐비익-
도… 동생아, 자… 잠시만 망치는 좀 내려놓고!
어? 아빠다! 연결해 줘!
삐빅-! 마르노 박사님께서 전화하셨습니다.
휴… 살았다.
팟!!
마르노 박사님을 입체 영상으로 연결합니다.
네. 아주 재미있어요.
얘들아, 아빠 친구가 부탁한 게임 테스트는 잘하고 있니?

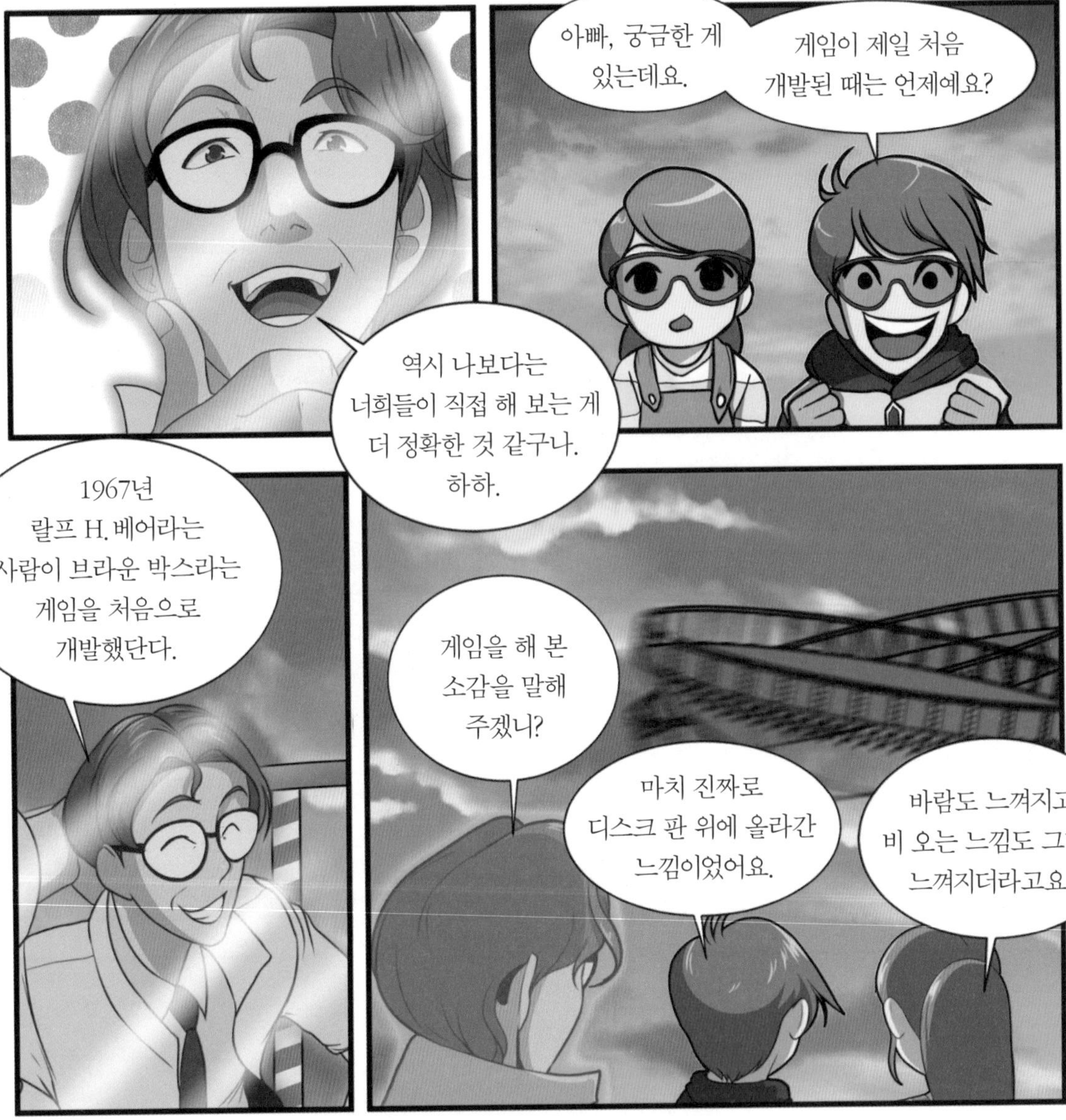
역시 나보다는 너희들이 직접 해 보는 게 더 정확한 것 같구나. 하하.
아빠, 궁금한 게 있는데요.
게임이 제일 처음 개발된 때는 언제예요?
1967년 랄프 H. 베어라는 사람이 브라운 박스라는 게임을 처음으로 개발했단다.
게임을 해 본 소감을 말해 주겠니?
마치 진짜로 디스크 판 위에 올라간 느낌이었어요.
바람도 느껴지고 비 오는 느낌도 그대로 느껴지더라고요.

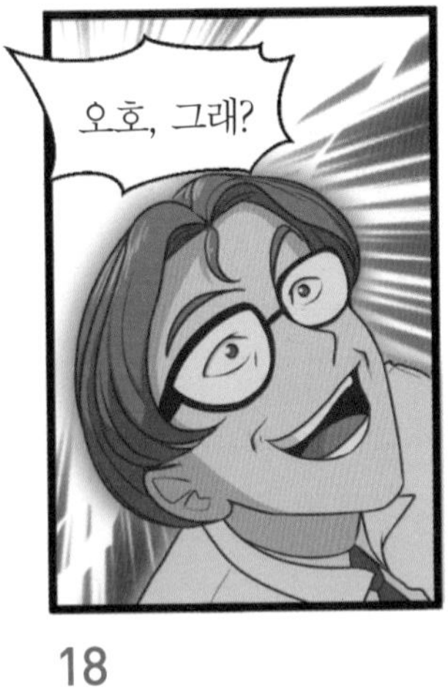
오호, 그래?

한 노인의 열정

랄프 H.베어는 국방 기술 업체에서 일하는 67세의 평범한 노인이었어요. 아이들이 마음껏 뛰어놀지 못하는 것을 보고 텔레비전으로 할 수 있는 게임을 구상하였지요. 그리고 5일 만에 팩맨이란 게임을 완성시켰어요. 그 후 회사의 지원을 받아 1967년 가정용 게임기(브라운 박스)를 출시했지요.
게임은 지속적인 성장과 발전을 이루어 현재는 VR(가상현실) 기술까지 접목한 수준에 이르렀답니다.

이런 게임을 만들 수 있는 것도 모두 인공지능 덕분이란다.

추락할 때는 정말 무서웠어요.

덜덜

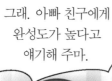

그래. 아빠 친구에게 완성도가 높다고 얘기해 주마.

하하하

그런데 아빠 무슨 일로 전화하신 거예요?

아! 깜박했구나.

아빠는 인공지능 천재 과학자이신데

가끔 깜박깜박 하신단 말이지.

아빠를 만나러 미국에서 박사님이 한 분 오신단다.

징~~!

네! 알겠어요!

아빠가 금방 갈 테니 잠시만 기다려 달라고 말씀드려 주겠니?

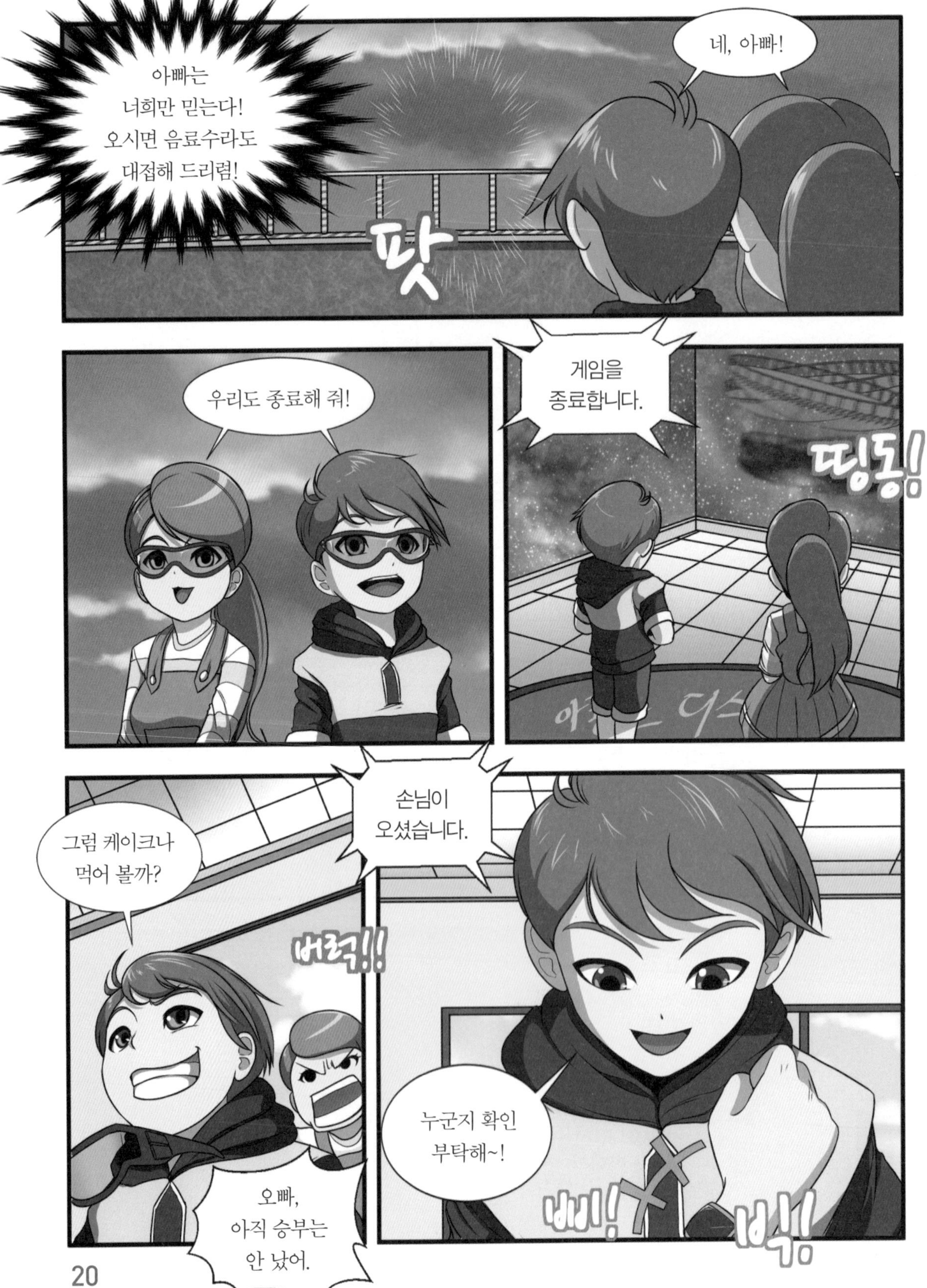

아빠는 너희만 믿는다! 오시면 음료수라도 대접해 드리렴!
네, 아빠!
팟
우리도 종료해 줘!
게임을 종료합니다.
띵동!
손님이 오셨습니다.
그럼 케이크나 먹어 볼까?
벌떡!!
오빠, 아직 승부는 안 났어.
누군지 확인 부탁해~!
삐!
벅!

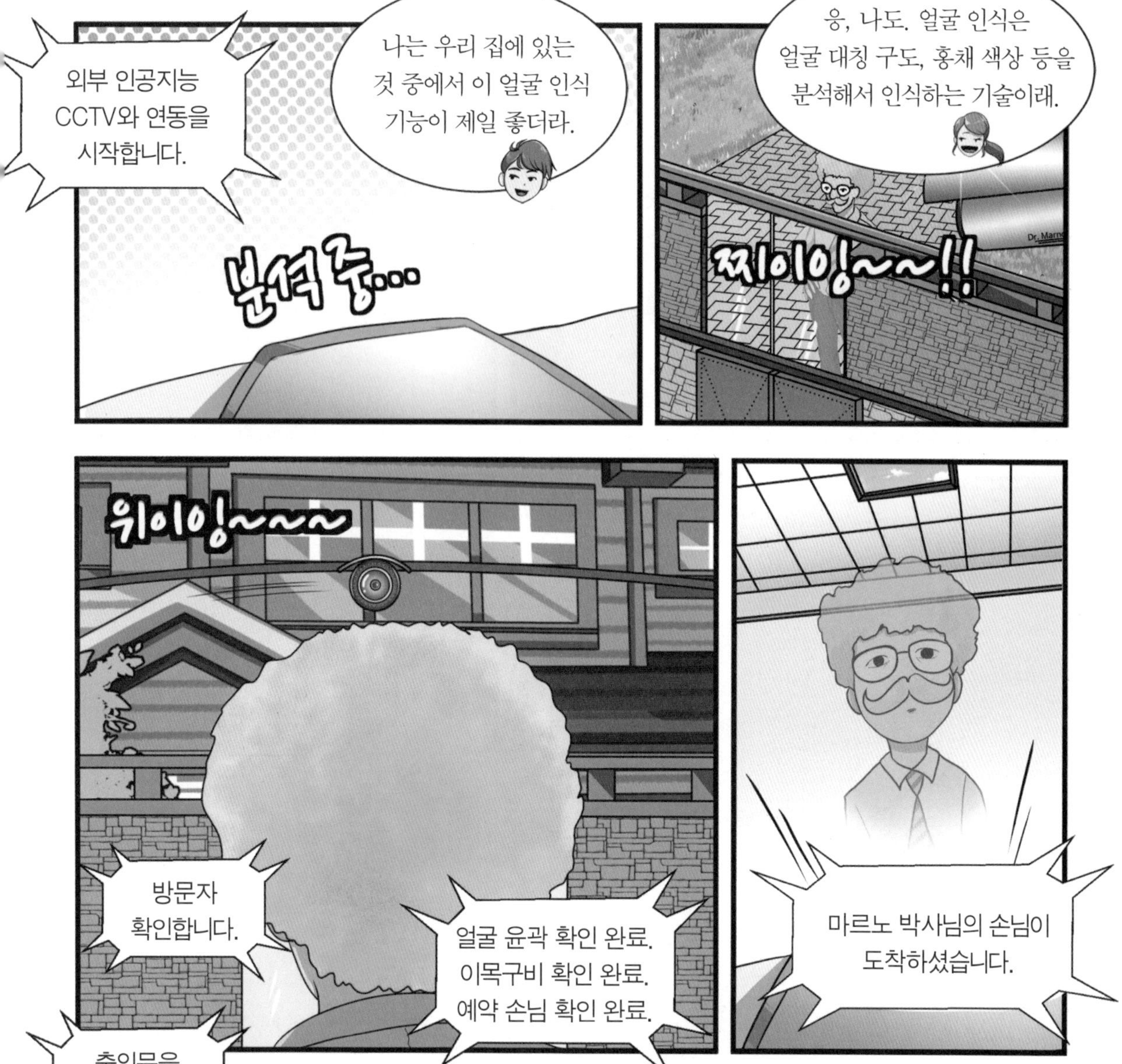
외부 인공지능 CCTV와 연동을 시작합니다.
나는 우리 집에 있는 것 중에서 이 얼굴 인식 기능이 제일 좋더라.
분석 중…
응, 나도. 얼굴 인식은 얼굴 대칭 구도, 홍채 색상 등을 분석해서 인식하는 기술이래.
찌이이잉~~!!
위이잉~~~
방문자 확인합니다.
얼굴 윤곽 확인 완료. 이목구비 확인 완료. 예약 손님 확인 완료.
마르노 박사님의 손님이 도착하셨습니다.

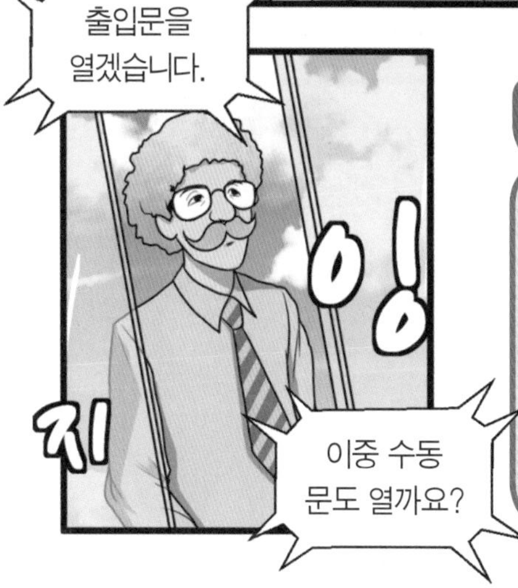
출입문을 열겠습니다.
이중 수동 문도 열까요?
지잉

인공지능 얼굴 인식

앞으로는 핸드폰, 집, 회사, 보안 시설 등에 비밀번호나 열쇠는 사용하지 않을 거예요. 얼굴을 비추면 얼굴을 인식하여 잠금 해제를 하거나 잠금 장치를 실행하는 기술이 발전하고 있기 때문이에요.
얼굴 인식 보안은 홍채, 정맥 인식처럼 분실, 복제, 도난의 염려가 없는 것이 장점이랍니다.

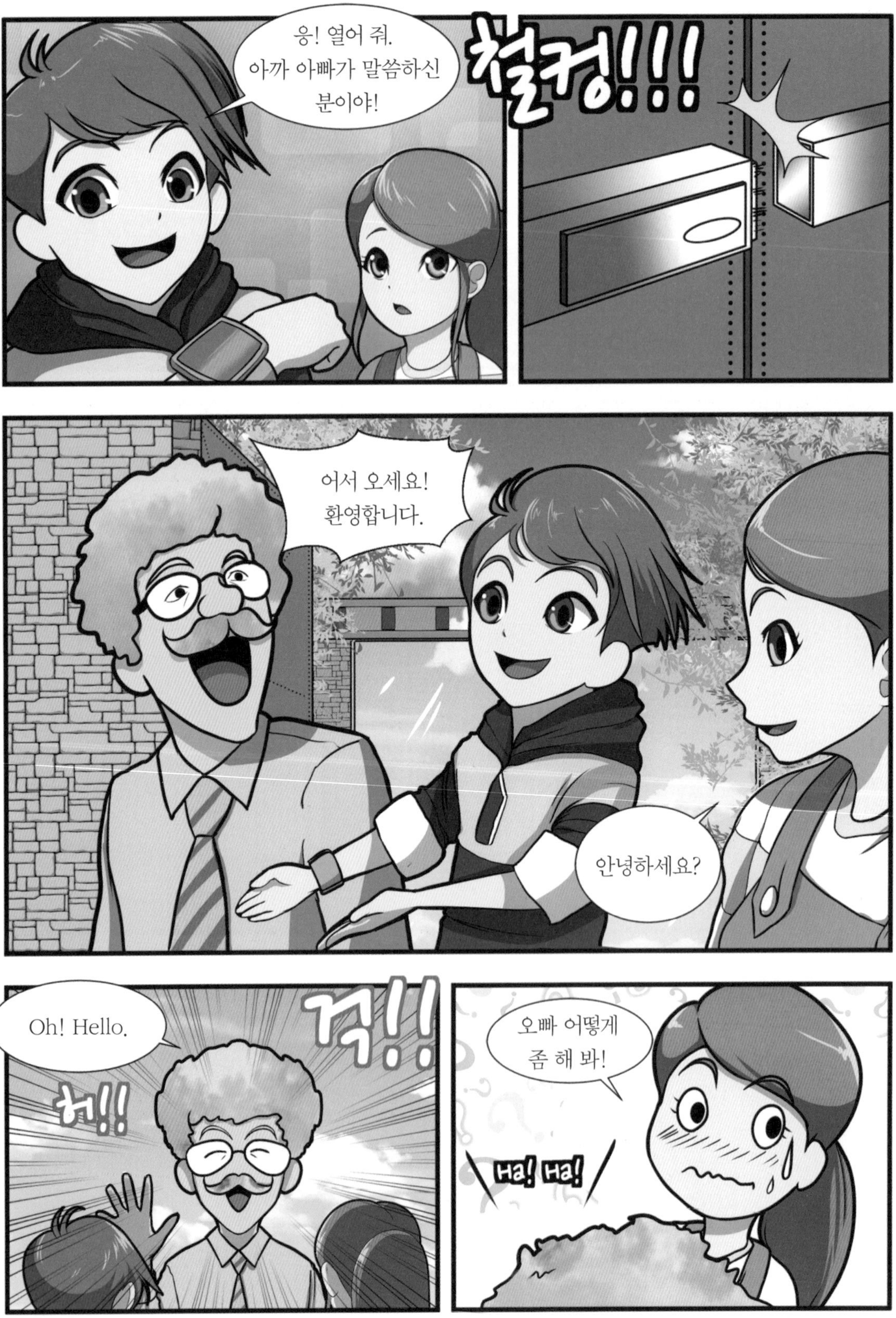
응! 열어 줘.
아까 아빠가 말씀하신
분이야!
철컹!!!!
어서 오세요!
환영합니다.
안녕하세요?
Oh! Hello.
허!!
걱!!
오빠 어떻게
좀 해 봐!
Ha! Ha!

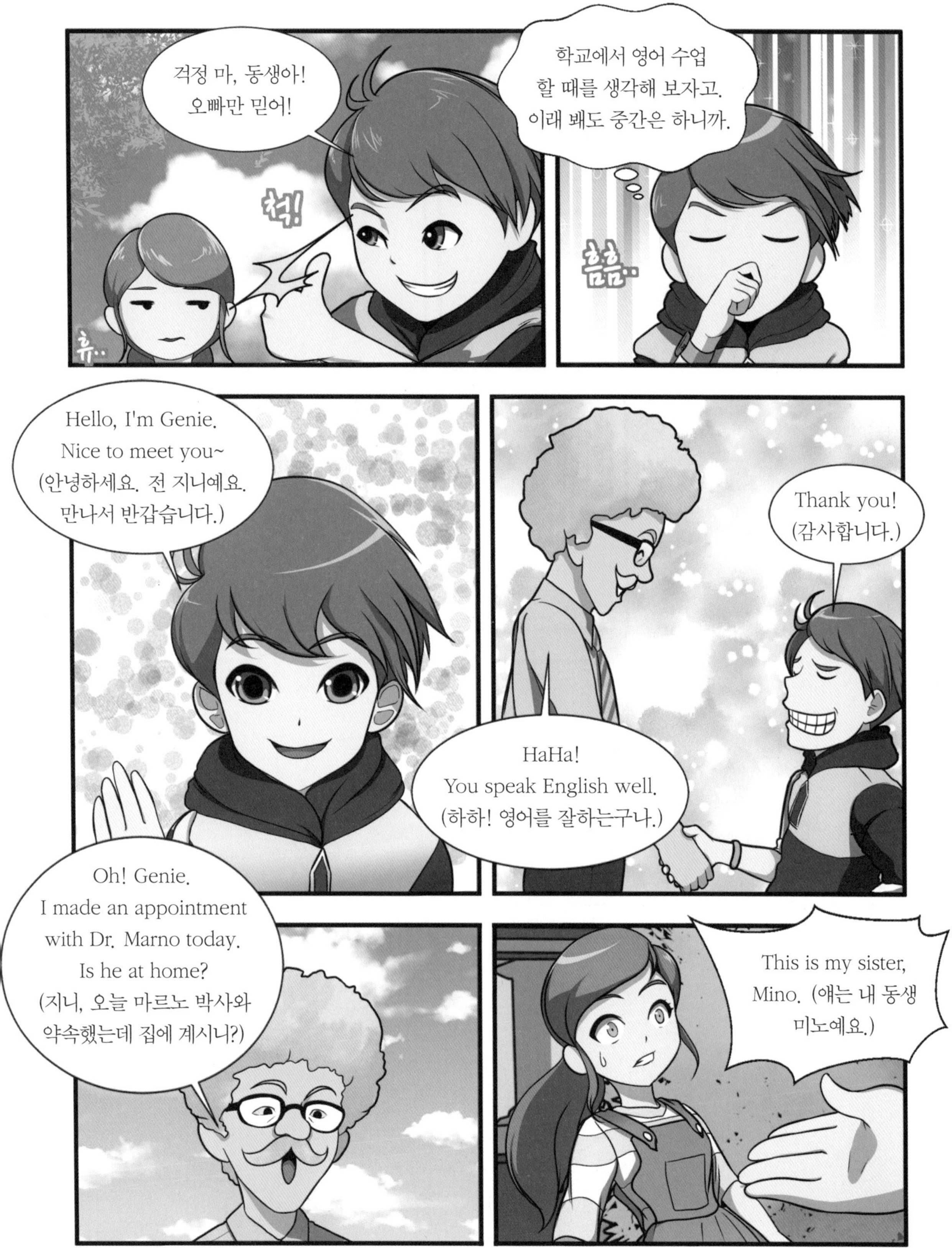
걱정 마, 동생아! 오빠만 믿어!
척!
휴..
학교에서 영어 수업 할 때를 생각해 보자고. 이래 봬도 중간은 하니까.
흠흠..
Hello, I'm Genie. Nice to meet you~ (안녕하세요. 전 지니예요. 만나서 반갑습니다.)
HaHa! You speak English well. (하하! 영어를 잘하는구나.)
Thank you! (감사합니다.)
Oh! Genie. I made an appointment with Dr. Marno today. Is he at home? (지니, 오늘 마르노 박사와 약속했는데 집에 계시니?)
This is my sister, Mino. (얘는 내 동생 미노예요.)

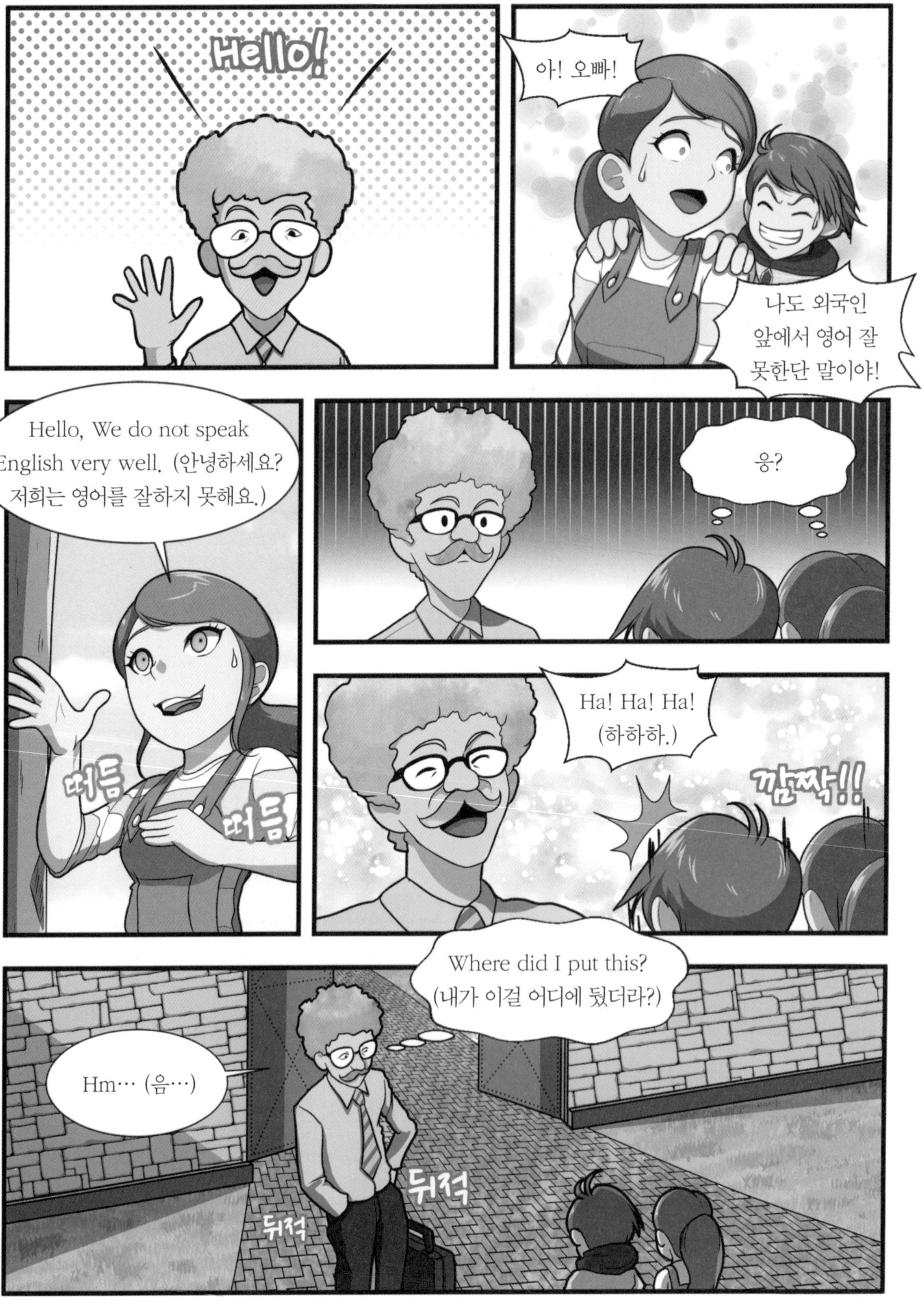
Hello!
아! 오빠!
나도 외국인 앞에서 영어 잘 못한단 말이야!
Hello, We do not speak English very well. (안녕하세요? 저희는 영어를 잘하지 못해요.)
떠듬
떠듬
응?
Ha! Ha! Ha! (하하하.)
깜짝!!
Where did I put this? (내가 이걸 어디에 뒀더라?)
Hm··· (음···)
뒤적
뒤적

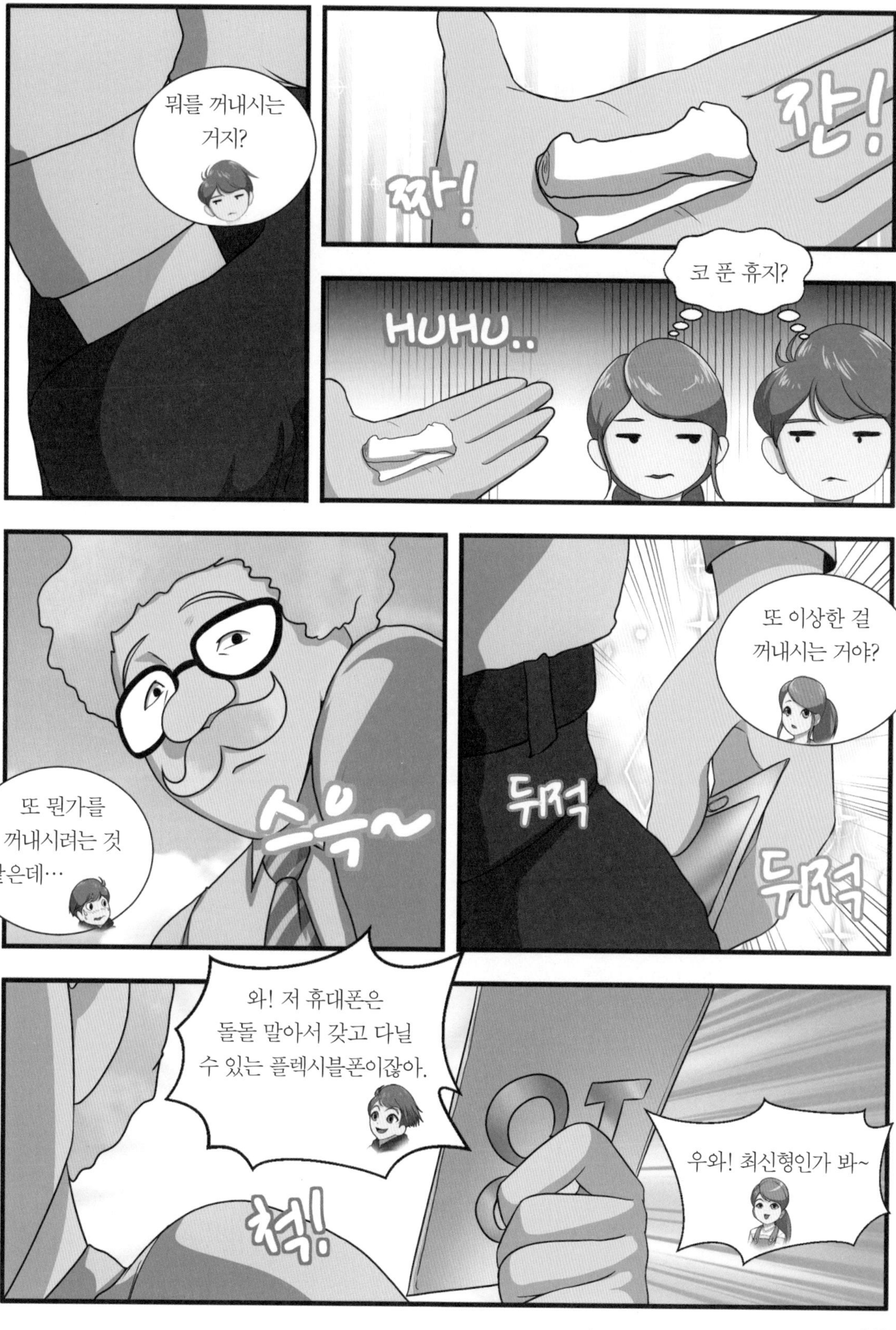
뭐를 꺼내시는 거지?
짜!
잔!
코 푼 휴지?
HUHU..
스윽~
또 뭔가를 꺼내시려는 것 같은데…
또 이상한 걸 꺼내시는 거야?
뒤적
뒤적
와! 저 휴대폰은 돌돌 말아서 갖고 다닐 수 있는 플렉시블폰이잖아.
척!
우와! 최신형인가 봐~

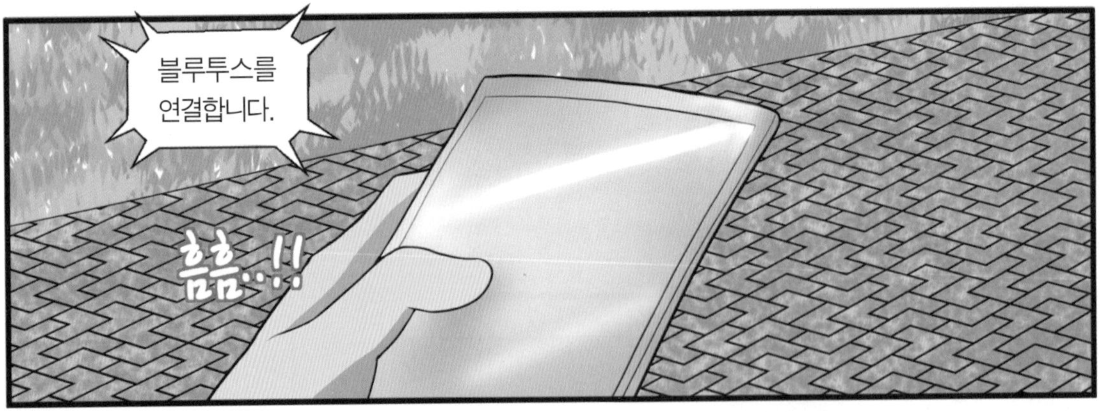
블루투스를
연결합니다.
흠흠..!!

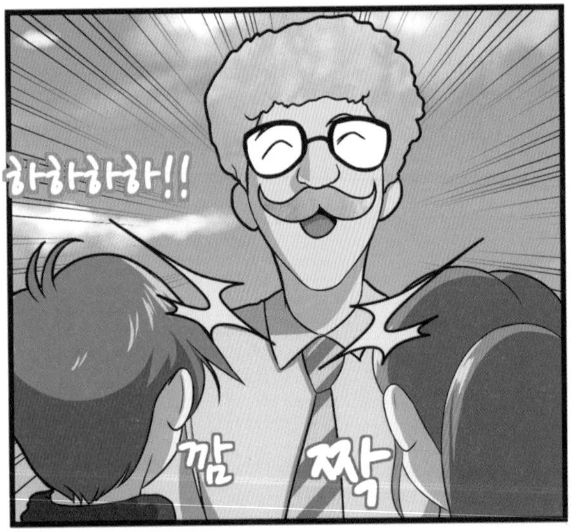
하하하하!!
깜
짝

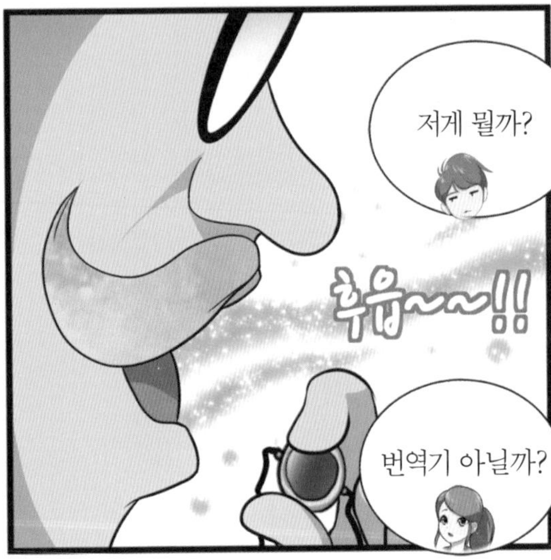
저게 뭘까?
후읍~~!!
번역기 아닐까?

자동 번역 방식

한 나라의 언어로 된 글이나 말을 다른 나라의 글이나 말로 옮기는 것을 번역이라고 해요. 번역하기 위해서는 번역 지식이 필요하지요. 우리가 모국어를 습득할 때는 생활하면서 자연스럽게 언어 지식을 쌓지만, 외국어를 학습할 때는 단어나 문법을 많이 공부해야 해요. 공부하면서 모르는 단어는 사전이나 인터넷 등을 찾아 검색하지요.
컴퓨터도 마찬가지예요. 번역하기 위해서는 번역 지식이 필요해요.

자동 번역 방식은 크게 세 가지로 나눌 수 있어요. 사람이 일일이 번역 규칙을 작성해 컴퓨터에게 가르쳐 주는 규칙 기반 방식, 사람이 번역한 대량의 번역 말뭉치를 컴퓨터에 입력하면 컴퓨터 스스로 번역 지식을 습득하는 예제 기반 방식, 사람이 번역한 문장을 학습하여 번역하는 통계 기반 방식이 있답니다.

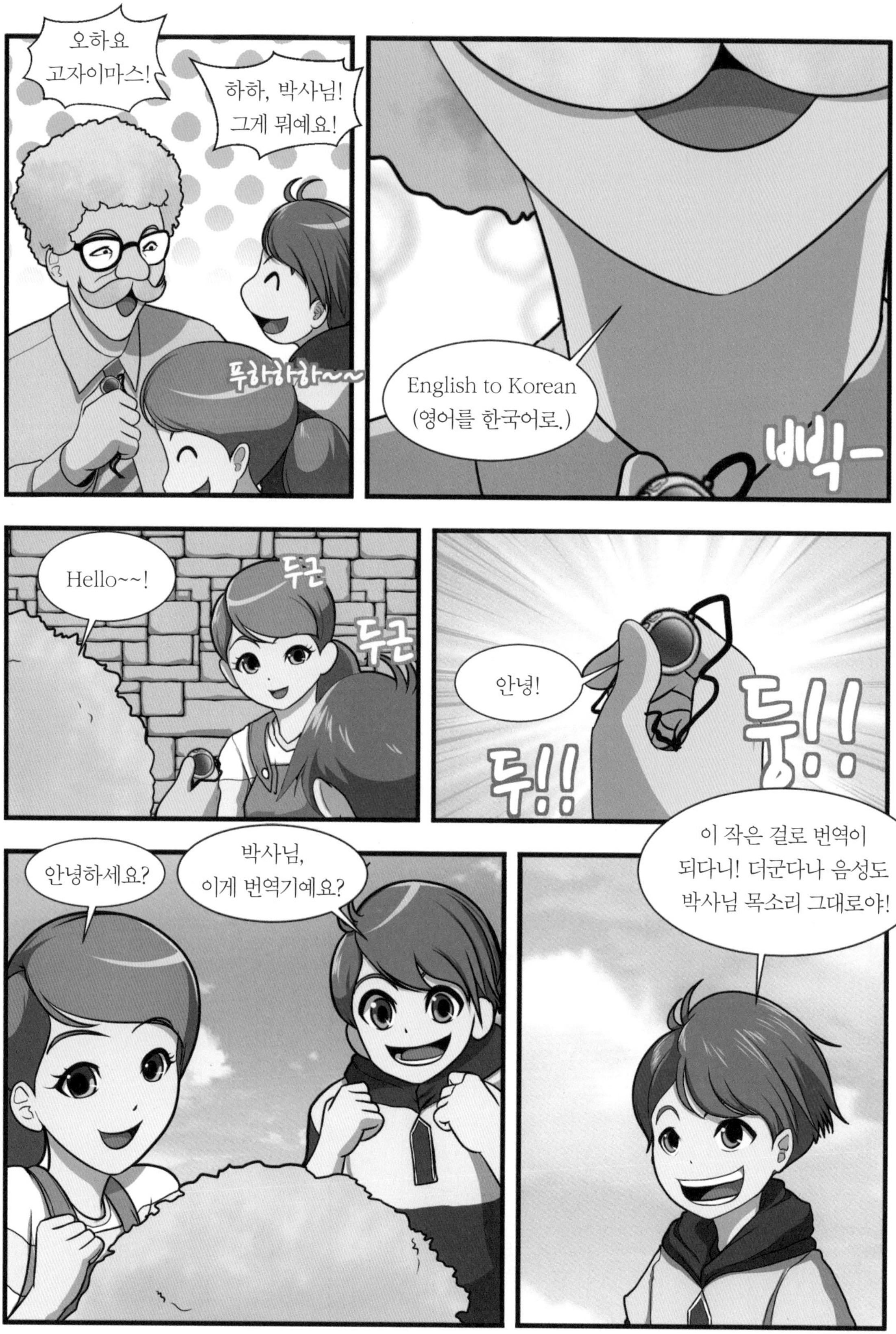

오하요
고자이마스!
하하, 박사님!
그게 뭐예요!
푸하하하~~
English to Korean
(영어를 한국어로.)
삐릭-
Hello~~!
두근
두근
안녕!
두!!
둥!!
안녕하세요?
박사님,
이게 번역기예요?
이 작은 걸로 번역이
되다니! 더군다나 음성도
박사님 목소리 그대로야!

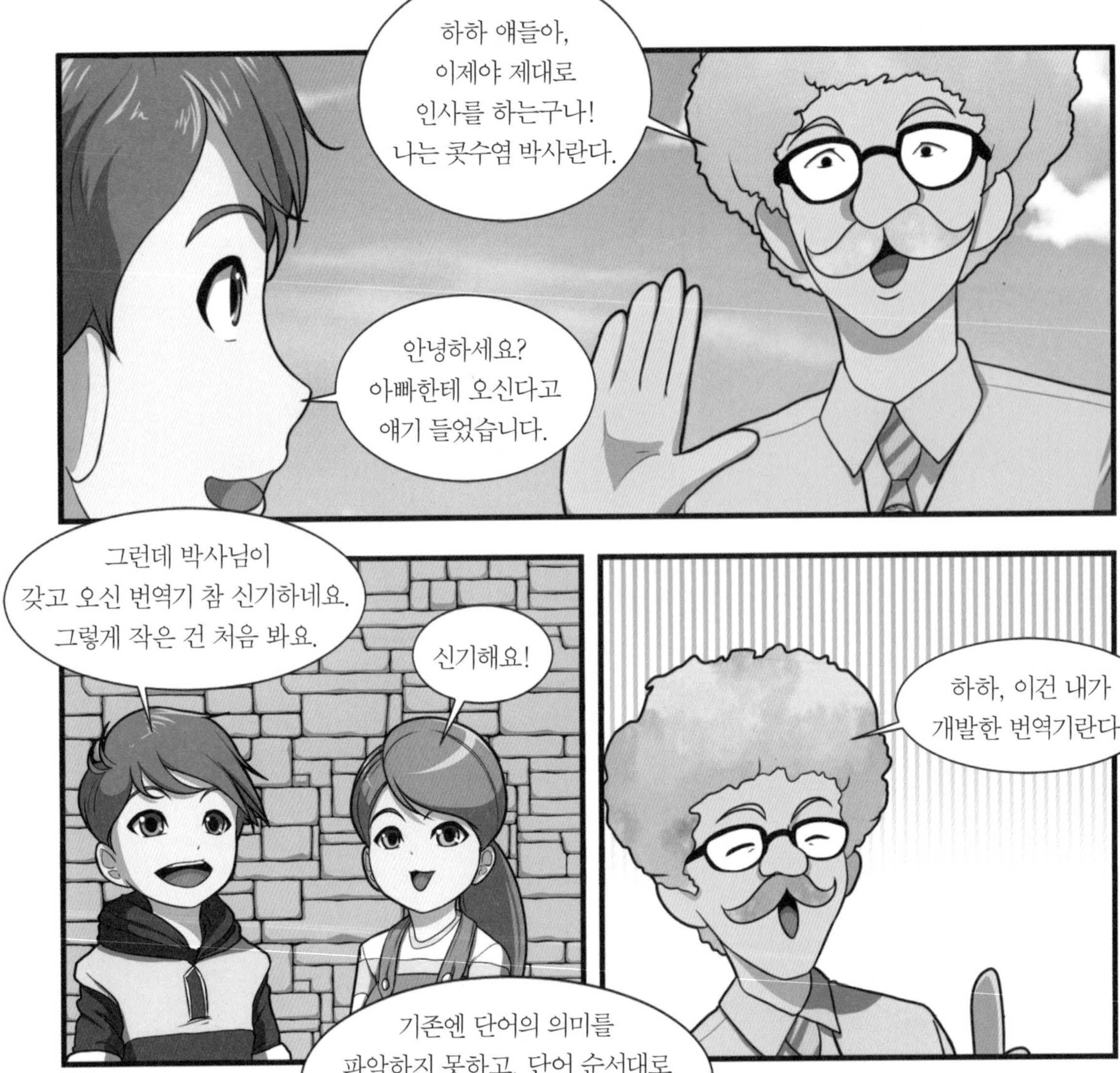
하하 얘들아, 이제야 제대로 인사를 하는구나! 나는 콧수염 박사란다.
안녕하세요? 아빠한테 오신다고 얘기 들었습니다.
그런데 박사님이 갖고 오신 번역기 참 신기하네요. 그렇게 작은 건 처음 봐요.
신기해요!
하하, 이건 내가 개발한 번역기란다.

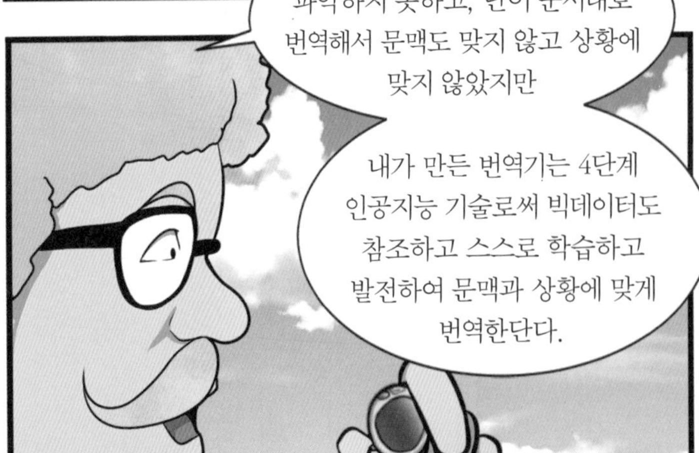
기존엔 단어의 의미를 파악하지 못하고, 단어 순서대로 번역해서 문맥도 맞지 않고 상황에 맞지 않았지만
내가 만든 번역기는 4단계 인공지능 기술로써 빅데이터도 참조하고 스스로 학습하고 발전하여 문맥과 상황에 맞게 번역한단다.

구글 VS 네이버 번역

구글 번역 앱은 103개 언어를 번역해요. 텍스트를 입력하면 번역할 뿐만 아니라 음성 언어를 감지해 번역하기 때문에 대화가 가능해요. 네이버 번역도 텍스트와 음성 번역이 가능해요. 구글에 비해 지원하는 언어의 수가 적기는 하지만 내용의 사전적 정의와 예문을 함께 볼 수 있어 편리하지요.

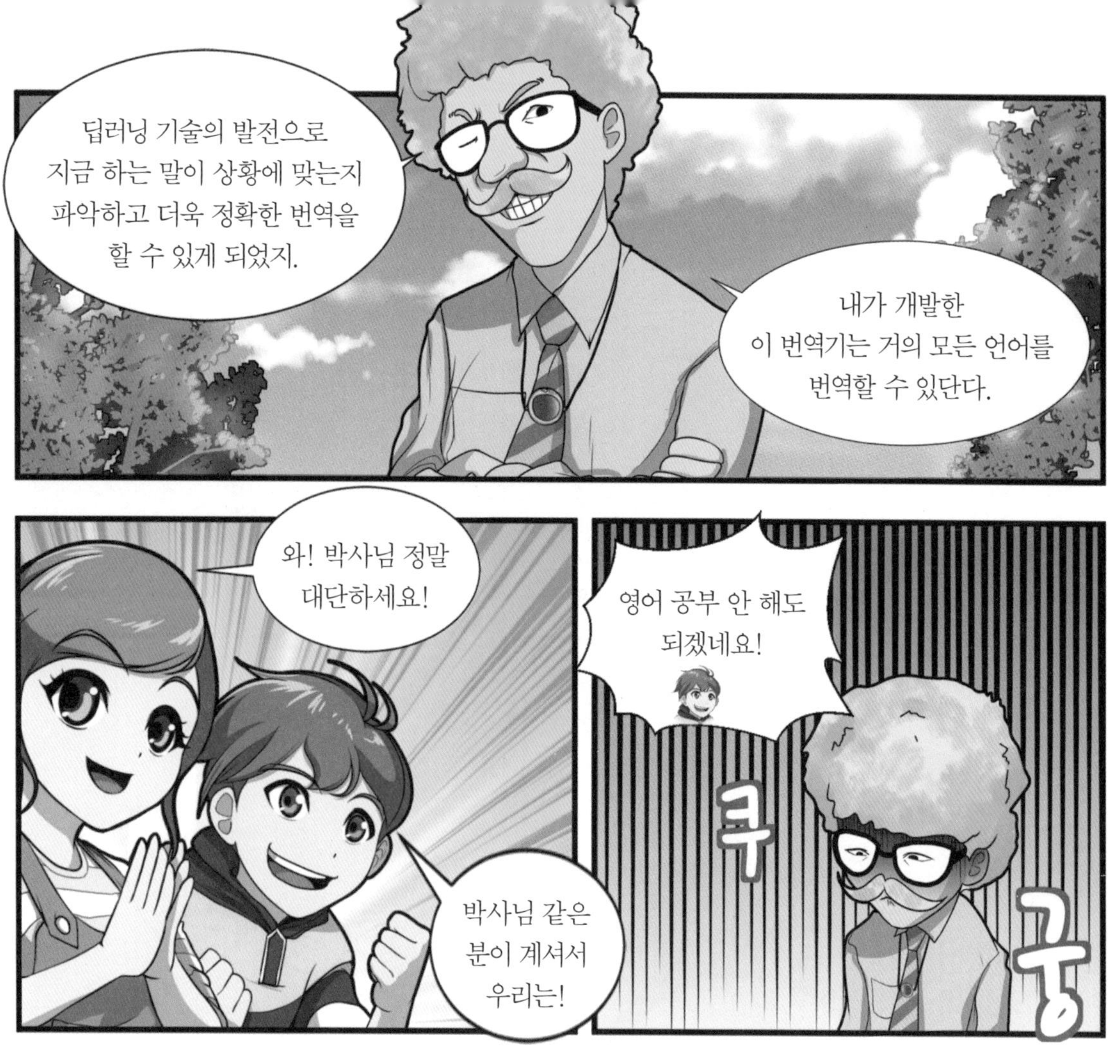
딥러닝 기술의 발전으로
지금 하는 말이 상황에 맞는지
파악하고 더욱 정확한 번역을
할 수 있게 되었지.
내가 개발한
이 번역기는 거의 모든 언어를
번역할 수 있단다.
와! 박사님 정말
대단하세요!
박사님 같은
분이 계셔서
우리는!
영어 공부 안 해도
되겠네요!
쿠
궁

인공지능 번역

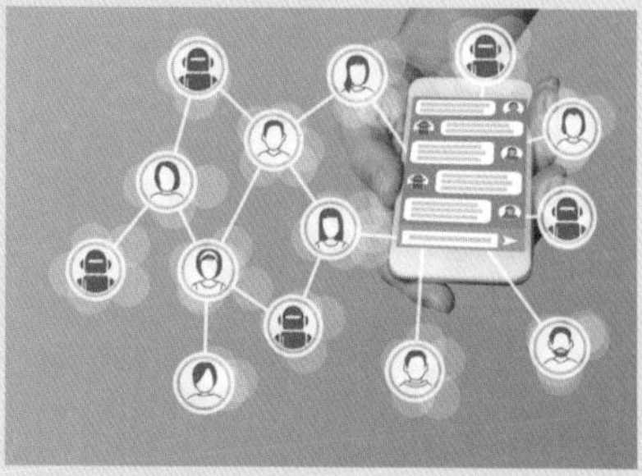

번역의 역사는 오래됐지만 초반의 기계식 번역은 사람들에게 큰 관심을 끌지 못했어요. 단어 사전을 입력해 두고 번역을 하는 것과 같았거든요.

예를 들면 "Nice to meet you"라고 입력하면 "좋은", "만나다", "너"와 같이 번역되었기에 뜻을 파악하기 어려웠어요.

하지만 인공지능 번역(딥러닝, 인공신경망)이 등장한 후에는 큰 변화가 생겼어요.

문맥과 상황에 맞게 번역하는 것은 물론 중의적인 문장도 문맥에 따라 그에 맞는 단어를 선택하여 번역하고, 전문적인 서적도 번역할 수 있게 되었지요.

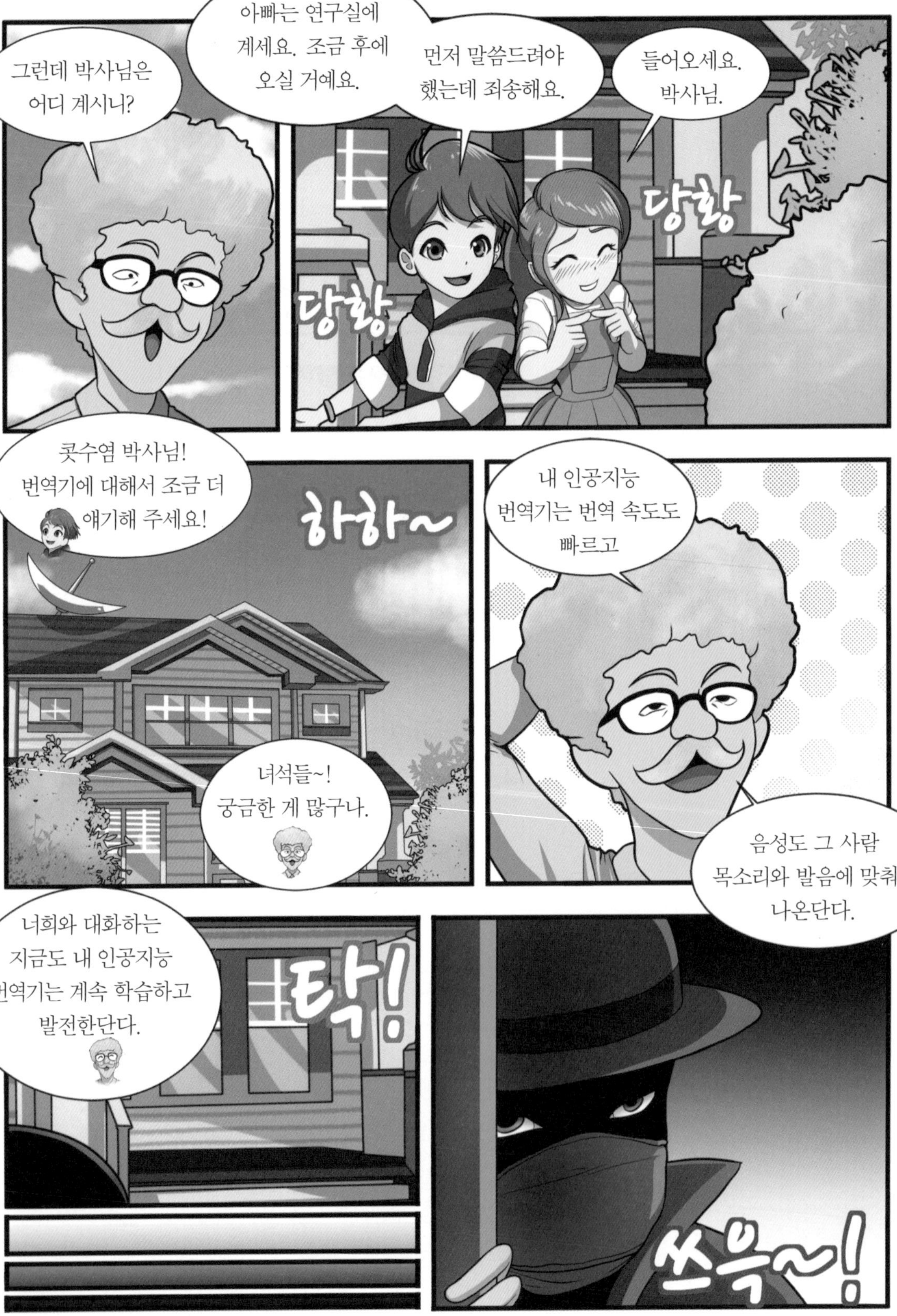

그런데 박사님은 어디 계시니?
아빠는 연구실에 계세요. 조금 후에 오실 거예요.
먼저 말씀드려야 했는데 죄송해요.
들어오세요. 박사님.
당황
당황
콧수염 박사님! 번역기에 대해서 조금 더 얘기해 주세요!
하하~
녀석들~! 궁금한 게 많구나.
내 인공지능 번역기는 번역 속도도 빠르고
음성도 그 사람 목소리와 발음에 맞춰서 나온단다.
너희와 대화하는 지금도 내 인공지능 번역기는 계속 학습하고 발전한단다.
탁!
쓰윽~!

정보 더하기

인공지능의 탄생과 역사

★ AI의 탄생(1950년~1956년)

1943년, 인공신경망에 관한 연구가 워렌 맥클록과 월터 피츠에 의해 최초로 소개되었어요. 이 두 학자는 인공신경을 그물망 형태로 연결하면 그것이 사람 뇌처럼 활동하고 아주 간단한 기능을 흉내 낼 수 있다는 것을 증명했어요.

1950년 인공지능의 아버지로 불리는 튜링은 〈계산 기계와 지능〉이라는 논문에서 기계가 생각할 수 있는지 테스트하는 방법, 지능적 기계의 개발 가능성, 학습하는 기계 등에 대해 발표했어요. 1956년 여름 다트머스 컬리지에서 10명의 과학자가 모인 학회가 인공지능학의 시초로 여겨지고 있고, 이때부터 인공지능이 학문 분야로 들어섰어요.

초기 AI 시스템의 성능은 불확실성에 대한 취약성, 근거 없는 상징적 재현에 대한 의존, 데이터 부족, 메모리 용량과 프로세서 속도 제한에도 영향을 받았어요.

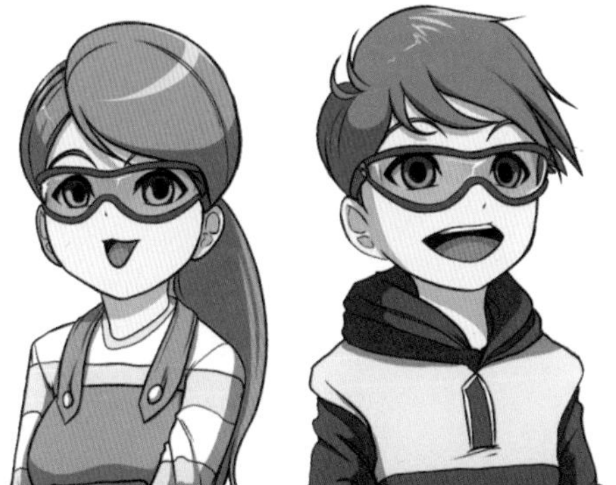

★ AI의 황금기(1956년~1974년)

다트머스 컨퍼런스 이후, AI라는 새로운 영역은 빠른 속도로 발전하기 시작했으며 많은 성공적인 프로그램이 50년대 후반과 60년대에 나타났어요. 대표적인 탐색 추리 방식의 예는 컴퓨터가 사람 언어를 이해하고 생성 및 분석을 다루는 AI 기술인 '자연어 처리'예요. 1970년에 마빈 민스키는 "3~8년 안에 우리는 평균 정도의 인간 지능을 가진 기계를 만나게 될 것이다"라며 낙관적인 예측을 하기도 했어요.

★ AI의 암흑기(1974년~1993년)

1970년대에 이르자 AI는 비판의 대상이 되었으며 연구가들이 복잡한 문제 해결에 연달아 실패하여 정부의 지원이 끊기기 시작했어요. 황금기 때 연구된 내용에 대해 회의감이 들기 시작하며 컴퓨터 성능의 한계로 인해 연구 내용의 뒷받침이 어려워졌기 때문이에요.

1970년대 중반부터 AI 시스템이 처음의 기대를 만족시키지 못할 것이라는 인식이 팽배해지면서 AI의 겨울이 시작되었어요. 재정적 문제가 있던 1980년대 말에서부터 1990년 초반까지 AI 하드웨어 시장이 급격하게 무너졌어요. 데스크톱 컴퓨터의 성능과 속도가 빨라짐으로써 유지하기에 비싸고 업데이트하기 어렵고 학습도 잘되지 않는 등의 단점을 극복하지 못한 AI 시스템은 암흑기를 맞이하였지요.

★ AI의 현재(1993년~현재)

다양한 데이터를 축적하고 축적된 데이터를 빠른 속도로 분석하는 논리 알고리즘의 업데이트를 돕는 방식이 개선되며 다시 황금기를 맞이하게 되었어요. 머신러닝을 통해 수많은 빅데이터를 분석하여 AI 시스템이 스스로 학습하는 형태로 발전하였어요. 이후 인간의 뇌를 모방한 신경망 네트워크 구조로 이루어진 딥러닝 알고리즘은 기존 머신러닝의 한계를 뛰어넘었어요. 인공지능은 이미 많은 영역에서 인간을 넘어서고 있어요. 앞으로 더 발전하고 인간의 삶에 많은 영향을 미칠 거예요.

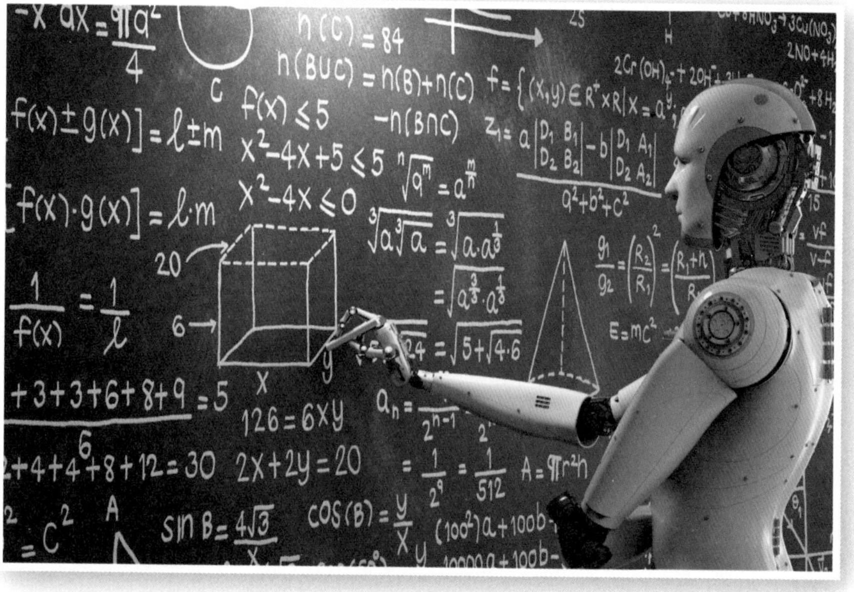

n(C) = 84
n(B∪C) = n(B)+n(C)
f(x) ≤ 5
x²−4x+5 ≤ 5
x²−4x ≤ 0
[f(x)±g(x)] = l±m
[f(x)·g(x)] = l·m
126 = 6xy
2x+2y = 20
E = mc²

삐뚤어진 콧수염의 비밀

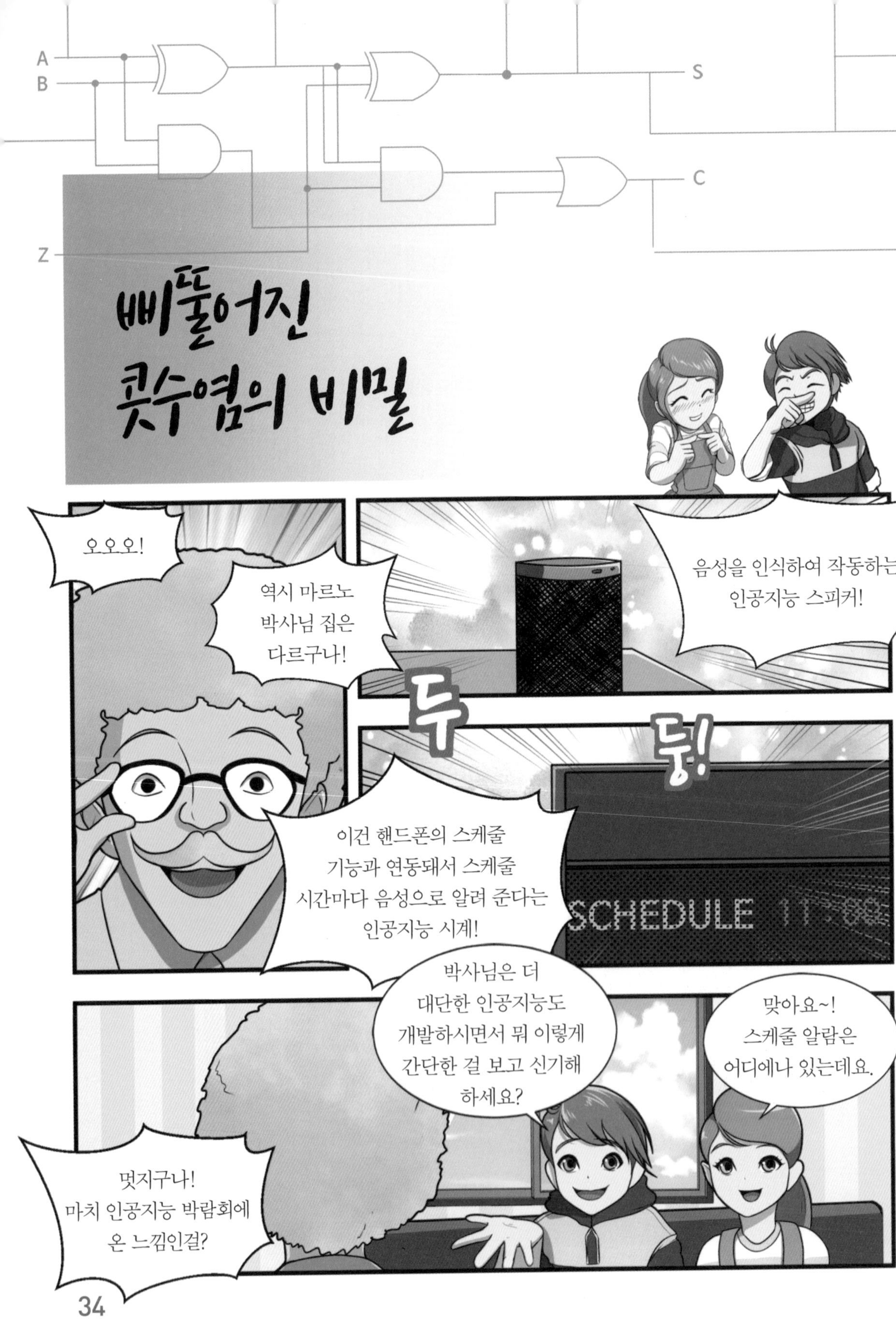
오오오!
역시 마르노 박사님 집은 다르구나!
음성을 인식하여 작동하는 인공지능 스피커!
두둥!
이건 핸드폰의 스케줄 기능과 연동돼서 스케줄 시간마다 음성으로 알려 준다는 인공지능 시계!
SCHEDULE
박사님은 더 대단한 인공지능도 개발하시면서 뭐 이렇게 간단한 걸 보고 신기해 하세요?
맞아요~! 스케줄 알람은 어디에나 있는데요.
멋지구나! 마치 인공지능 박람회에 온 느낌인걸?

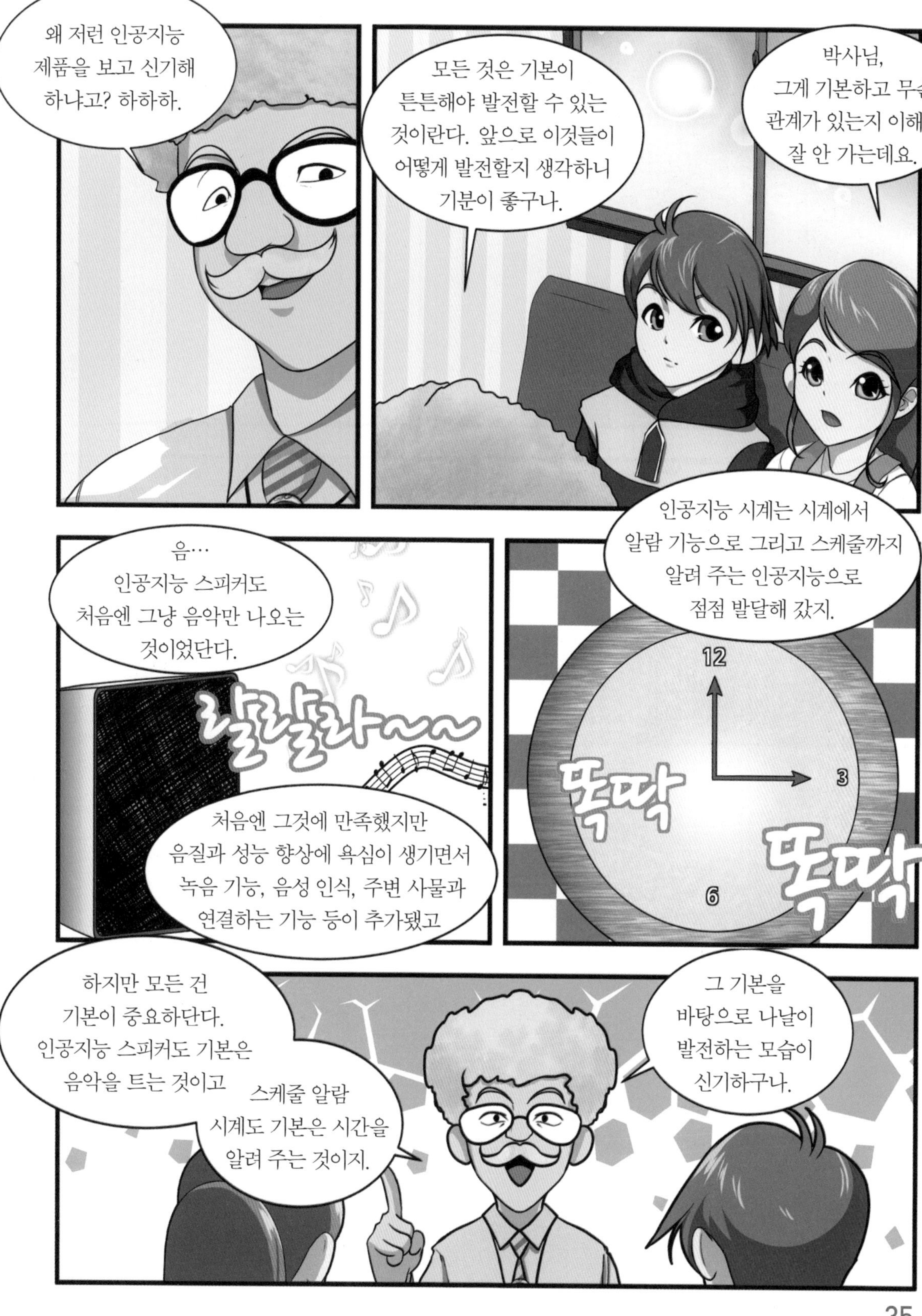
왜 저런 인공지능 제품을 보고 신기해 하냐고? 하하하.
모든 것은 기본이 튼튼해야 발전할 수 있는 것이란다. 앞으로 이것들이 어떻게 발전할지 생각하니 기분이 좋구나.
박사님, 그게 기본하고 무슨 관계가 있는지 이해가 잘 안 가는데요.
음… 인공지능 스피커도 처음엔 그냥 음악만 나오는 것이었단다.
랄랄랄라~~
처음엔 그것에 만족했지만 음질과 성능 향상에 욕심이 생기면서 녹음 기능, 음성 인식, 주변 사물과 연결하는 기능 등이 추가됐고
인공지능 시계는 시계에서 알람 기능으로 그리고 스케줄까지 알려 주는 인공지능으로 점점 발달해 갔지.
12
3
6
똑딱
똑딱
하지만 모든 건 기본이 중요하단다. 인공지능 스피커도 기본은 음악을 트는 것이고
스케줄 알람 시계도 기본은 시간을 알려 주는 것이지.
그 기본을 바탕으로 나날이 발전하는 모습이 신기하구나.

그러니까 너희들도 기본적인 공부를 열심히 해야 한단다.
쿨럭
네~!
박사님, 목마르시죠?
잠시만 기다리세요!
쾅!!!!!!!
저… 박사님! 인공지능에 대해서 궁금한 게 있는데요.

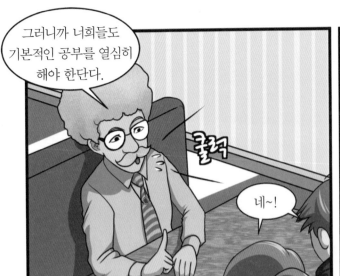

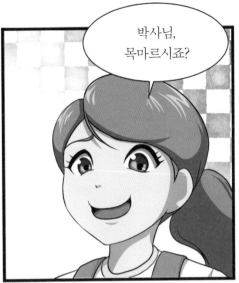

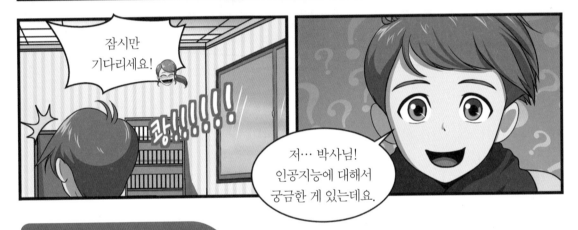

인공지능이란?

인공지능은 인간의 지능으로 할 수 있는 사고, 학습, 자기 개발 등을 컴퓨터가 할 수 있도록 연구하는 컴퓨터 공학 및 정보 기술의 한 분야예요. 즉 컴퓨터가 사고, 추론 등 인간의 지능적인 행동을 모방할 수 있도록 하는 것을 인공지능이라고 해요. 다음과 같이 4단계에 거쳐 발전했어요.

1단계 **단순 제어:** 버튼 입력으로 단순히 누르는 버튼에 따라 지정된 작동을 시행해요.

2단계 **고전적 인공지능:** 입력된 정보로 간단한 상황에 대응할 수 있어요.

3단계 **기계 학습:** 입력된 정보로 스스로 판단을 내리지만 주어진 정보에서만 가능하기 때문에 한정적이에요.

4단계 **딥러닝:** 별도의 정보를 입력하지 않아도 스스로 학습하고 대응할 수 있어요.

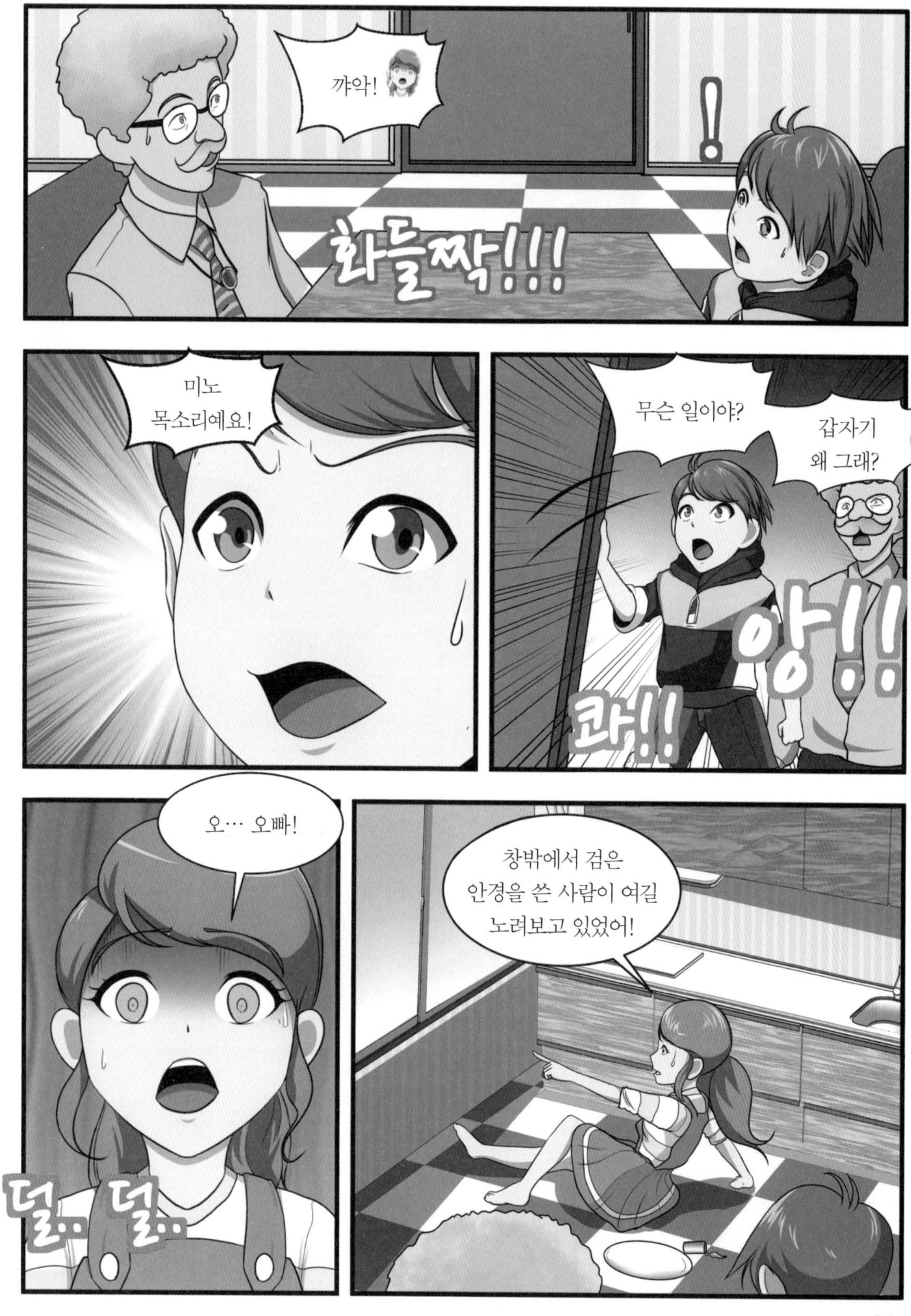

까악!
화들짝!!!
미노
목소리예요!
무슨 일이야?
갑자기
왜 그래?
콰!!
앙!!
오… 오빠!
덜.. 덜..
창밖에서 검은
안경을 쓴 사람이 여길
노려보고 있었어!

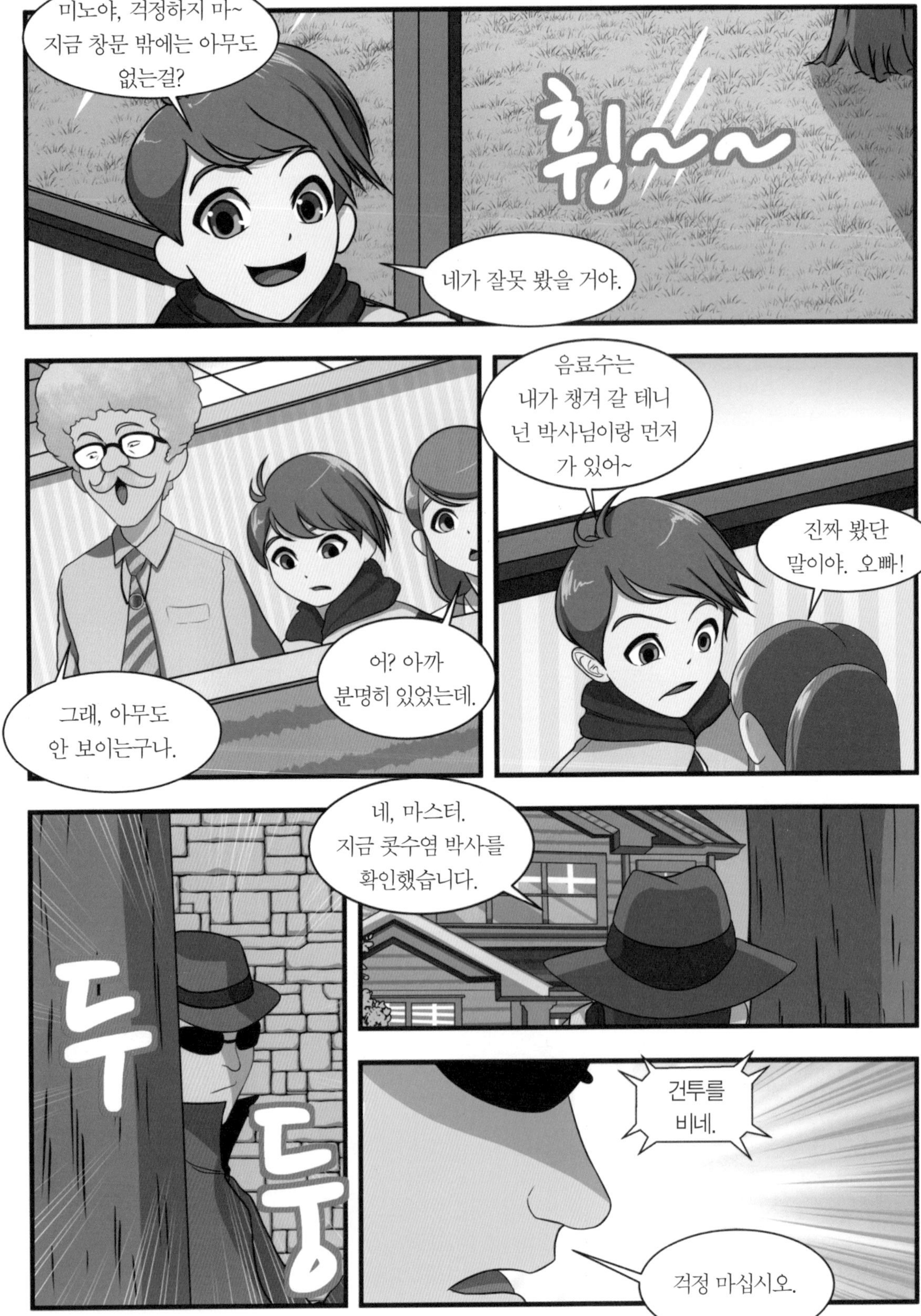

미노야, 걱정하지 마~ 지금 창문 밖에는 아무도 없는걸?
휭~~
네가 잘못 봤을 거야.
음료수는 내가 챙겨 갈 테니 넌 박사님이랑 먼저 가 있어~
진짜 봤단 말이야. 오빠!
어? 아까 분명히 있었는데.
그래, 아무도 안 보이는구나.
네, 마스터. 지금 콧수염 박사를 확인했습니다.
두둥
건투를 비네.
걱정 마십시오.

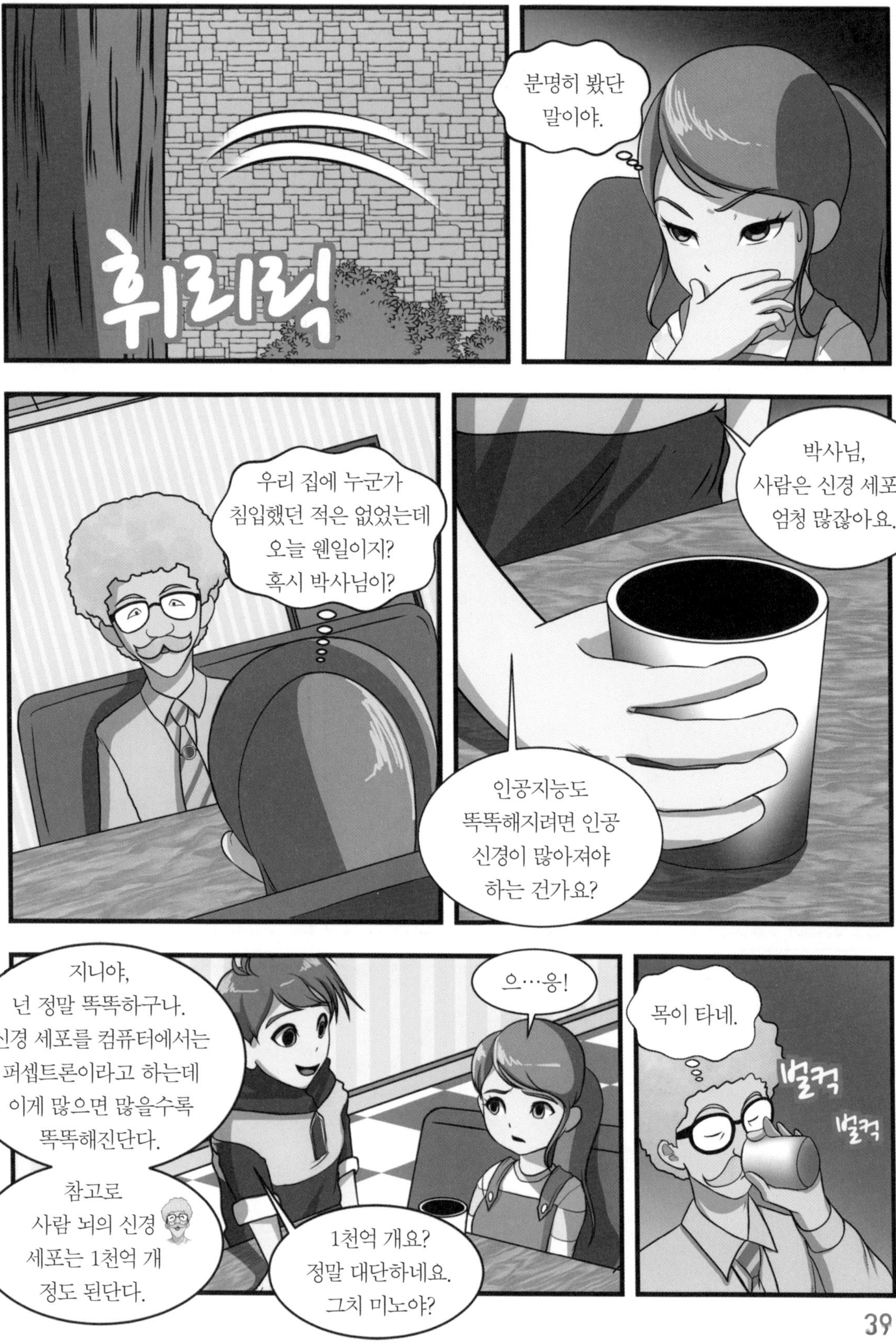
휘리릭
분명히 봤단 말이야.
우리 집에 누군가 침입했던 적은 없었는데 오늘 웬일이지? 혹시 박사님이?
박사님, 사람은 신경 세포가 엄청 많잖아요.
인공지능도 똑똑해지려면 인공 신경이 많아져야 하는 건가요?
지니야, 넌 정말 똑똑하구나. 신경 세포를 컴퓨터에서는 퍼셉트론이라고 하는데 이게 많으면 많을수록 똑똑해진단다.
참고로 사람 뇌의 신경 세포는 1천억 개 정도 된단다.
1천억 개요? 정말 대단하네요. 그치 미노야?
으…응!
목이 타네.
벌컥
벌컥

박사님!

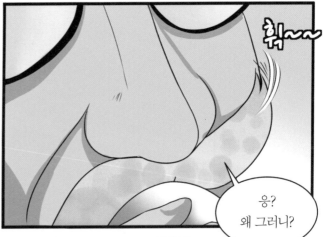

휙~~

응?
왜 그러니?

미노가
참 예리하구나.
대부분 잘 모르고
지나치는데 말이다.

헉!!!

박사님 수염이
이상해요. 한쪽이
올라가네요?

혹시, 가짜 수염
아니에요?

하하하하~~!!

내가 젊었을 때 실험
을 하다가 조작 실
수로 코밑을 심하게
다쳤단다.

앗!

그 후로
상처를 가리기
위해서 콧수염을
길렀지.

그런데 지금처럼
무언가 먹거나 마시면
다친 근육 때문에
한쪽 수염이 자꾸
올라간단다.

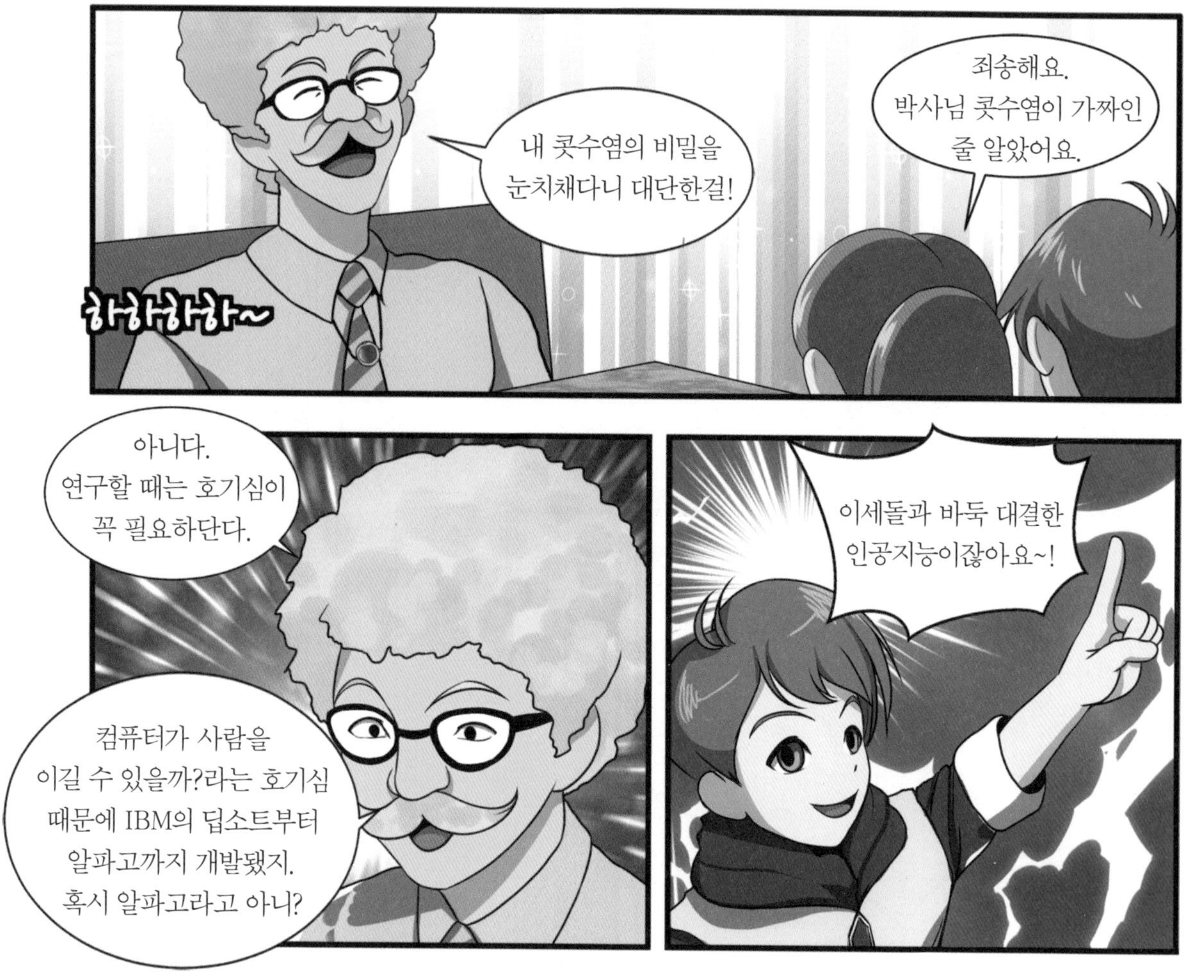

하하하하~
내 콧수염의 비밀을 눈치채다니 대단한걸!
죄송해요. 박사님 콧수염이 가짜인 줄 알았어요.
아니다. 연구할 때는 호기심이 꼭 필요하단다.
컴퓨터가 사람을 이길 수 있을까?라는 호기심 때문에 IBM의 딥소트부터 알파고까지 개발됐지. 혹시 알파고라고 아니?
이세돌과 바둑 대결한 인공지능이잖아요~!

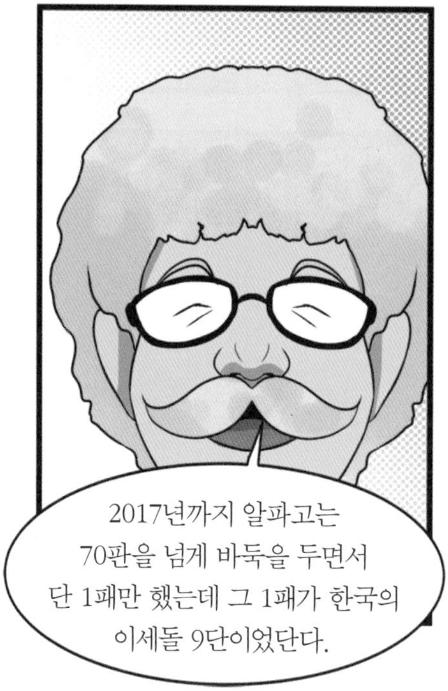

2017년까지 알파고는 70판을 넘게 바둑을 두면서 단 1패만 했는데 그 1패가 한국의 이세돌 9단이었단다.

딥소트 VS 알파고

1985년 카네기 멜론대학교에서 개발한 딥소트는 처음으로 체스 챔피언을 이긴 인공지능 컴퓨터예요. 그 후 IBM사가 딥소트 개발팀을 영입하여 알고리즘을 점점 늘려 다양한 게임 종목에서 승리를 거머쥐었어요.

알파고는 구글 딥마인드가 개발한 인공지능 바둑 프로그램이에요. 여러 대의 컴퓨터가 연결된 형태로써 1,200개 이상의 CPU와 170개 이상의 그래픽 카드로 구성되어 있어요. 이세돌과의 바둑 대결에서 우승함으로써 사람들에게 놀라움을 자아내고 전 세계적으로 유명해졌지요.

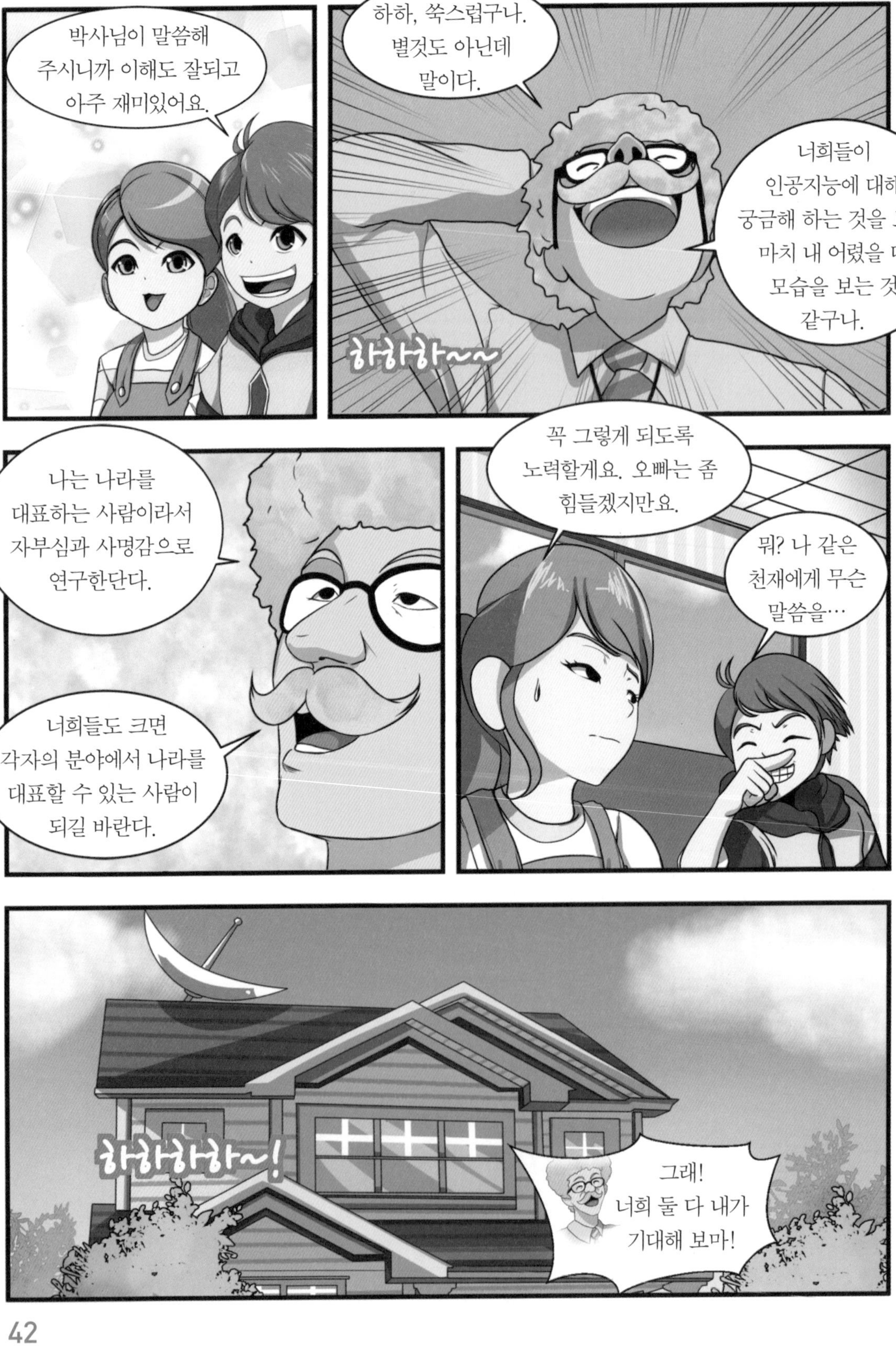
박사님이 말씀해 주시니까 이해도 잘되고 아주 재미있어요.
하하, 쑥스럽구나. 별것도 아닌데 말이다.
너희들이 인공지능에 대해 궁금해 하는 것을 보니 마치 내 어렸을 때 모습을 보는 것 같구나.
하하하~~
나는 나라를 대표하는 사람이라서 자부심과 사명감으로 연구한단다.
너희들도 크면 각자의 분야에서 나라를 대표할 수 있는 사람이 되길 바란다.
꼭 그렇게 되도록 노력할게요. 오빠는 좀 힘들겠지만요.
뭐? 나 같은 천재에게 무슨 말씀을…
하하하하~!
그래! 너희 둘 다 내가 기대해 보마!

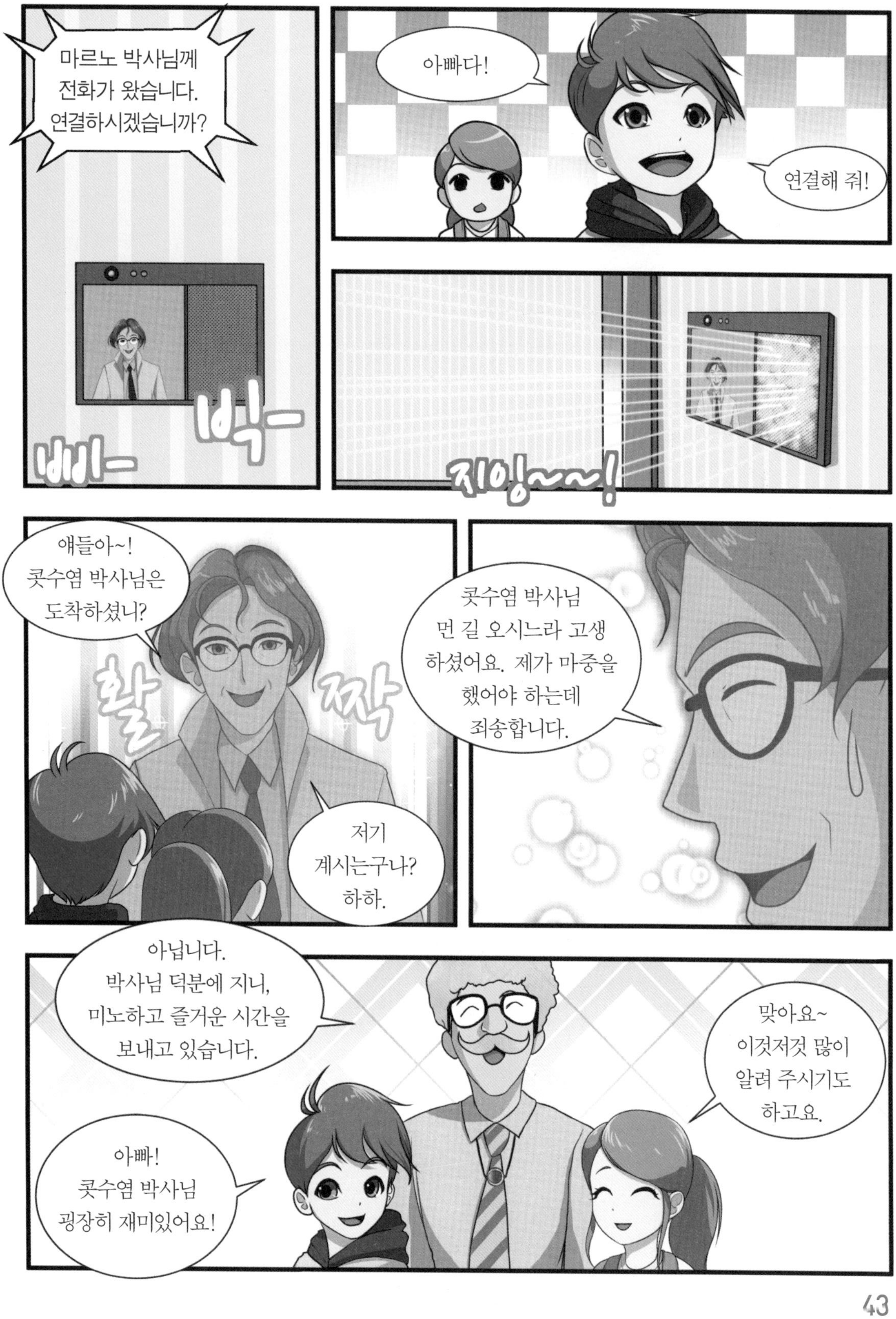
마르노 박사님께 전화가 왔습니다. 연결하시겠습니까?
삐-
빅-
아빠다!
연결해 줘!
지잉~~!
얘들아~! 콧수염 박사님은 도착하셨니?
활짝
저기 계시는구나? 하하.
콧수염 박사님 먼 길 오시느라 고생하셨어요. 제가 마중을 했어야 하는데 죄송합니다.
아닙니다. 박사님 덕분에 지니, 미노하고 즐거운 시간을 보내고 있습니다.
맞아요~ 이것저것 많이 알려 주시기도 하고요.
아빠! 콧수염 박사님 굉장히 재미있어요!

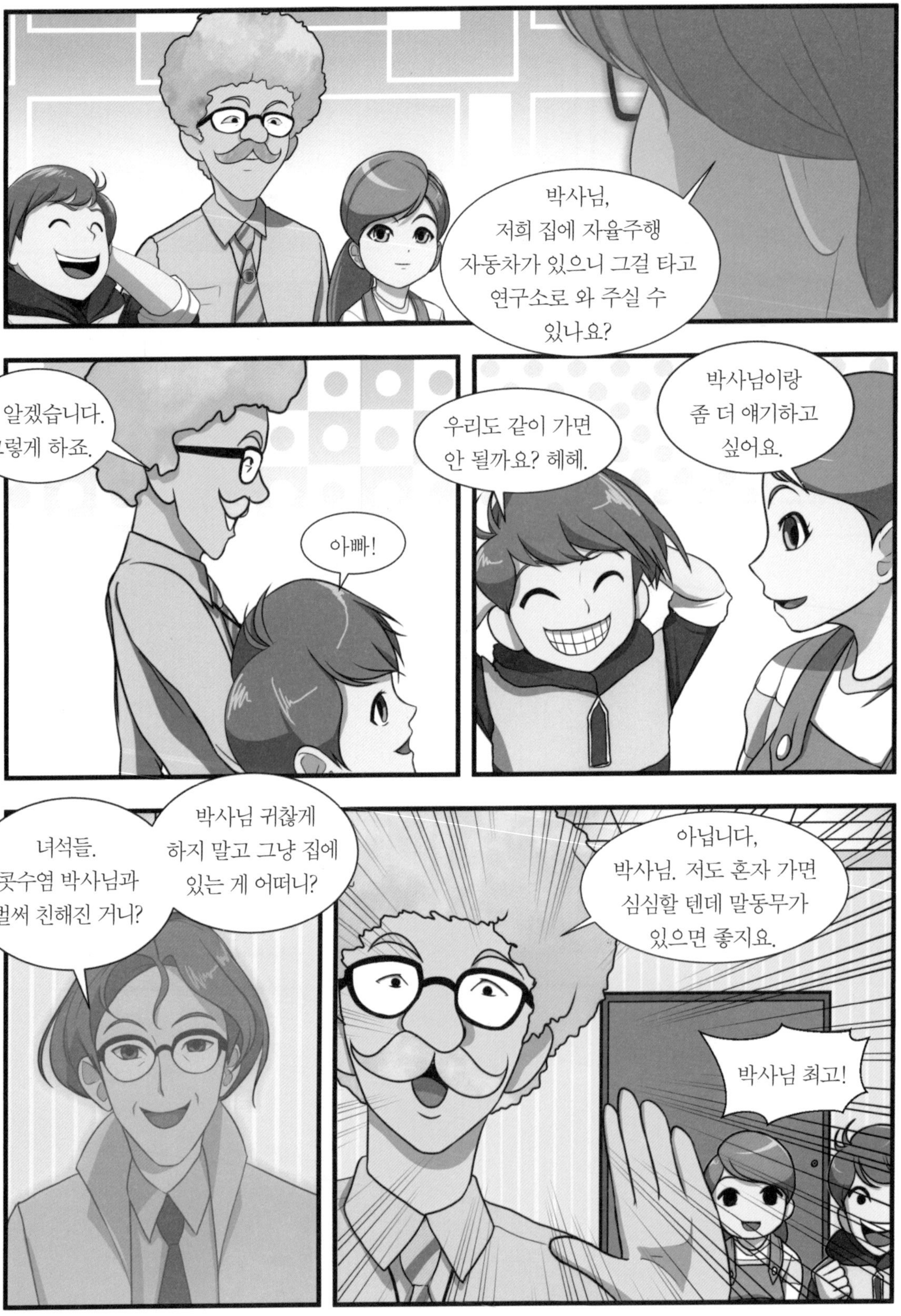
박사님,
저희 집에 자율주행
자동차가 있으니 그걸 타고
연구소로 와 주실 수
있나요?
네, 알겠습니다.
그렇게 하죠.
아빠!
우리도 같이 가면
안 될까요? 헤헤.
박사님이랑
좀 더 얘기하고
싶어요.
녀석들.
콧수염 박사님과
벌써 친해진 거니?
박사님 귀찮게
하지 말고 그냥 집에
있는 게 어떠니?
아닙니다,
박사님. 저도 혼자 가면
심심할 텐데 말동무가
있으면 좋지요.
박사님 최고!

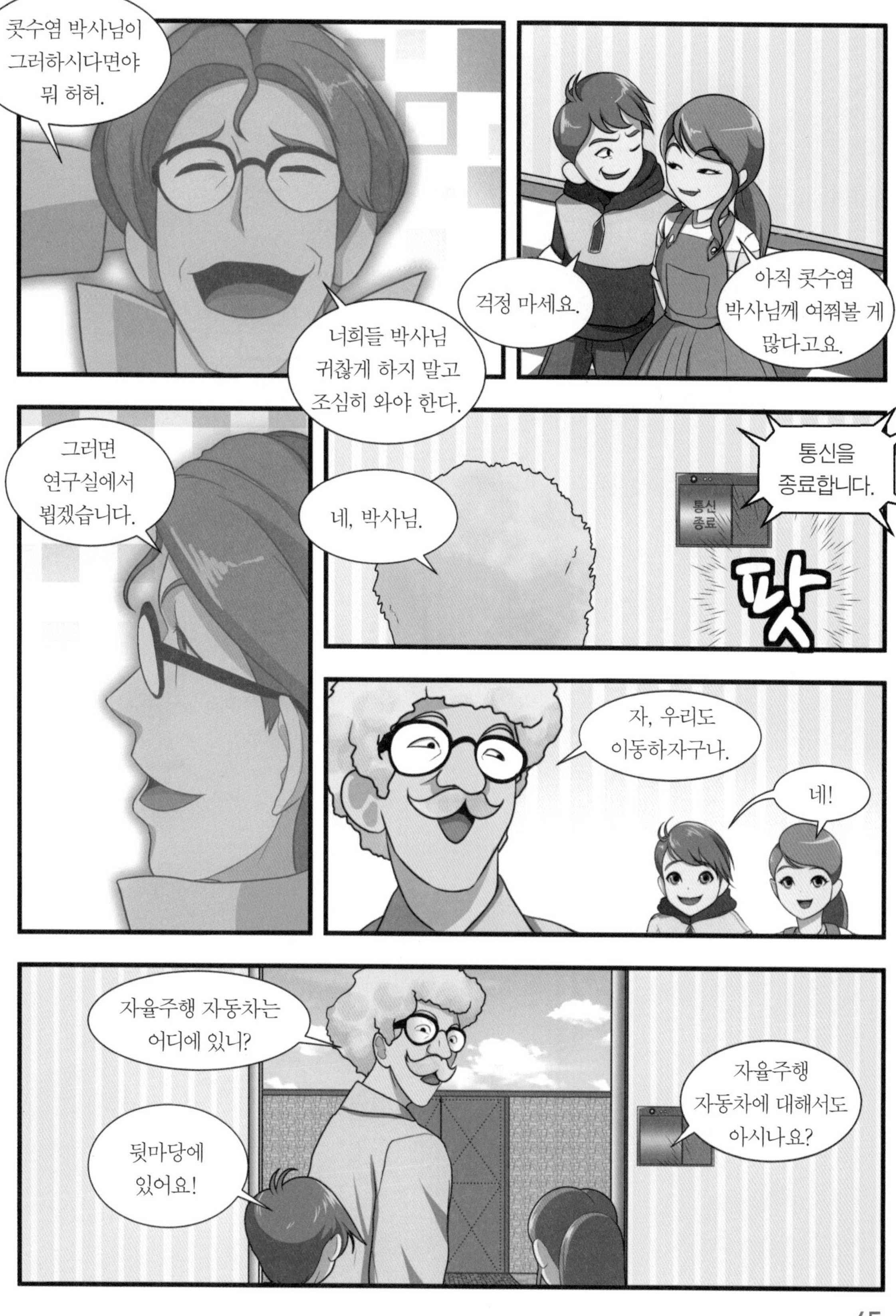

콧수염 박사님이
그러하시다면야
뭐 허허.
너희들 박사님
귀찮게 하지 말고
조심히 와야 한다.
걱정 마세요.
아직 콧수염
박사님께 여쭤볼 게
많다고요.
그러면
연구실에서
뵙겠습니다.
네, 박사님.
통신을
종료합니다.
통신
종료
팟
자, 우리도
이동하자구나.
네!
자율주행 자동차는
어디에 있니?
뒷마당에
있어요!
자율주행
자동차에 대해서도
아시나요?

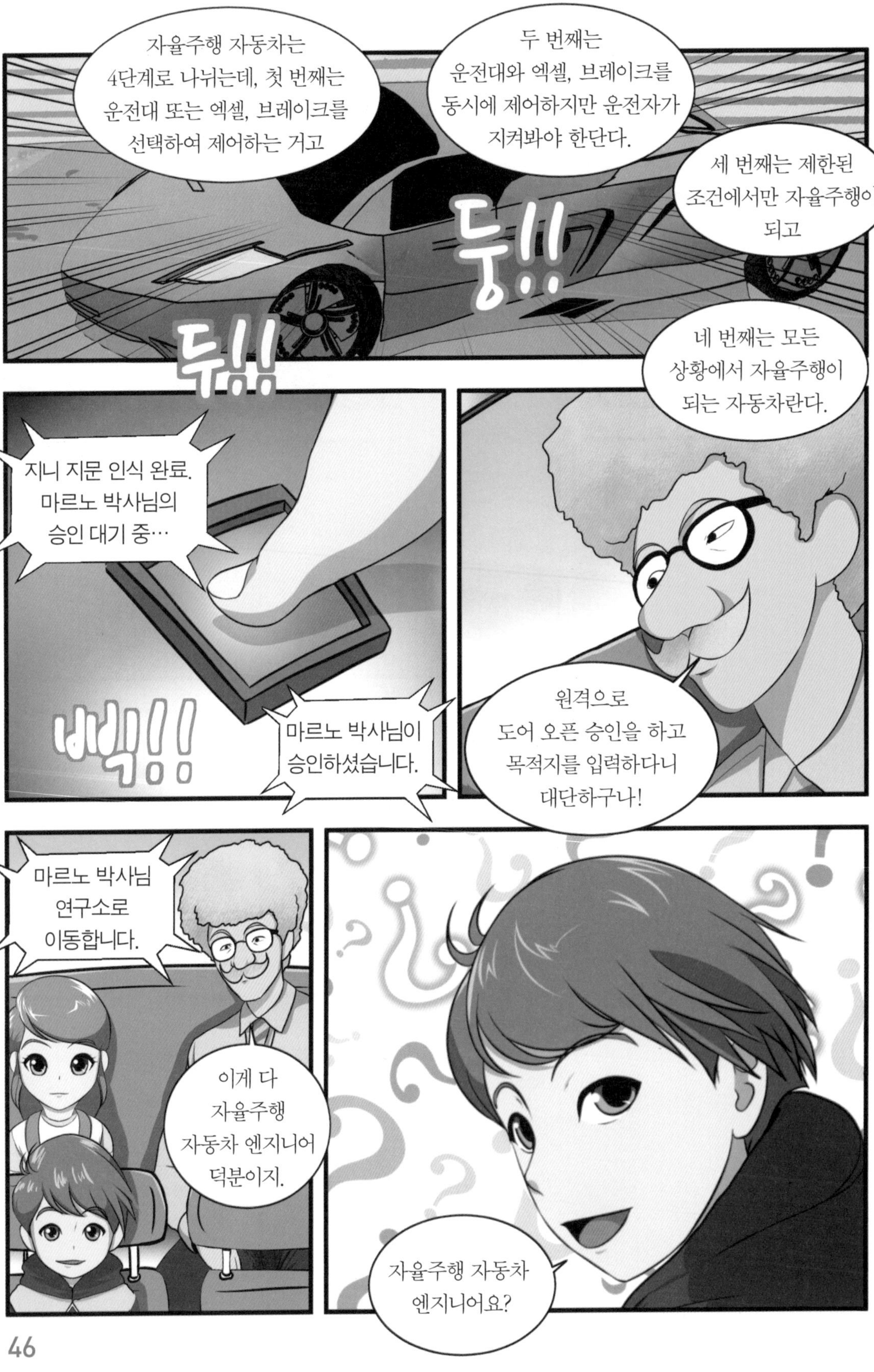
자율주행 자동차는 4단계로 나뉘는데, 첫 번째는 운전대 또는 엑셀, 브레이크를 선택하여 제어하는 거고
두 번째는 운전대와 엑셀, 브레이크를 동시에 제어하지만 운전자가 지켜봐야 한단다.
세 번째는 제한된 조건에서만 자율주행이 되고
둥!!
두!!
네 번째는 모든 상황에서 자율주행이 되는 자동차란다.
지니 지문 인식 완료. 마르노 박사님의 승인 대기 중…
삐익!!
마르노 박사님이 승인하셨습니다.
원격으로 도어 오픈 승인을 하고 목적지를 입력하다니 대단하구나!
마르노 박사님 연구소로 이동합니다.
이게 다 자율주행 자동차 엔지니어 덕분이지.
자율주행 자동차 엔지니어요?

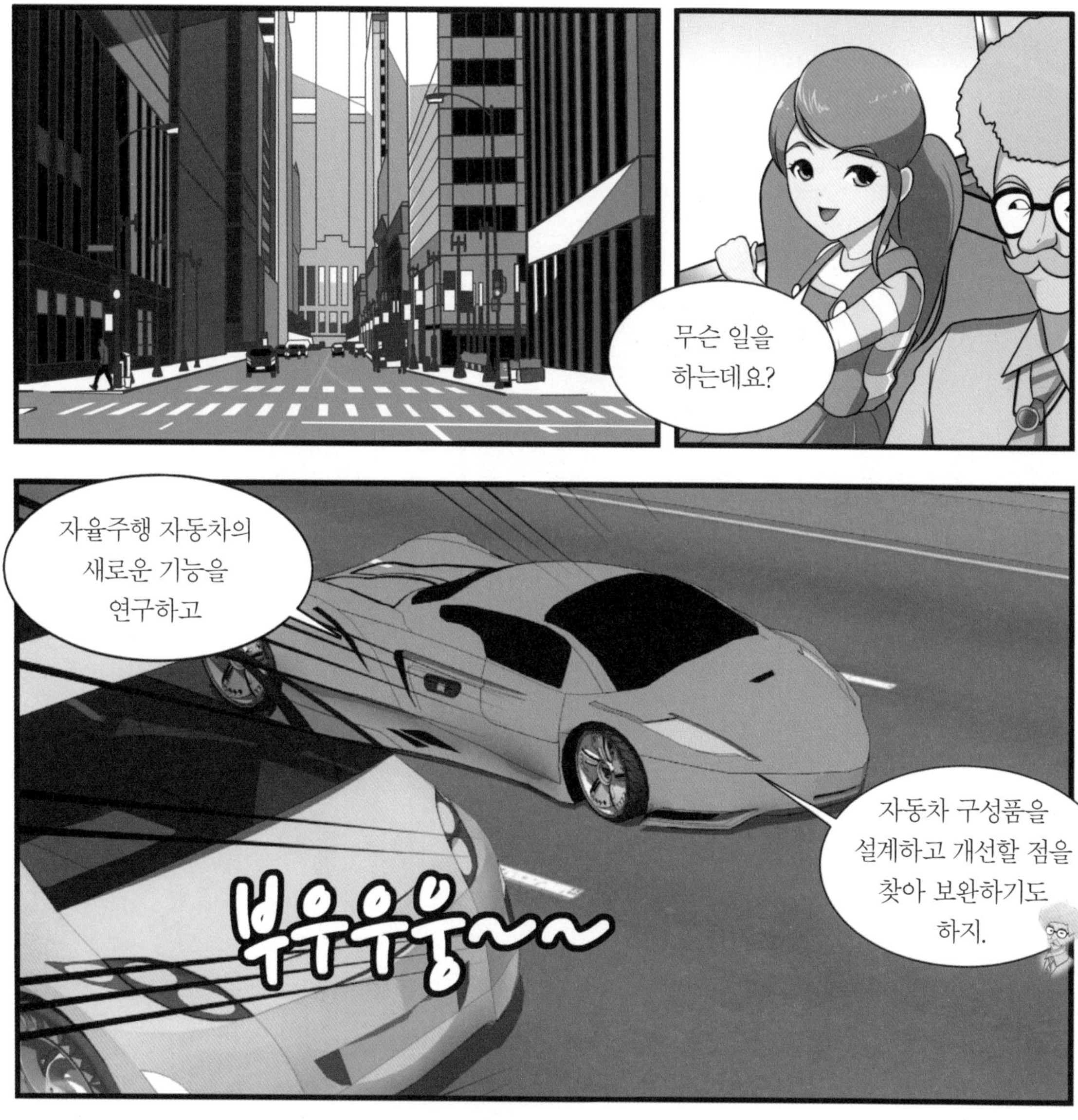
무슨 일을
하는데요?
자율주행 자동차의
새로운 기능을
연구하고
부우우웅~~~
자동차 구성품을
설계하고 개선할 점을
찾아 보완하기도
하지.

자율주행 자동차 엔지니어

자율주행 자동차의 GPS, 레이더, 카메라, 센서 등의 첨단 기술, 정확한 위치 파악과 차량 제어 기술, 주행 환경 인식 분야와 동작 수행 분야 관련 기술 등을 연구하여 더 안전한 자율주행 자동차 개발에 힘쓰고 있는 사람이 자율주행 자동차 엔지니어예요.
자율주행 자동차 엔지니어가 되기 위해서는 물리학, 기계 공학, 시스템 공학, 자동차 공학, 컴퓨터 공학 등을 공부는 것이 도움이 돼요. 신기술 개발에 필요한 창의력, 넓은 사고력, 분석력, 집중력, 신중함, 시행착오에 대한 인내심, 도전 정신이 필요하답니다.

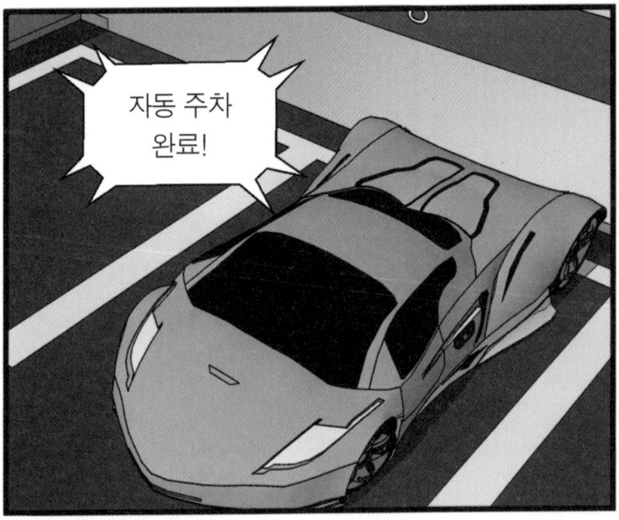
자동 주차
완료!

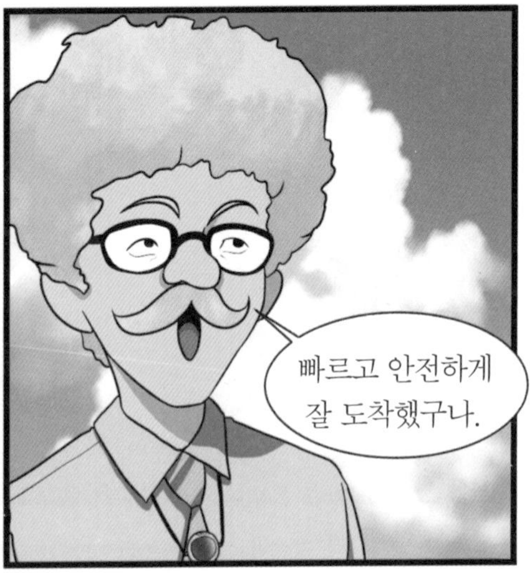
빠르고 안전하게
잘 도착했구나.

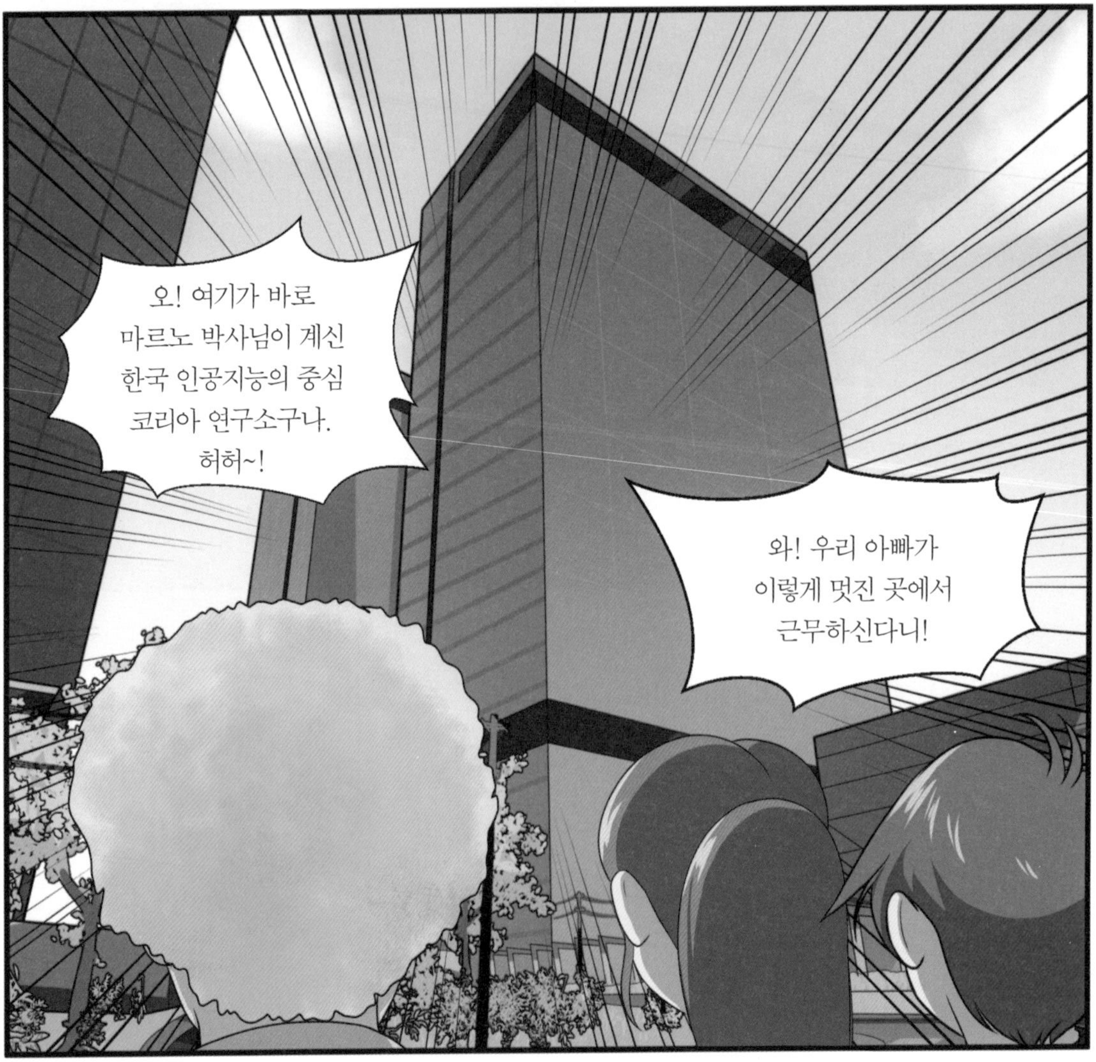
오! 여기가 바로
마르노 박사님이 계신
한국 인공지능의 중심
코리아 연구소구나.
허허~!
와! 우리 아빠가
이렇게 멋진 곳에서
근무하신다니!

박사님, 여기까지 오시느라 고생 많으셨습니다.

아닙니다. 지니, 미노 덕분에 즐겁게 왔습니다.

박사님, 이번 프로젝트 많이 도와 주십시오.

제가 더 많은 도움을 받을 것 같은데요.

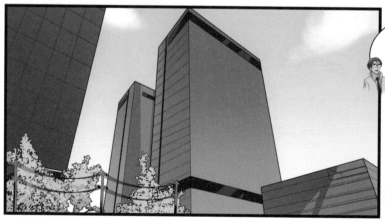

커피 한잔 하시죠~!

감사합니다.

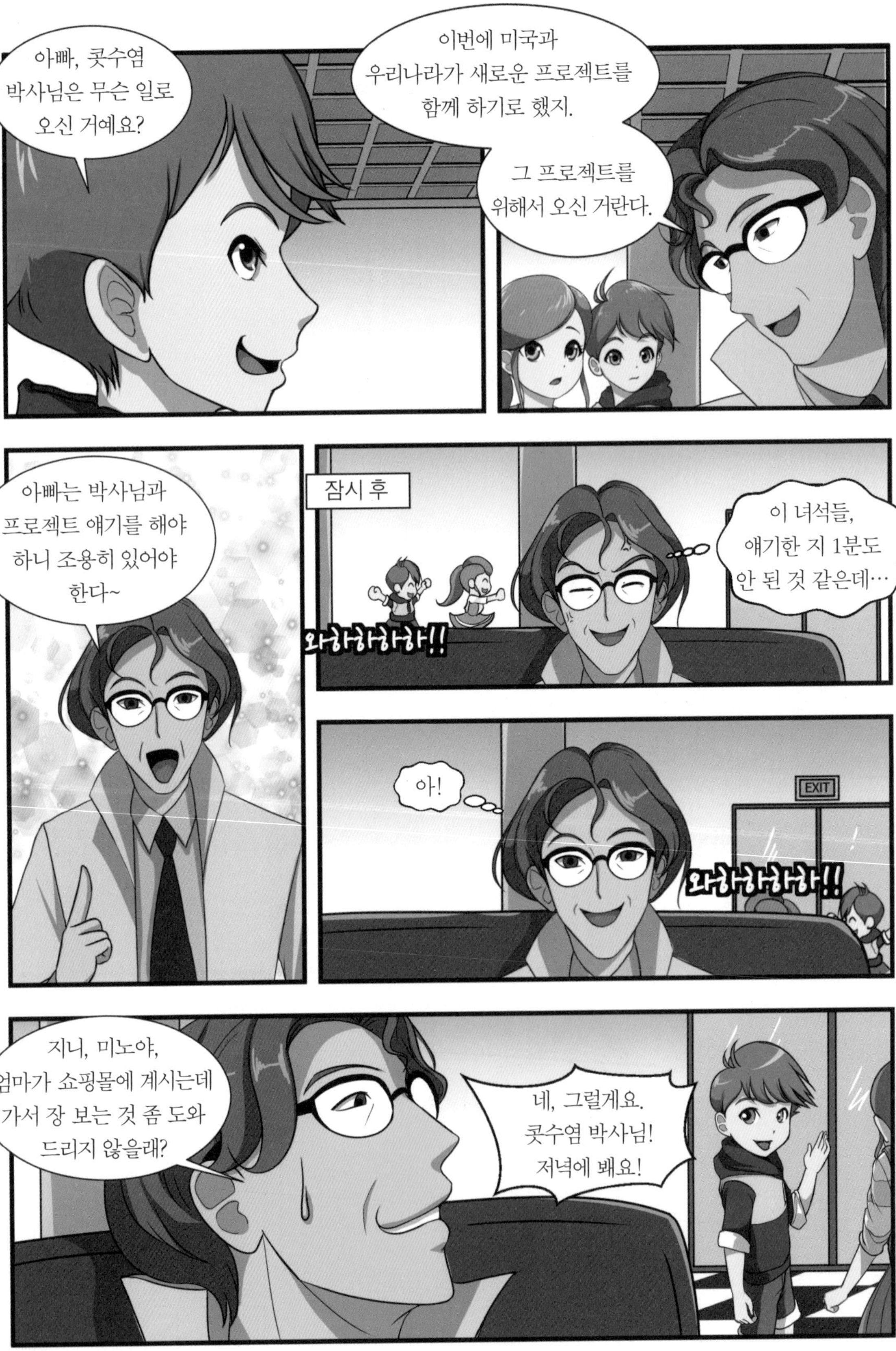
아빠, 콧수염 박사님은 무슨 일로 오신 거예요?
이번에 미국과 우리나라가 새로운 프로젝트를 함께 하기로 했지.
그 프로젝트를 위해서 오신 거란다.
아빠는 박사님과 프로젝트 얘기를 해야 하니 조용히 있어야 한다~
잠시 후
와하하하하!!
이 녀석들, 얘기한 지 1분도 안 된 것 같은데…
아!
EXIT
와하하하하!!
지니, 미노야, 엄마가 쇼핑몰에 계시는데 가서 장 보는 것 좀 도와 드리지 않을래?
네, 그럴게요. 콧수염 박사님! 저녁에 봬요!

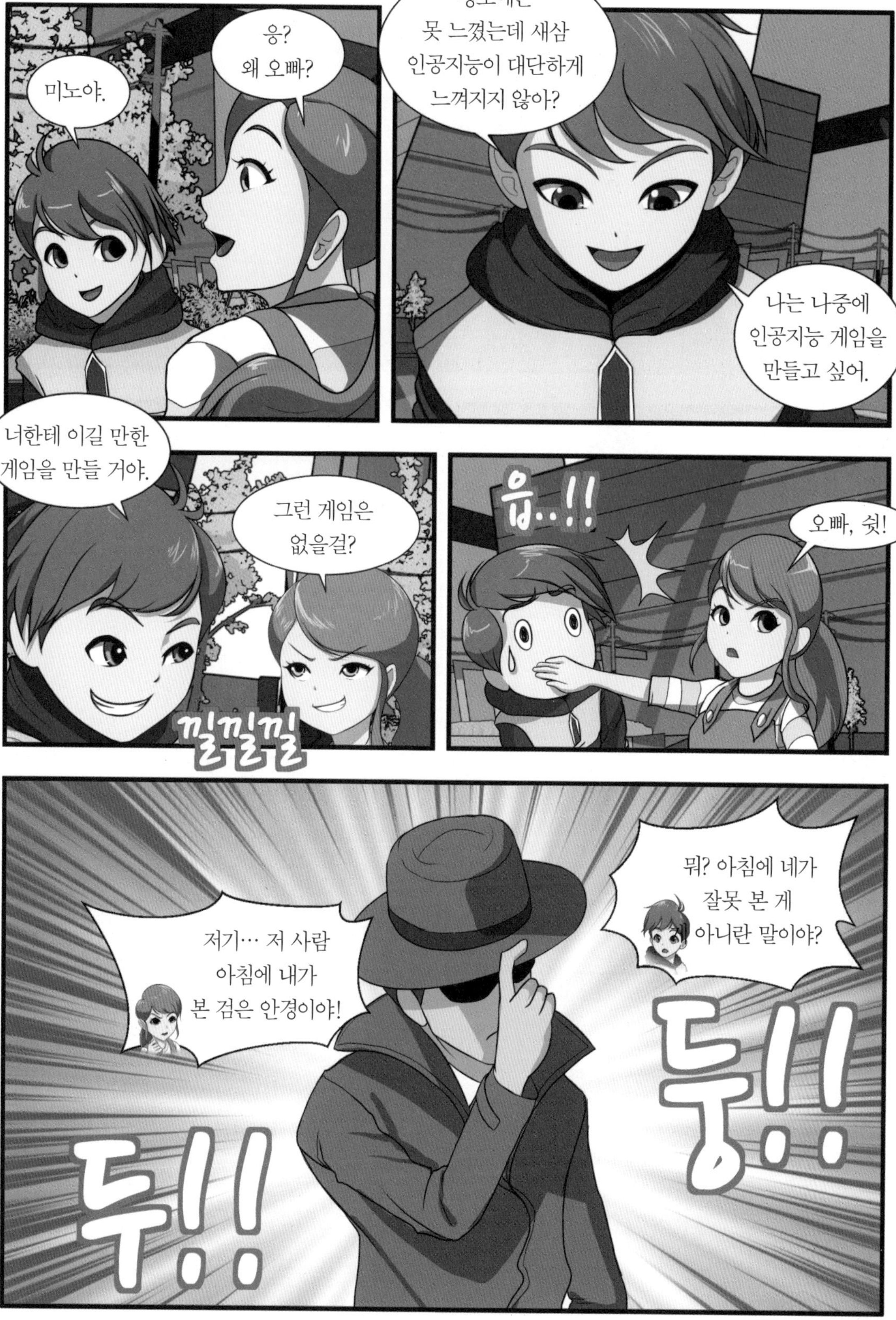
미노야.
응? 왜 오빠?
평소에는 못 느꼈는데 새삼 인공지능이 대단하게 느껴지지 않아?
나는 나중에 인공지능 게임을 만들고 싶어.
너한테 이길 만한 게임을 만들 거야.
그런 게임은 없을걸?
낄낄낄
읍..!!
오빠, 쉿!
저기… 저 사람 아침에 내가 본 검은 안경이야!
뭐? 아침에 네가 잘못 본 게 아니란 말이야?
두!!
둥!!

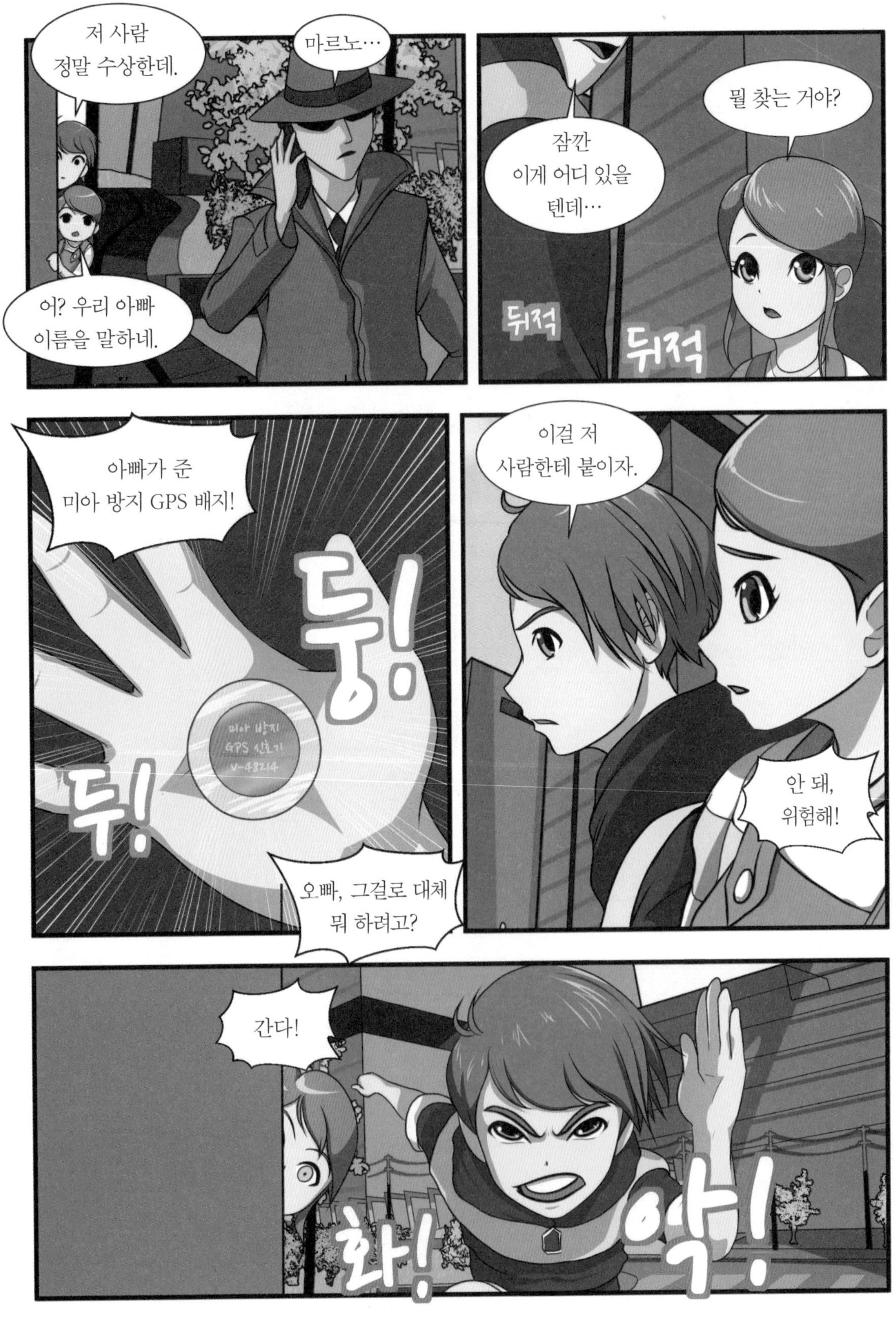

저 사람
정말 수상한데.
마르노…
어? 우리 아빠
이름을 말하네.
뭘 찾는 거야?
잠깐
이게 어디 있을
텐데…
뒤적
뒤적
아빠가 준
미아 방지 GPS 배지!
둥!
두!
미아 방지
GPS 신호기
V-48214
이걸 저
사람한테 붙이자.
안 돼,
위험해!
오빠, 그걸로 대체
뭐 하려고?
간다!
화!
악!

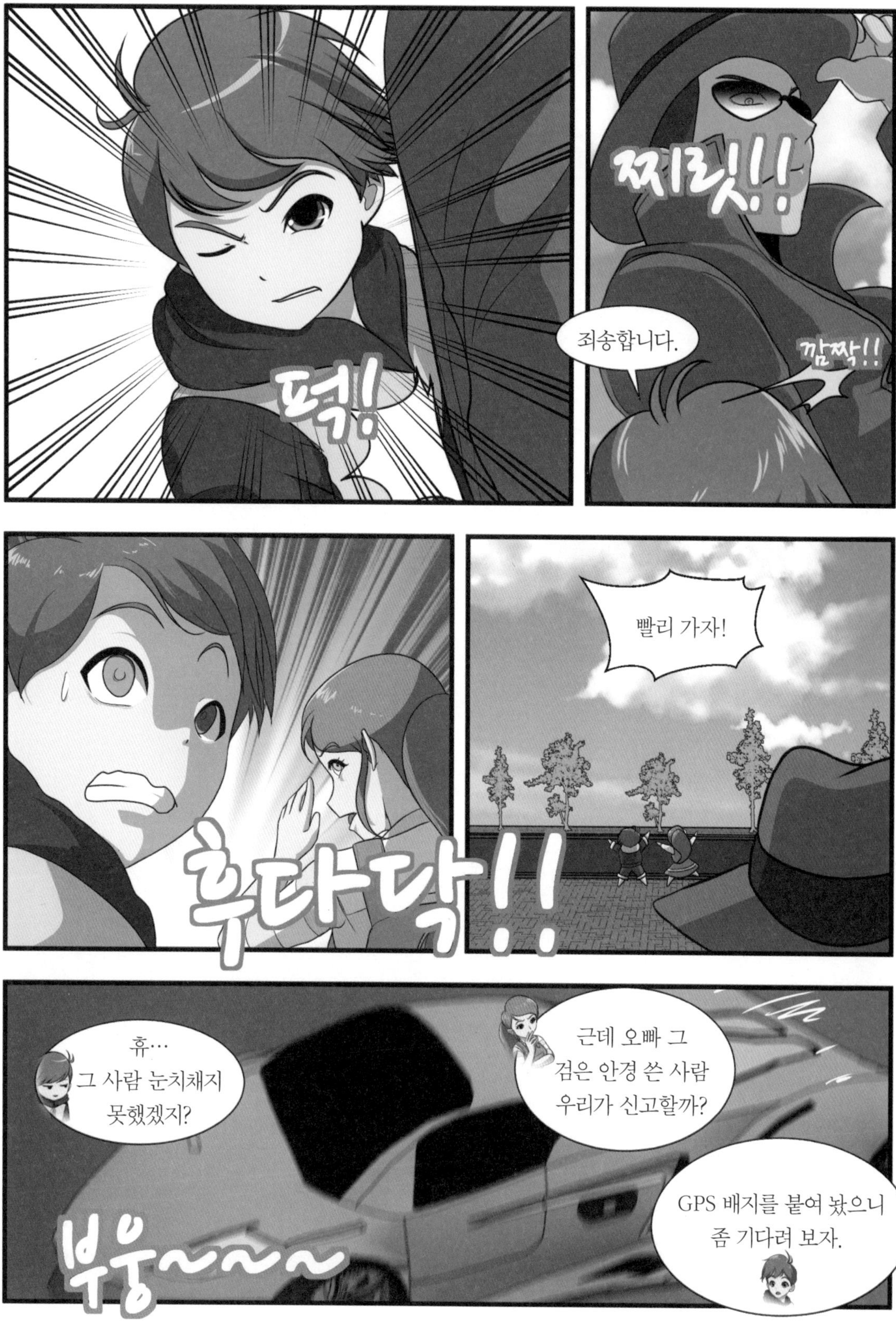
퍽!
찌릿!!
죄송합니다.
깜짝!!
빨리 가자!
후다닥!!
휴…
그 사람 눈치채지
못했겠지?
근데 오빠 그
검은 안경 쓴 사람
우리가 신고할까?
GPS 배지를 붙여 놨으니
좀 기다려 보자.
부웅~~~

자율주행 자동차의 장단점

운전자의 조작 없이 스스로 도로 상황을 파악해 목적지에 도착하는 차를 자율주행 자동차라고 해요.

이미 실용화되기 시작했고 자율주행 버스도 등장했어요. 2010년 구글 자율주행 자동차가 첫 성공을 거둔 후 많은 기업에서 자율주행 자동차 개발에 힘을 쓰고 있어요. 가까운 미래에 자율주행 자동차 수가 증가하고 언젠가는 상용화될 것으로 전망하고 있지만 이를 반대하는 신중론자의 목소리도 아직은 크답니다.

그렇다면 자율주행 자동차의 장점과 단점은 무엇인지 알아볼까요?

장점

1. 노인, 아동, 팔다리가 불편한 장애인 등 운전을 하기 어려운 이들도 이용할 수 있어요.

2. 앞차와의 거리와 속도를 자동차가 자동으로 조정하고 추돌을 방지하는 기능이 있어 교통 사고의 위험을 줄여요.

3. 전파를 앞차에 보내고 되돌아오는 신호를 분석하여 주행하기 때문에 짙은 안개나 눈, 비바람, 어두움 등 시야를 확보하기 어려운 상황에서도 안전하게 주행할 수 있어요.

4. 운전자의 장시간 운전으로 인한 졸음운전, 핸드폰 작동으로 인한 부주의 등으로 발생하는 사고 위험이 없어요.

5. 다른 자동차의 위치를 잘 감지하고 주행하여 공기 저항을 줄이기 때문에 연료 소비량을 절약할 수 있어요.

단점

1. 도로 위의 차들 중 80% 이상이 자율주행 자동차인 상황에서 사고가 난다면 누구에게 책임을 물어야 하는지 현재 법률적으로 정해져 있지 않아요.

2. GPS 기반으로 주행을 하지만 인터넷 접속이 가능해진다면 해킹할 수 있다는 것이고 그렇게 되면 해커가 마음대로 조종할 수도 있게 되므로 위험에 처할 수 있어요.

3. 시스템 오류가 생기면 급가속, 급발진 등의 문제가 발생할 수 있어요.

4. 흰색 차량을 잘 감지하지 못해요.

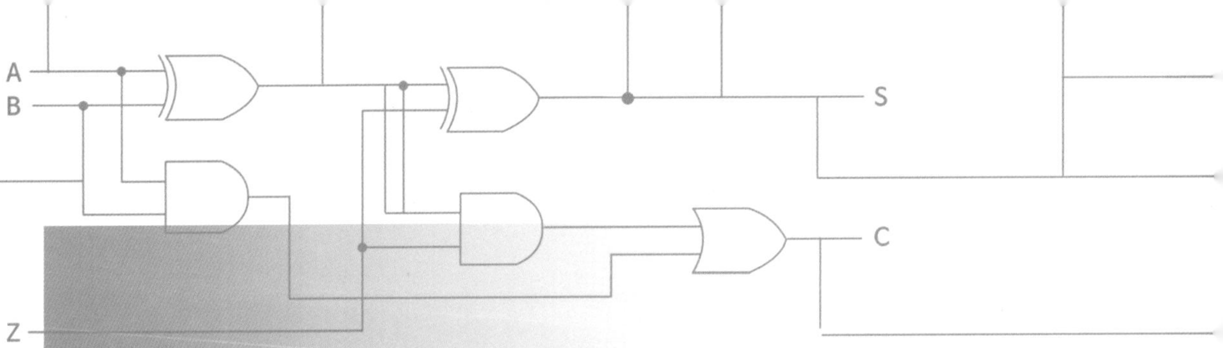
A
B
Z
S
C

모든 것이 편리한 인공지능 생활

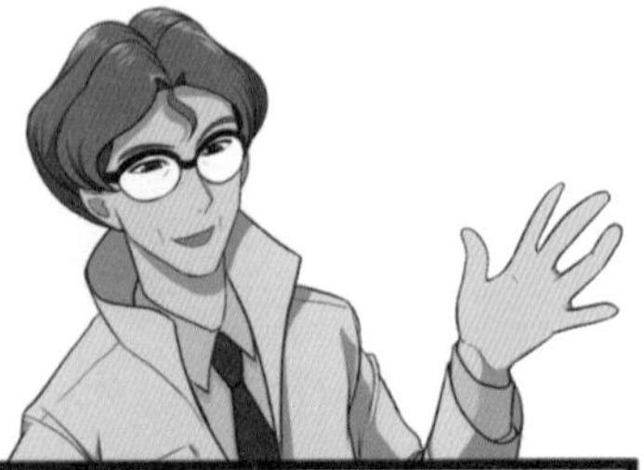

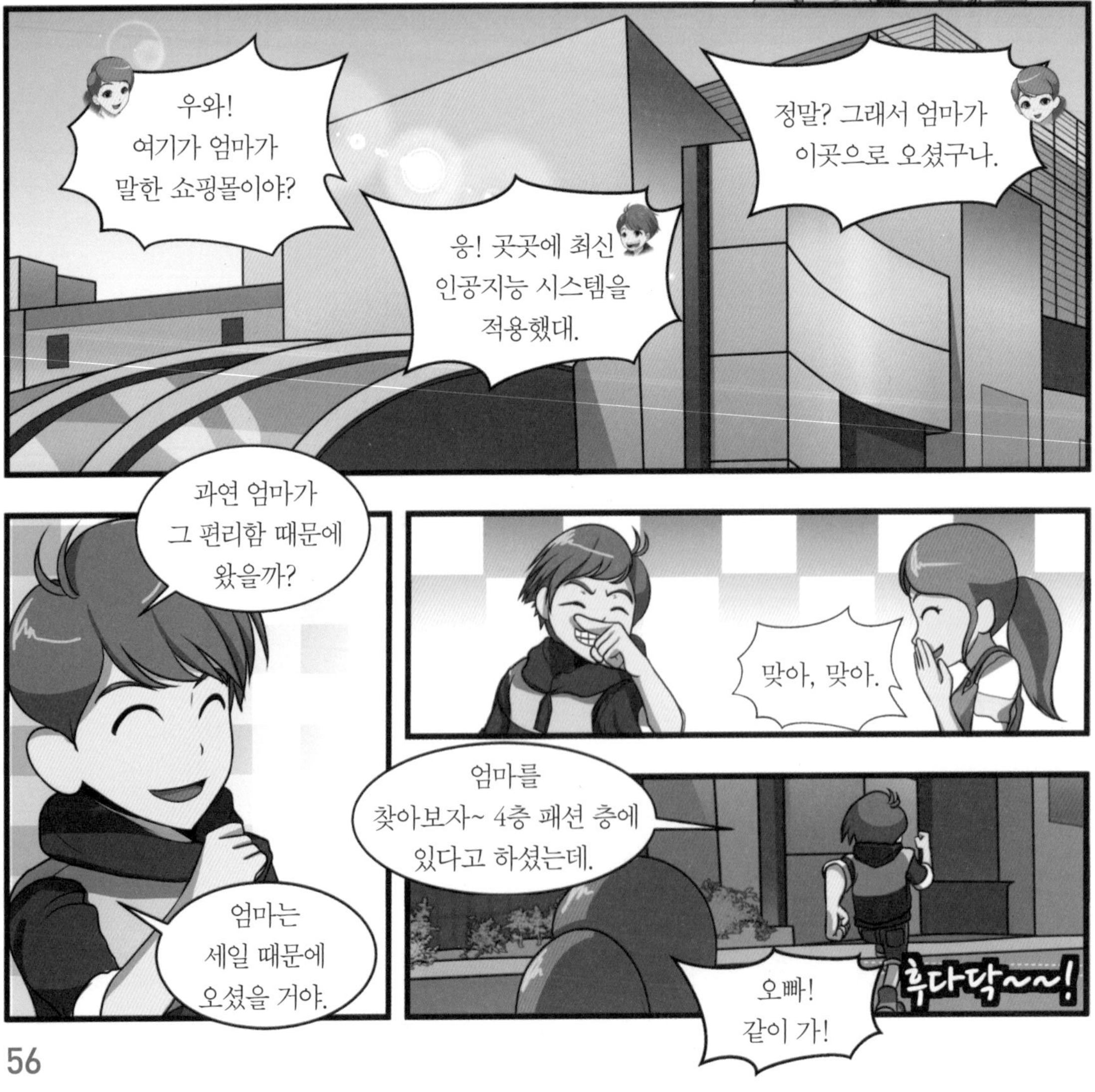
우와! 여기가 엄마가 말한 쇼핑몰이야?
응! 곳곳에 최신 인공지능 시스템을 적용했대.
정말? 그래서 엄마가 이곳으로 오셨구나.
과연 엄마가 그 편리함 때문에 왔을까?
엄마는 세일 때문에 오셨을 거야.
맞아, 맞아.
엄마를 찾아보자~ 4층 패션 층에 있다고 하셨는데.
후다닥~~!
오빠! 같이 가!

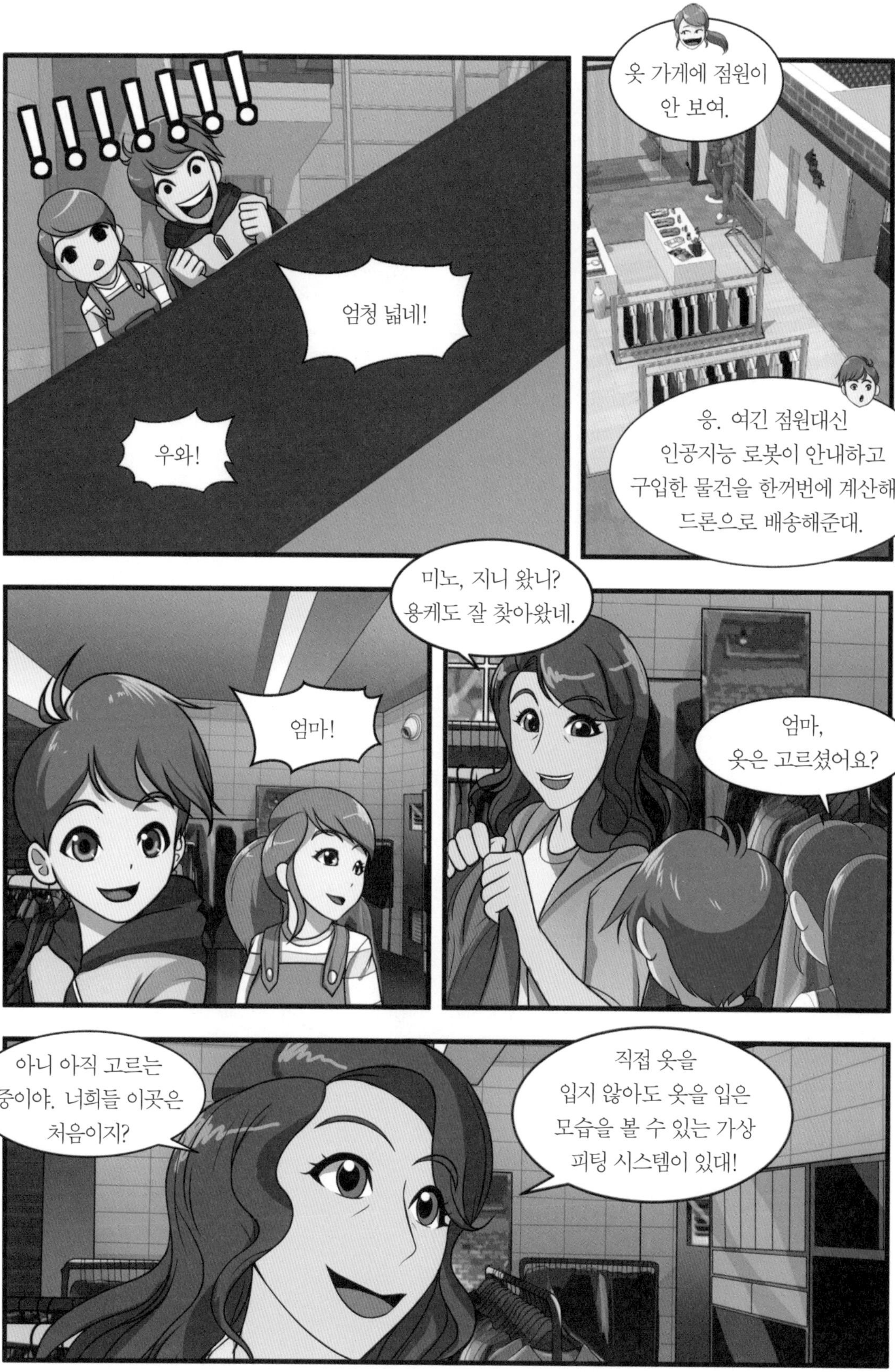
!!!!!!!
엄청 넓네!
우와!
옷 가게에 점원이 안 보여.
응. 여긴 점원대신 인공지능 로봇이 안내하고 구입한 물건을 한꺼번에 계산해서 드론으로 배송해준대.
미노, 지니 왔니? 용케도 잘 찾아왔네.
엄마!
엄마, 옷은 고르셨어요?
아니 아직 고르는 중이야. 너희들 이곳은 처음이지?
직접 옷을 입지 않아도 옷을 입은 모습을 볼 수 있는 가상 피팅 시스템이 있대!

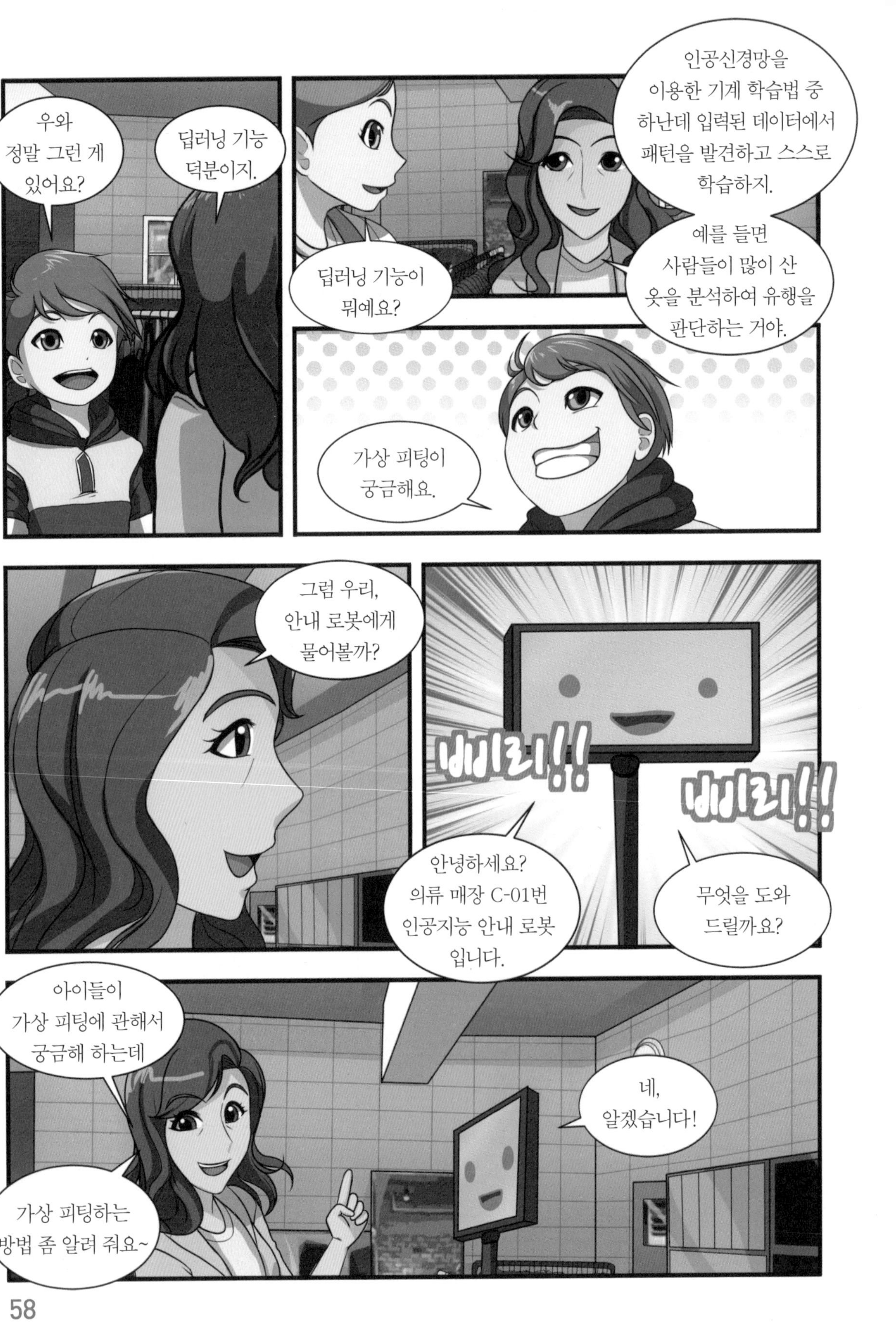
우와 정말 그런 게 있어요?
딥러닝 기능 덕분이지.
딥러닝 기능이 뭐예요?
인공신경망을 이용한 기계 학습법 중 하난데 입력된 데이터에서 패턴을 발견하고 스스로 학습하지.
예를 들면 사람들이 많이 산 옷을 분석하여 유행을 판단하는 거야.
가상 피팅이 궁금해요.
그럼 우리, 안내 로봇에게 물어볼까?
삐리!!
삐리!!
안녕하세요? 의류 매장 C-01번 인공지능 안내 로봇입니다.
무엇을 도와 드릴까요?
아이들이 가상 피팅에 관해서 궁금해 하는데
가상 피팅하는 방법 좀 알려 줘요~
네, 알겠습니다!

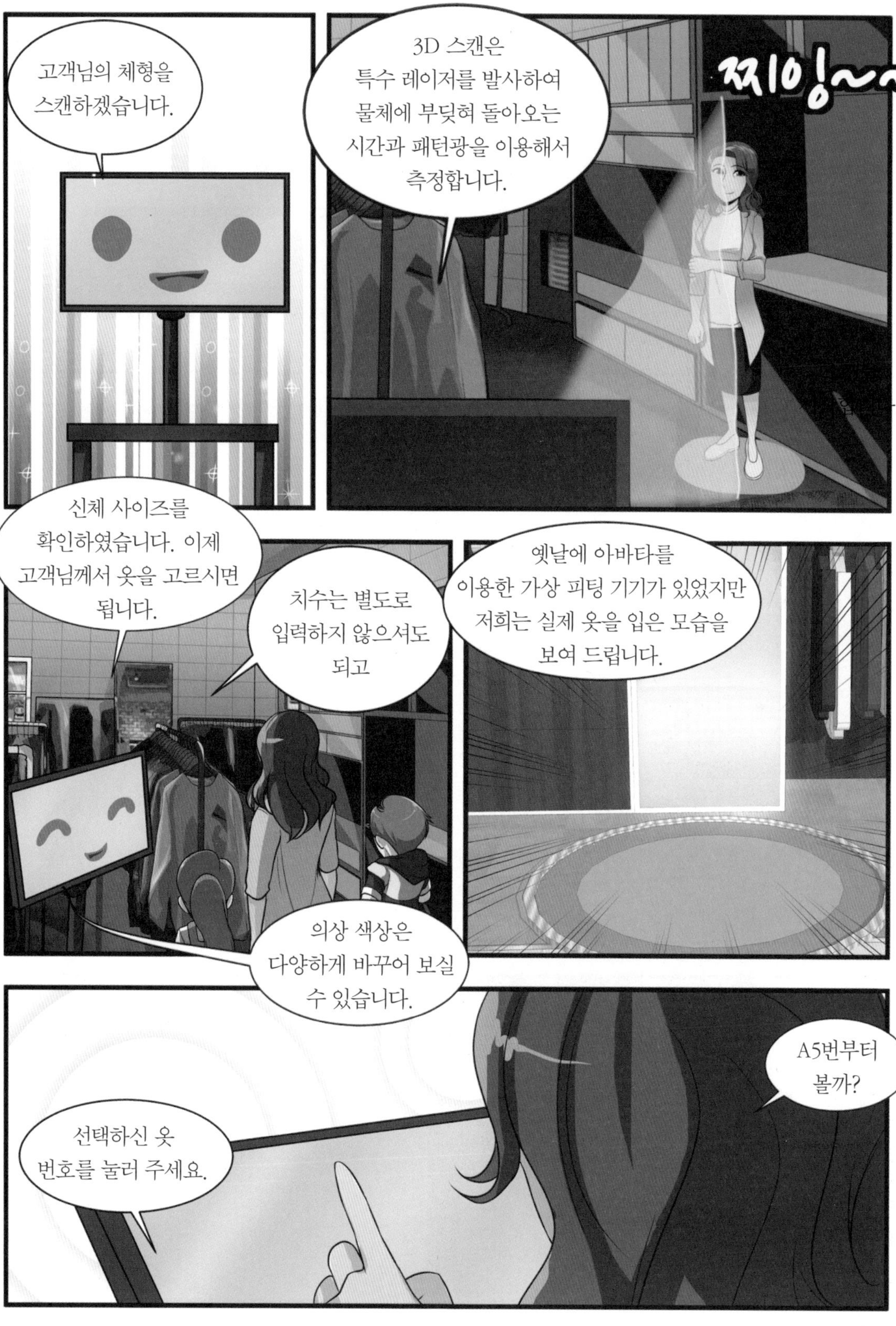
고객님의 체형을
스캔하겠습니다.
3D 스캔은
특수 레이저를 발사하여
물체에 부딪혀 돌아오는
시간과 패턴광을 이용해서
측정합니다.
찌잉~~
신체 사이즈를
확인하였습니다. 이제
고객님께서 옷을 고르시면
됩니다.
치수는 별도로
입력하지 않으셔도
되고
옛날에 아바타를
이용한 가상 피팅 기기가 있었지만
저희는 실제 옷을 입은 모습을
보여 드립니다.
의상 색상은
다양하게 바꾸어 보실
수 있습니다.
A5번부터
볼까?
선택하신 옷
번호를 눌러 주세요.

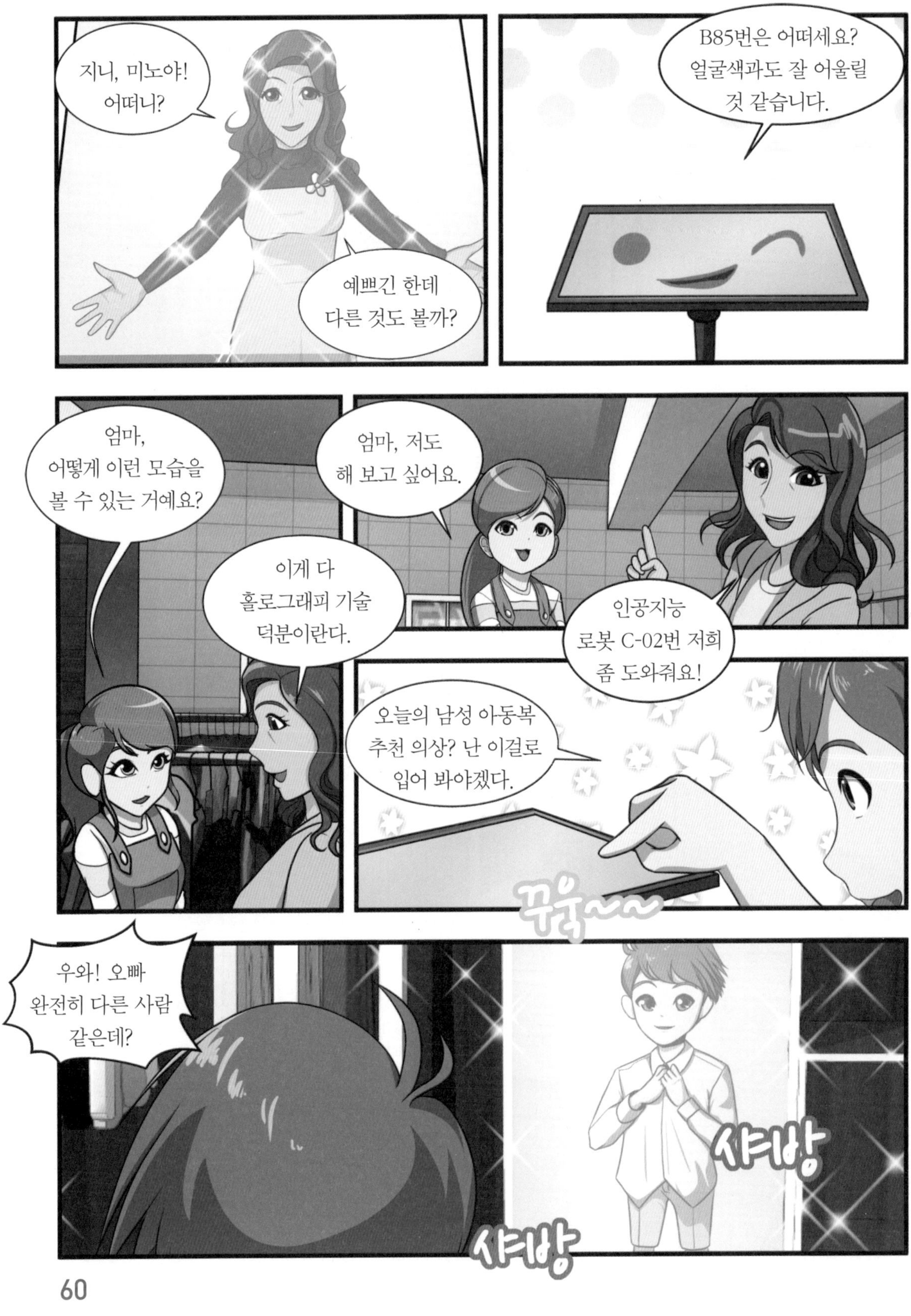
지니, 미노야!
어떠니?
예쁘긴 한데
다른 것도 볼까?
B85번은 어떠세요?
얼굴색과도 잘 어울릴
것 같습니다.
엄마,
어떻게 이런 모습을
볼 수 있는 거예요?
이게 다
홀로그래피 기술
덕분이란다.
엄마, 저도
해 보고 싶어요.
인공지능
로봇 C-02번 저희
좀 도와줘요!
오늘의 남성 아동복
추천 의상? 난 이걸로
입어 봐야겠다.
꾸욱~~
우와! 오빠
완전히 다른 사람
같은데?
샤방
샤방

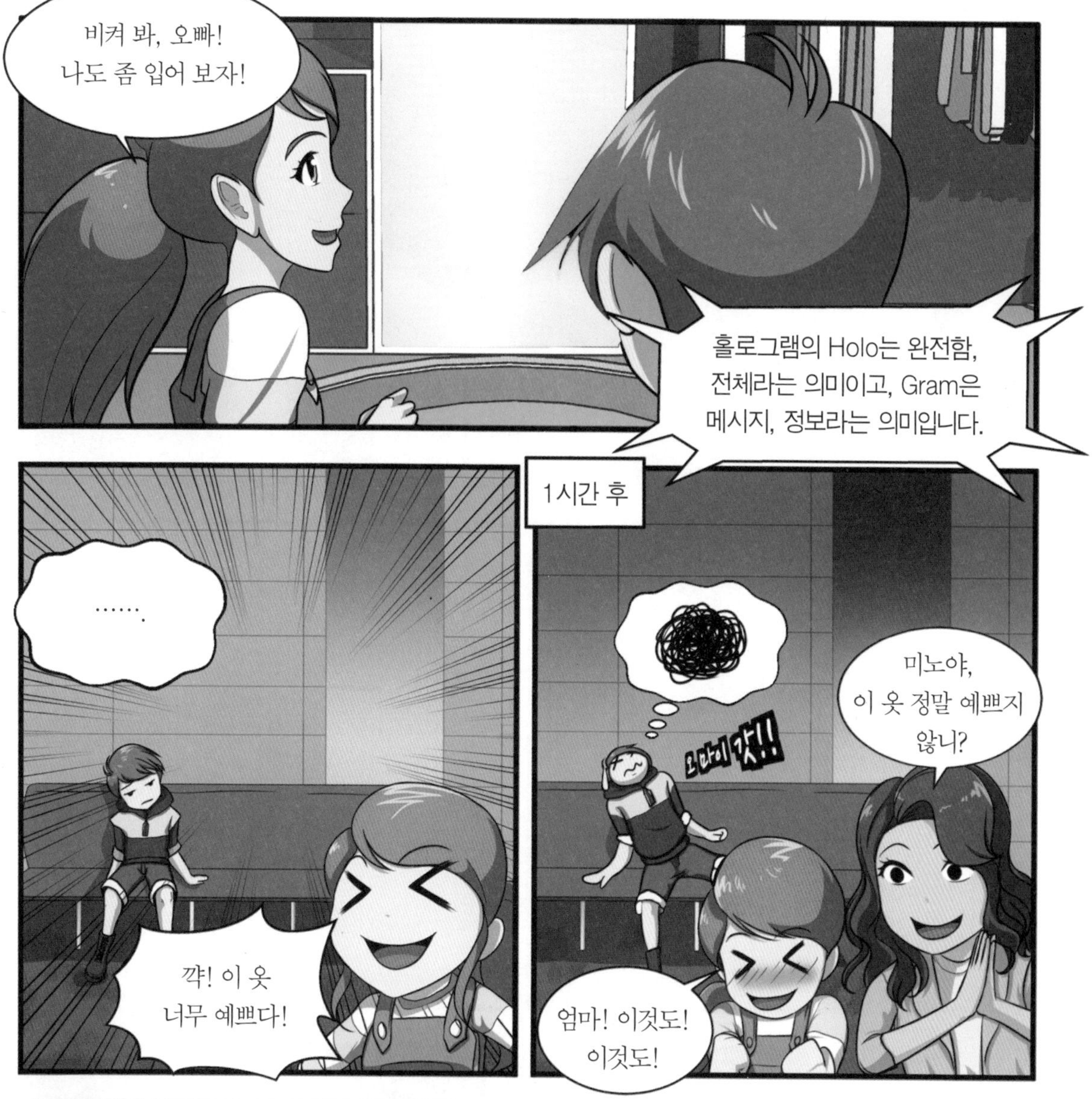
비켜 봐, 오빠!
나도 좀 입어 보자!
홀로그램의 Holo는 완전함, 전체라는 의미이고, Gram은 메시지, 정보라는 의미입니다.
1시간 후
…….
깍! 이 옷 너무 예쁘다!
오마이 갓!!
미노야, 이 옷 정말 예쁘지 않니?
엄마! 이것도! 이것도!

홀로그램 전문가

홀로그램은 실제로 존재하지는 않지만 우리 눈에 실물과 똑같이 보이는 3차원 입체 이미지를 말해요. 물체로부터 반사되거나 회절되는 빛의 분포를 기록하고 재현해 실제처럼 완벽하게 구현하는 것이지요. 홀로그램 전문가는 홀로그램이 활용되는 장소, 방법, 시간, 예산 등을 결정하고 콘텐츠, 하드웨어 시스템 등 전반적인 기획을 해요.
X선이나 초음파로 촬영한 인체 장기를 홀로그램을 이용해 3차원으로 복원하고, 건축이나 자동차 등을 설계할 때 완성된 건물이나 자동차의 모습을 여러 각도에서 살펴볼 수 있도록 입체 영상을 만드는 등 그 범위는 점점 넓어지고 있어요.

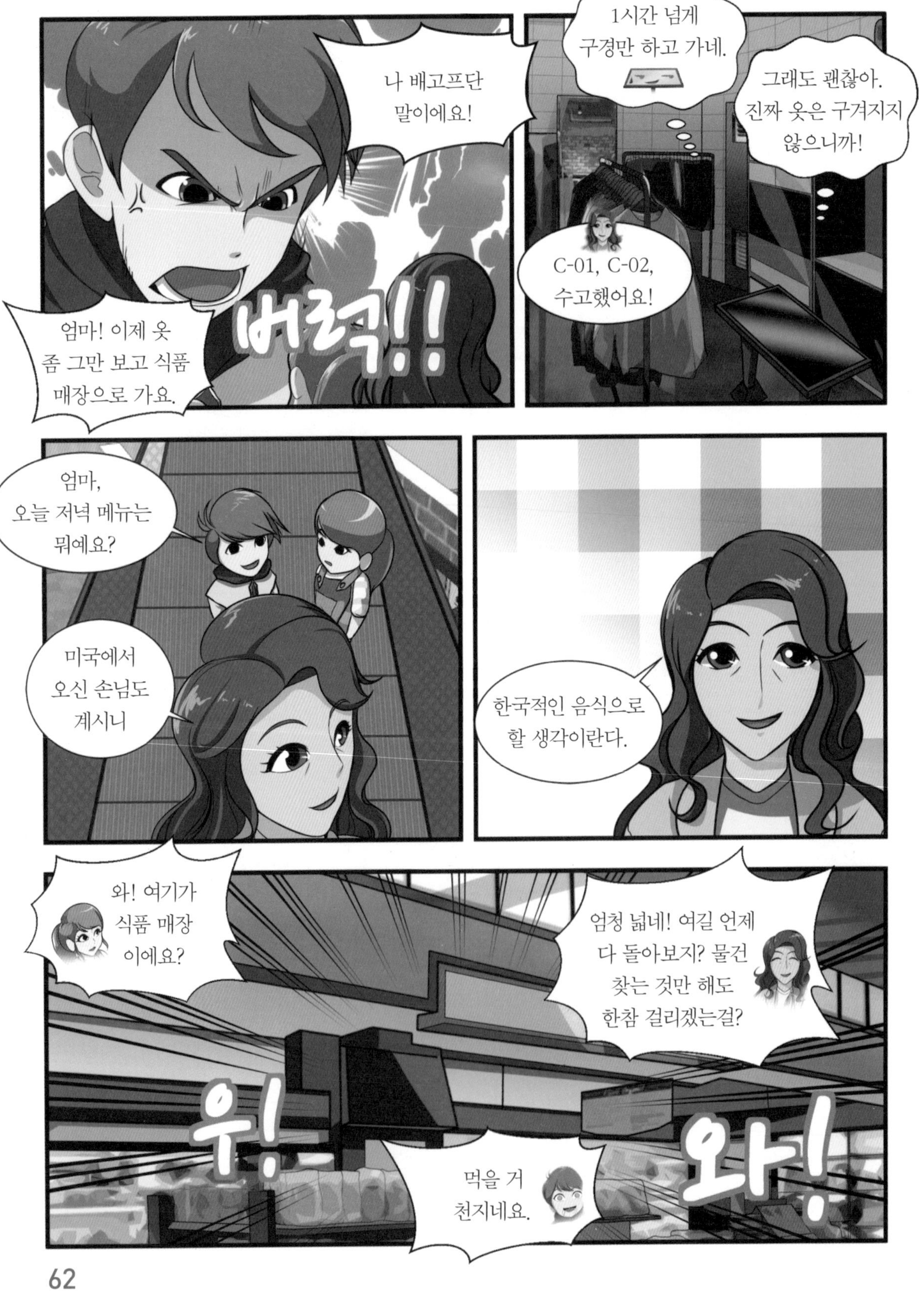

나 배고프단 말이에요!
엄마! 이제 옷 좀 그만 보고 식품 매장으로 가요.
버럭!!
1시간 넘게 구경만 하고 가네.
그래도 괜찮아. 진짜 옷은 구겨지지 않으니까!
C-01, C-02, 수고했어요!
엄마, 오늘 저녁 메뉴는 뭐예요?
미국에서 오신 손님도 계시니
한국적인 음식으로 할 생각이란다.
와! 여기가 식품 매장이에요?
엄청 넓네! 여길 언제 다 돌아보지? 물건 찾는 것만 해도 한참 걸리겠는걸?
우!
와!
먹을 거 천지네요.

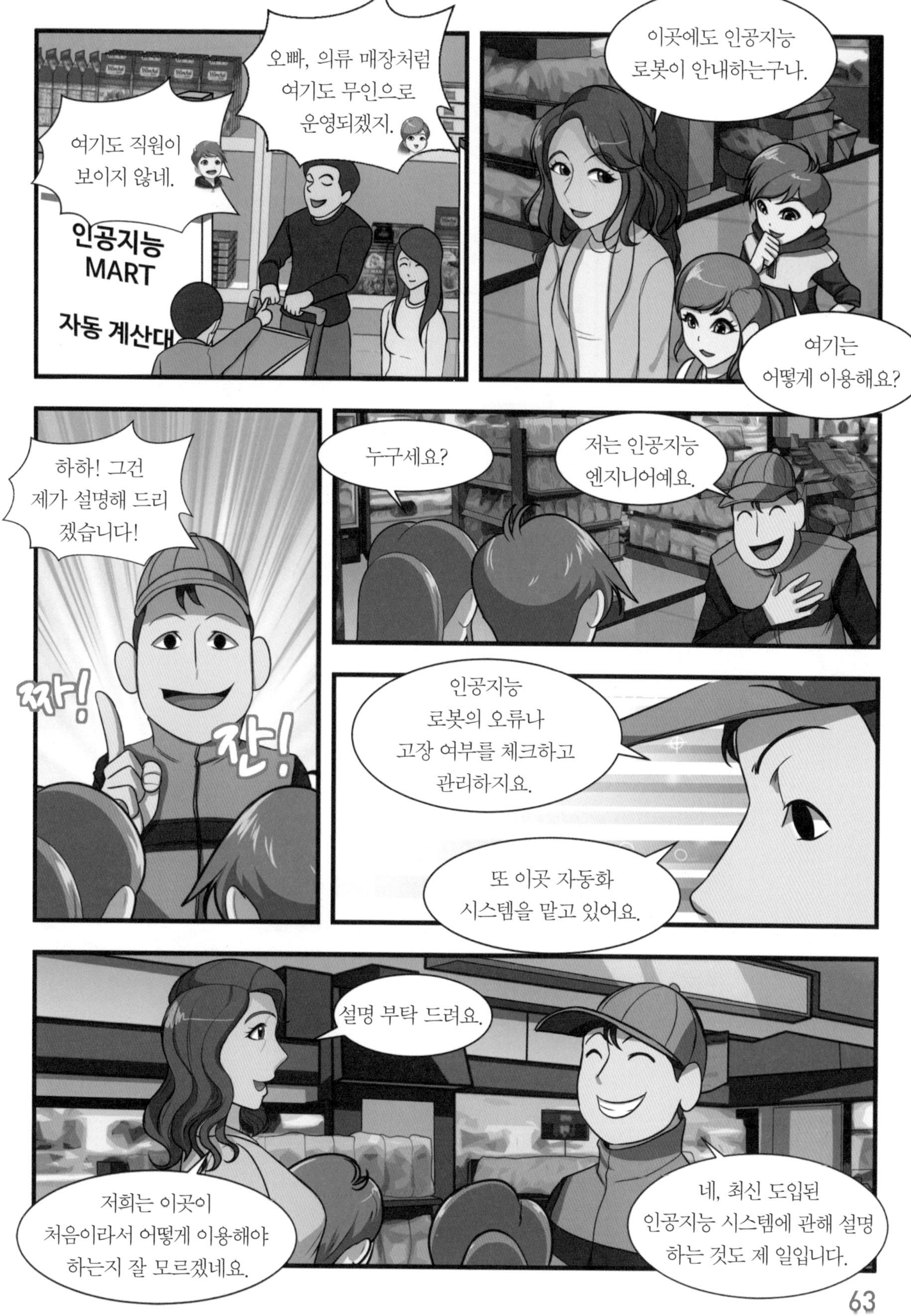

인공지능 MART
자동 계산대
오빠, 의류 매장처럼 여기도 무인으로 운영되겠지.
여기도 직원이 보이지 않네.
이곳에도 인공지능 로봇이 안내하는구나.
여기는 어떻게 이용해요?
하하! 그건 제가 설명해 드리겠습니다!
짜! 잔!
누구세요?
저는 인공지능 엔지니어예요.
인공지능 로봇의 오류나 고장 여부를 체크하고 관리하지요.
또 이곳 자동화 시스템을 맡고 있어요.
설명 부탁 드려요.
저희는 이곳이 처음이라서 어떻게 이용해야 하는지 잘 모르겠네요.
네, 최신 도입된 인공지능 시스템에 관해 설명하는 것도 제 일입니다.

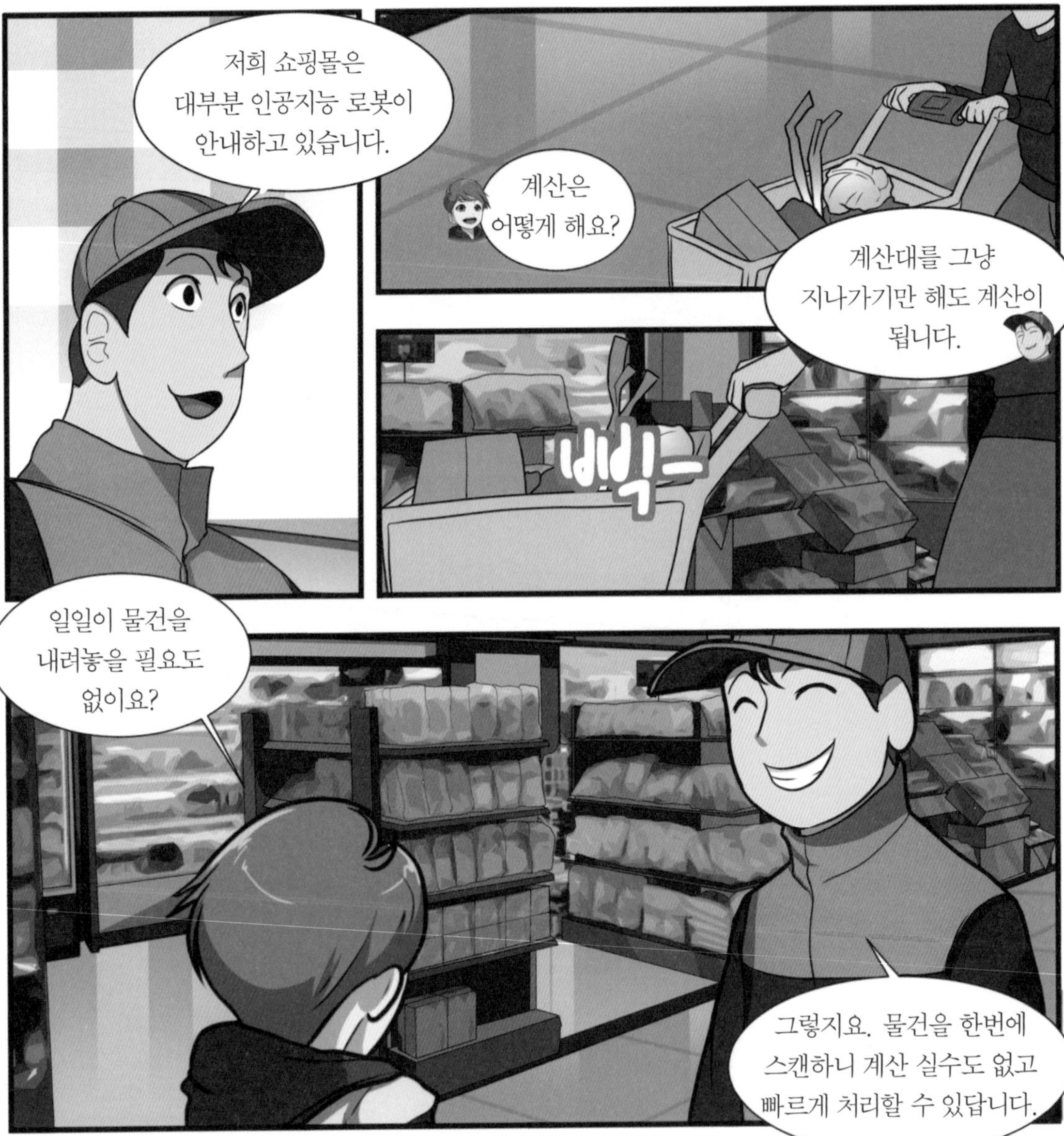
저희 쇼핑몰은 대부분 인공지능 로봇이 안내하고 있습니다.
계산은 어떻게 해요?
계산대를 그냥 지나가기만 해도 계산이 됩니다.
삐익-
일일이 물건을 내려놓을 필요도 없어요?
그렇지요. 물건을 한번에 스캔하니 계산 실수도 없고 빠르게 처리할 수 있답니다.

인공지능 엔지니어

인공지능 기술이 최근 급부상하고 있어요. 먼 미래의 모습으로만 생각했던 인공지능의 발전은 비즈니스 혁신, 차별적 경쟁력 확보, 빅데이터, 데이터베이스 등 삶의 가치를 높여 줄 수 있는 부가 가치 창출의 새로운 원천으로 주목받고 있어요.

인공지능 엔지니어는 인공지능을 설계하고 개발하는 일을 해요. 인공지능은 프로그램 소프트웨어이며 그 소프트웨어에 하드웨어(드론, 로봇, 자율주행 자동차) 등의 몸을 입히는 것이지요.

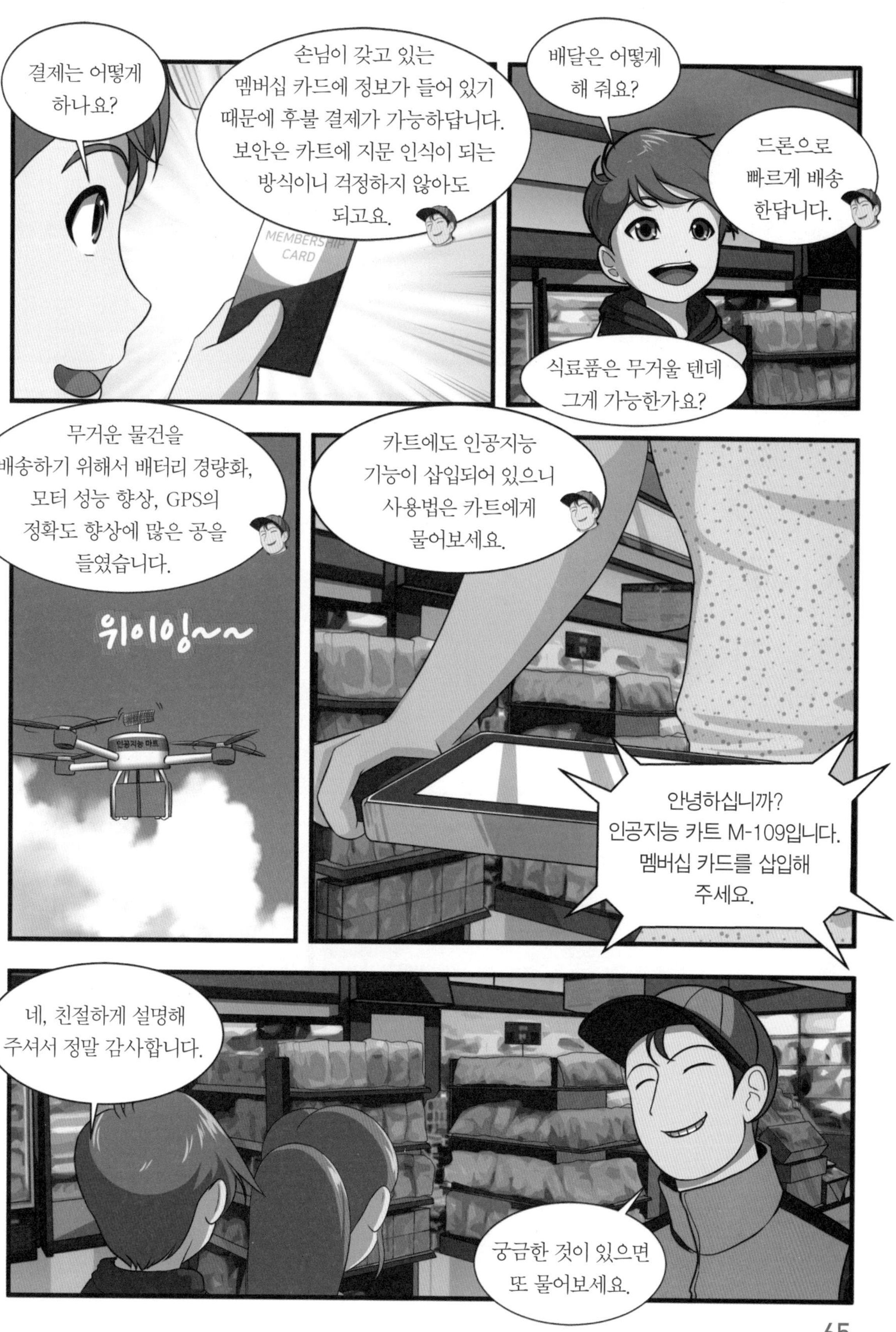
결제는 어떻게 하나요?
손님이 갖고 있는 멤버십 카드에 정보가 들어 있기 때문에 후불 결제가 가능하답니다. 보안은 카트에 지문 인식이 되는 방식이니 걱정하지 않아도 되고요.
MEMBERSHIP CARD
배달은 어떻게 해 줘요?
드론으로 빠르게 배송한답니다.
식료품은 무거울 텐데 그게 가능한가요?
무거운 물건을 배송하기 위해서 배터리 경량화, 모터 성능 향상, GPS의 정확도 향상에 많은 공을 들였습니다.
위이잉~~
인공지능 마트
카트에도 인공지능 기능이 삽입되어 있으니 사용법은 카트에게 물어보세요.
안녕하십니까? 인공지능 카트 M-109입니다. 멤버십 카드를 삽입해 주세요.
네, 친절하게 설명해 주셔서 정말 감사합니다.
궁금한 것이 있으면 또 물어보세요.

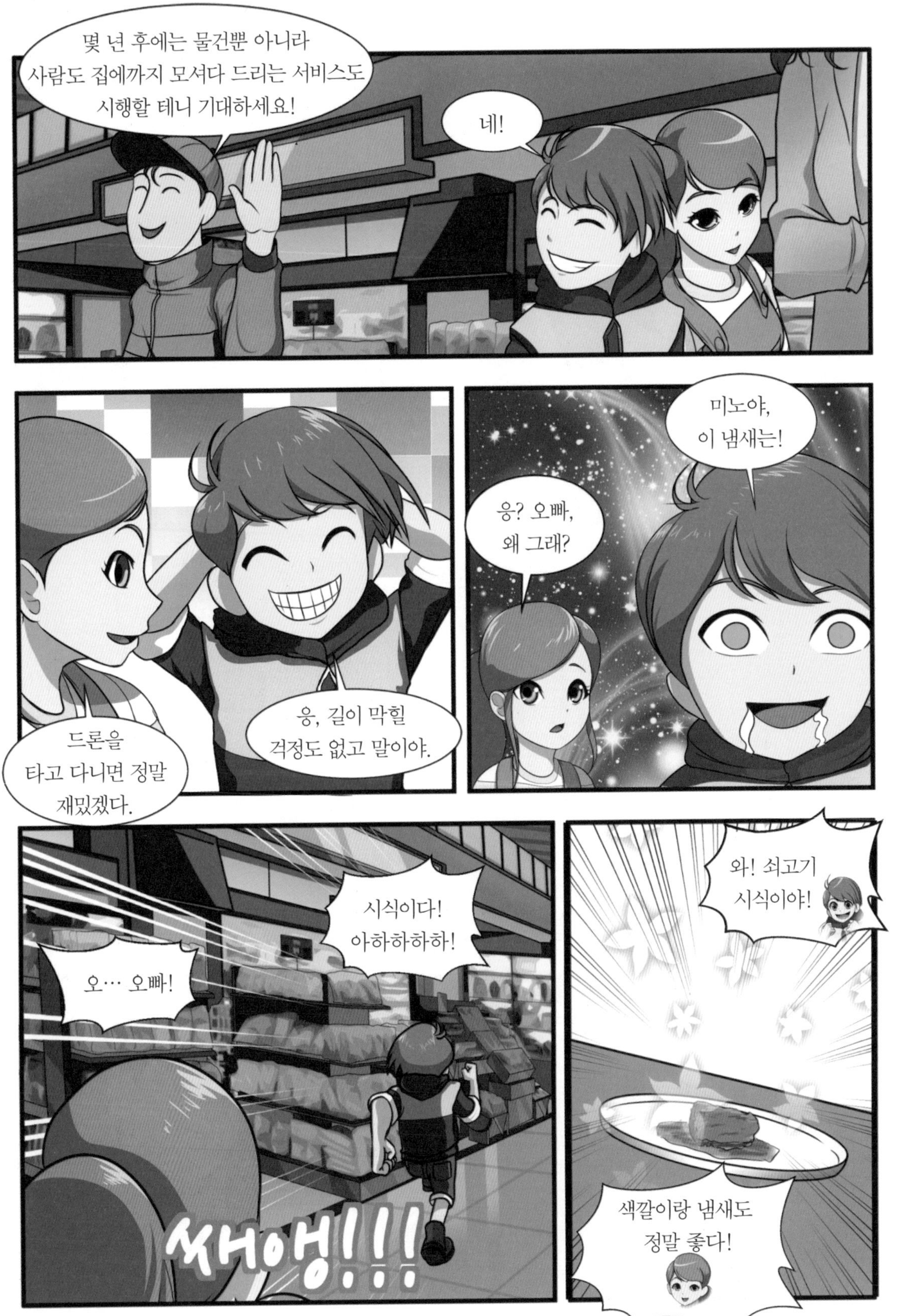

몇 년 후에는 물건뿐 아니라 사람도 집에까지 모셔다 드리는 서비스도 시행할 테니 기대하세요!
네!
드론을 타고 다니면 정말 재밌겠다.
응, 길이 막힐 걱정도 없고 말이야.
미노야, 이 냄새는!
응? 오빠, 왜 그래?
시식이다! 아하하하하!
오… 오빠!
쌔앵!!!
와! 쇠고기 시식이야!
색깔이랑 냄새도 정말 좋다!

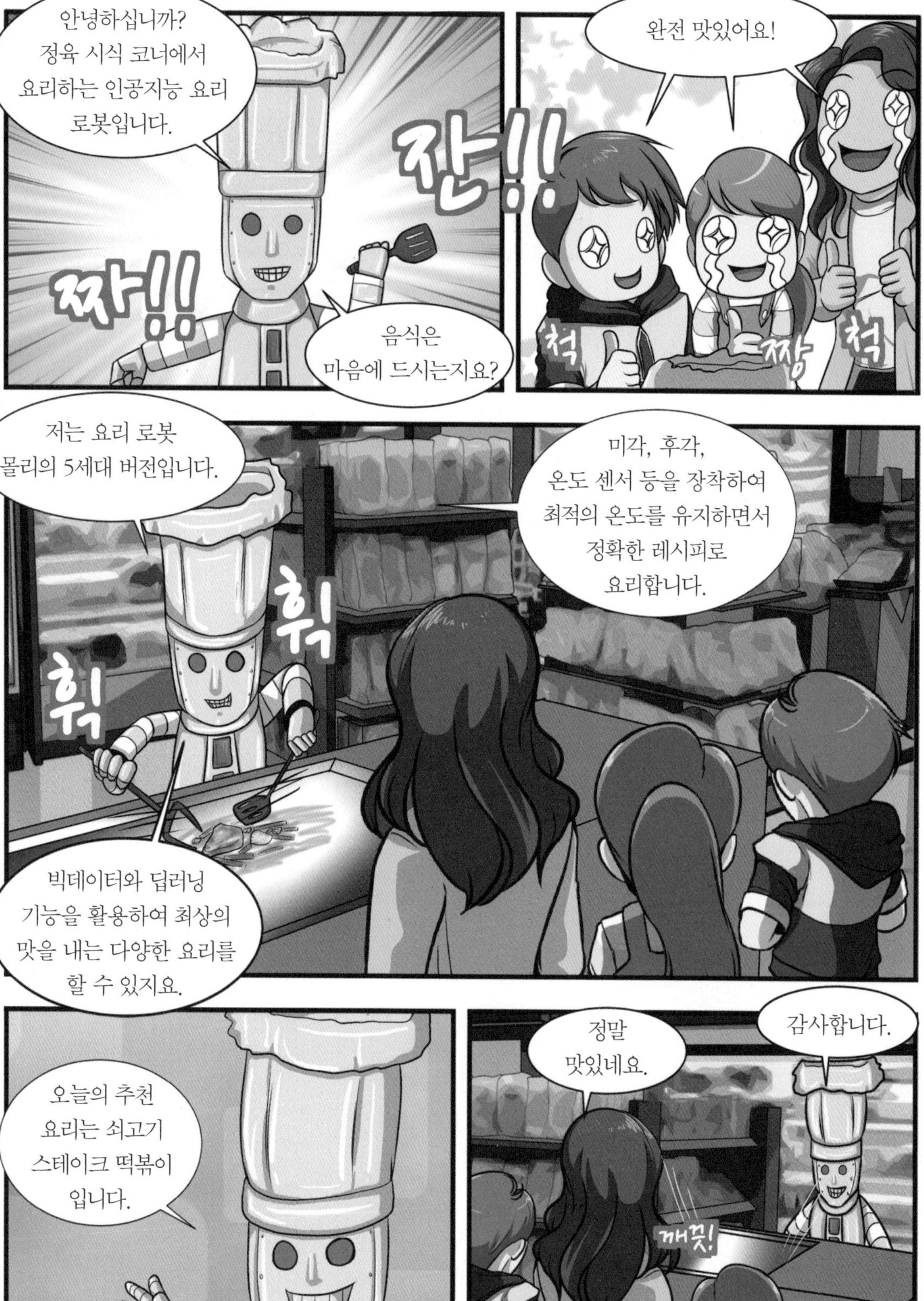
안녕하십니까? 정육 시식 코너에서 요리하는 인공지능 요리 로봇입니다.
짜!!
잔!!
음식은 마음에 드시는지요?
완전 맛있어요!
척
짜잔
척
저는 요리 로봇 몰리의 5세대 버전입니다.
미각, 후각, 온도 센서 등을 장착하여 최적의 온도를 유지하면서 정확한 레시피로 요리합니다.
휙
휙
빅데이터와 딥러닝 기능을 활용하여 최상의 맛을 내는 다양한 요리를 할 수 있지요.
오늘의 추천 요리는 쇠고기 스테이크 떡볶이 입니다.
정말 맛있네요.
감사합니다.
깨끗!

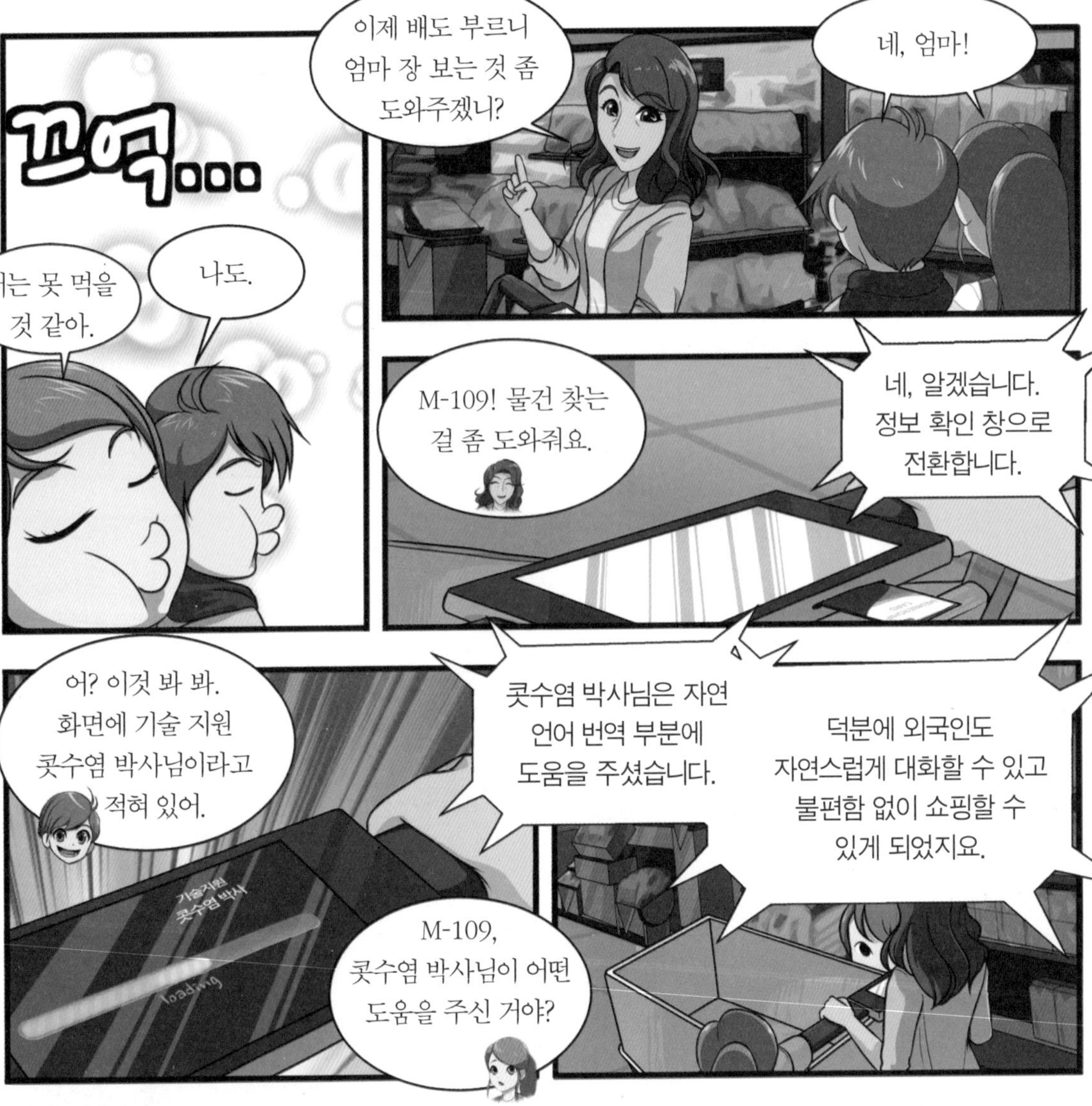
끄억...
더는 못 먹을 것 같아.
나도.
이제 배도 부르니 엄마 장 보는 것 좀 도와주겠니?
네, 엄마!
M-109! 물건 찾는 걸 좀 도와줘요.
네, 알겠습니다. 정보 확인 창으로 전환합니다.
어? 이것 봐 봐. 화면에 기술 지원 콧수염 박사님이라고 적혀 있어.
기술지원 콧수염 박사
loading
M-109, 콧수염 박사님이 어떤 도움을 주신 거야?
콧수염 박사님은 자연 언어 번역 부분에 도움을 주셨습니다.
덕분에 외국인도 자연스럽게 대화할 수 있고 불편함 없이 쇼핑할 수 있게 되었지요.

컴퓨터와의 대화

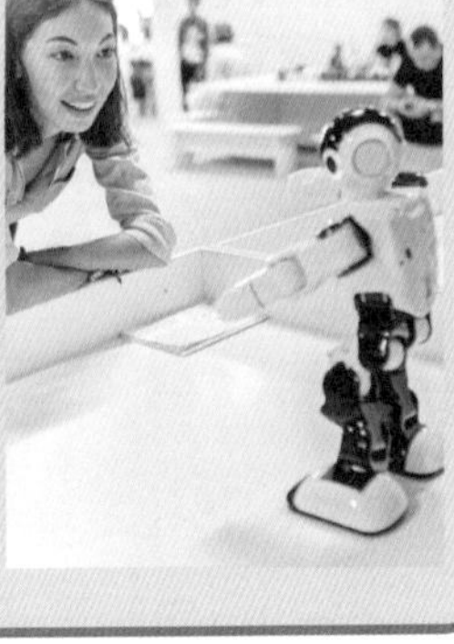

컴퓨터가 어떤 문제를 해결하려면 처리 방법과 순서를 지시해 주는 언어가 필요해요. 우리가 사용하는 일상의 자연 언어는 컴퓨터가 이해할 수 없지요. 1950년에 자연 언어 처리 기술(사람이 사용하는 언어를 컴퓨터가 이해하도록 만드는 기술) 연구가 진행되었고 1952년에는 벨 연구소의 오드리라는 아날로그 컴퓨터에 최초의 음성인식 기술이 개발되었죠. 구글과 네이버 같은 기업은 지난 수년간 인공지능과 기계 학습 기술을 연구했어요. 가령 '요즘 재미있는 영화가 뭐야?'라는 사람의 질문에 컴퓨터가 '○○ 영화가 재미있어요.'라고 대답하지요. 대답뿐만 아니라 먼저 말을 걸기도 한답니다.

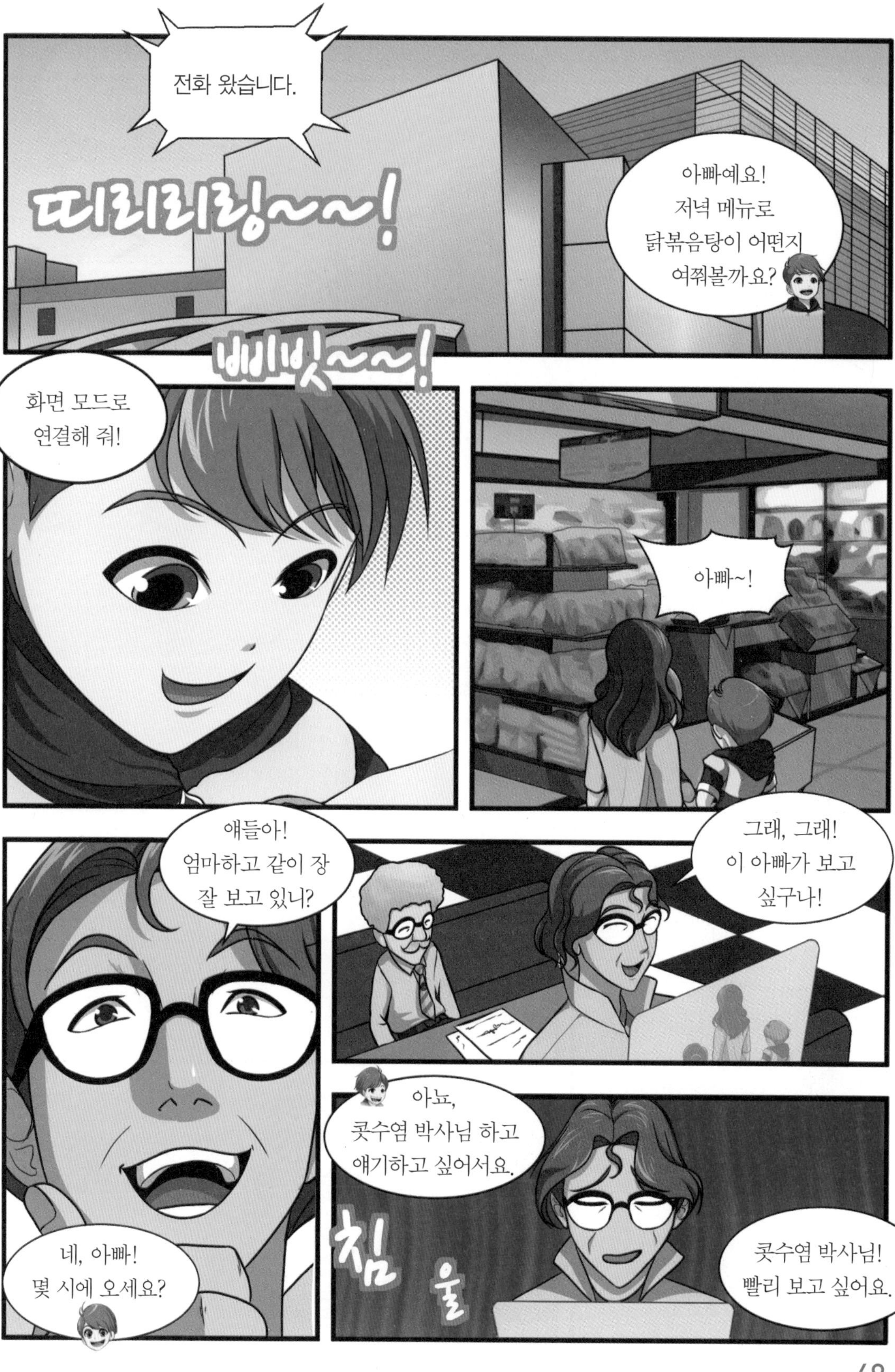
전화 왔습니다.
띠리리리링~~~!
아빠예요! 저녁 메뉴로 닭볶음탕이 어떤지 여쭤볼까요?
삐비빗~~~!
화면 모드로 연결해 줘!
아빠~!
얘들아! 엄마하고 같이 장 잘 보고 있니?
그래, 그래! 이 아빠가 보고 싶구나!
네, 아빠! 몇 시에 오세요?
아뇨, 콧수염 박사님 하고 얘기하고 싶어서요.
침울
콧수염 박사님! 빨리 보고 싶어요.

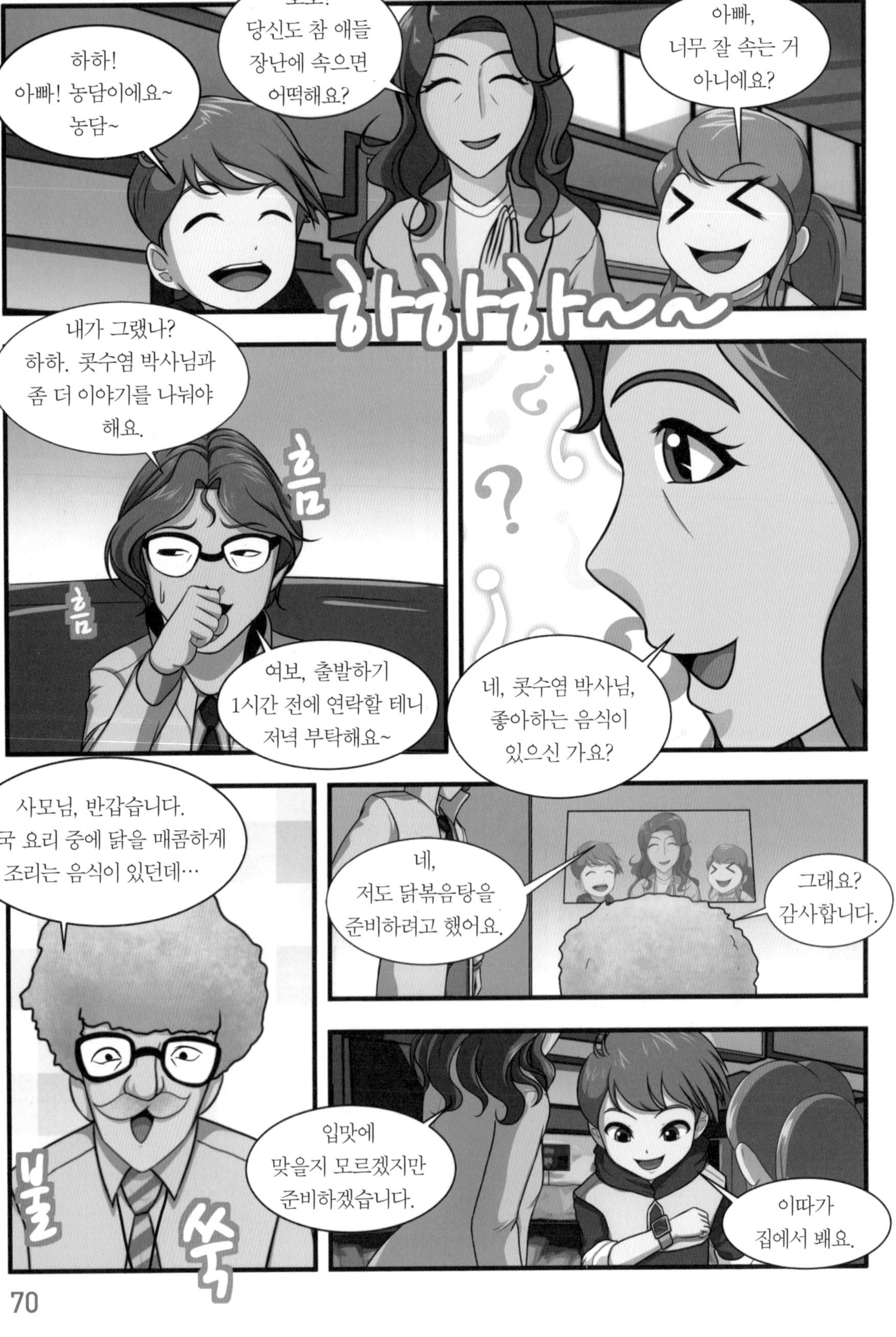
하하!
아빠! 농담이에요~
농담~
호호!
당신도 참 애들
장난에 속으면
어떡해요?
아빠,
너무 잘 속는 거
아니에요?
하하하하~~
내가 그랬나?
하하. 콧수염 박사님과
좀 더 이야기를 나눠야
해요.
흠
흠
여보, 출발하기
1시간 전에 연락할 테니
저녁 부탁해요~
네, 콧수염 박사님,
좋아하는 음식이
있으신 가요?
사모님, 반갑습니다.
한국 요리 중에 닭을 매콤하게
조리는 음식이 있던데…
불쑥
네,
저도 닭볶음탕을
준비하려고 했어요.
그래요?
감사합니다.
입맛에
맞을지 모르겠지만
준비하겠습니다.
이따가
집에서 봬요.

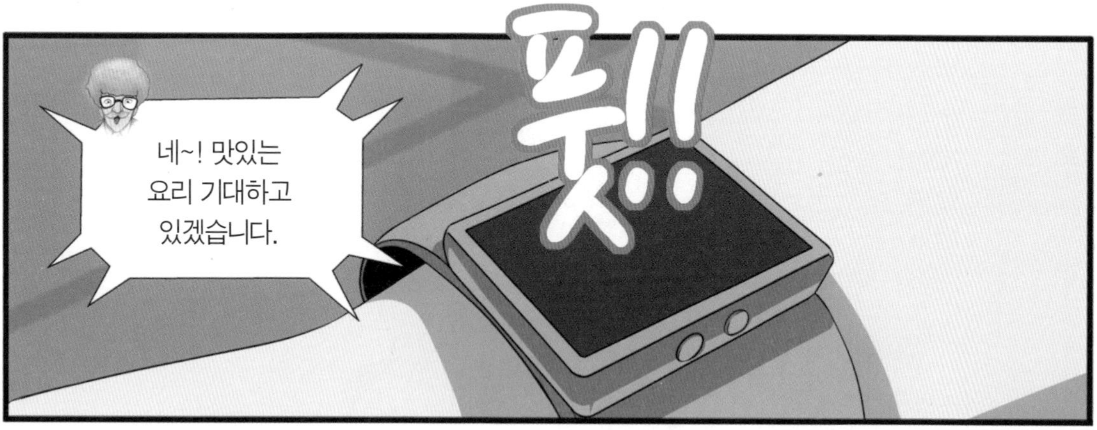

퓻!!
네~! 맛있는
요리 기대하고
있겠습니다.

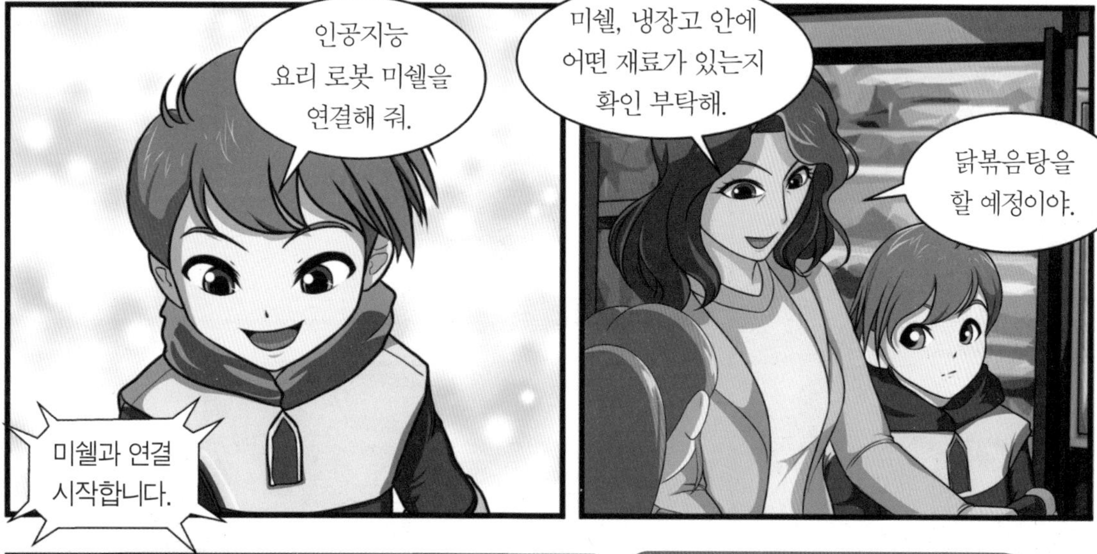

인공지능
요리 로봇 미쉘을
연결해 줘.
미쉘과 연결
시작합니다.
미쉘, 냉장고 안에
어떤 재료가 있는지
확인 부탁해.
닭볶음탕을
할 예정이야.

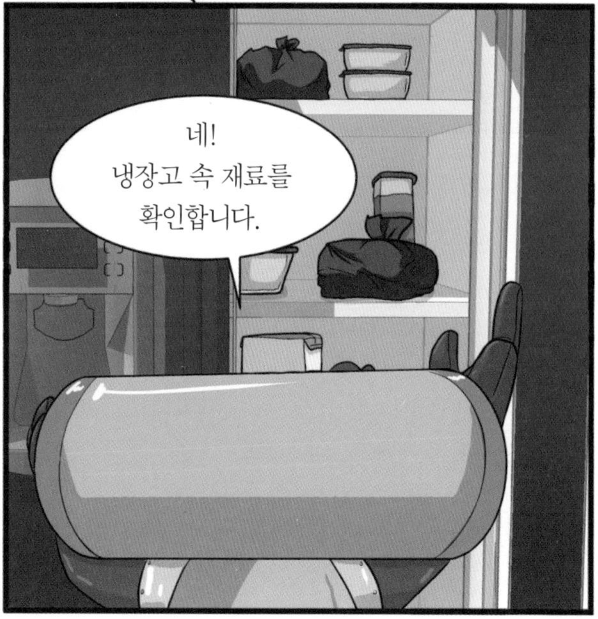

네!
냉장고 속 재료를
확인합니다.

인공지능 로봇과 센서

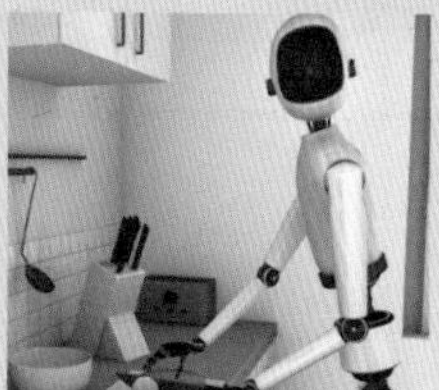

인공지능 로봇은 미각, 시각, 후각, 촉각 센서 등을 이용하여 음식의 상태, 신선도를 판별해요. 단순 요리만 하는 것이 아닌 재료 선택부터 메뉴 개발까지 가능하지요. 인공지능 로봇은 미래에 사람들의 식사 시간을 더욱더 즐겁게 만들어 줄 거예요.

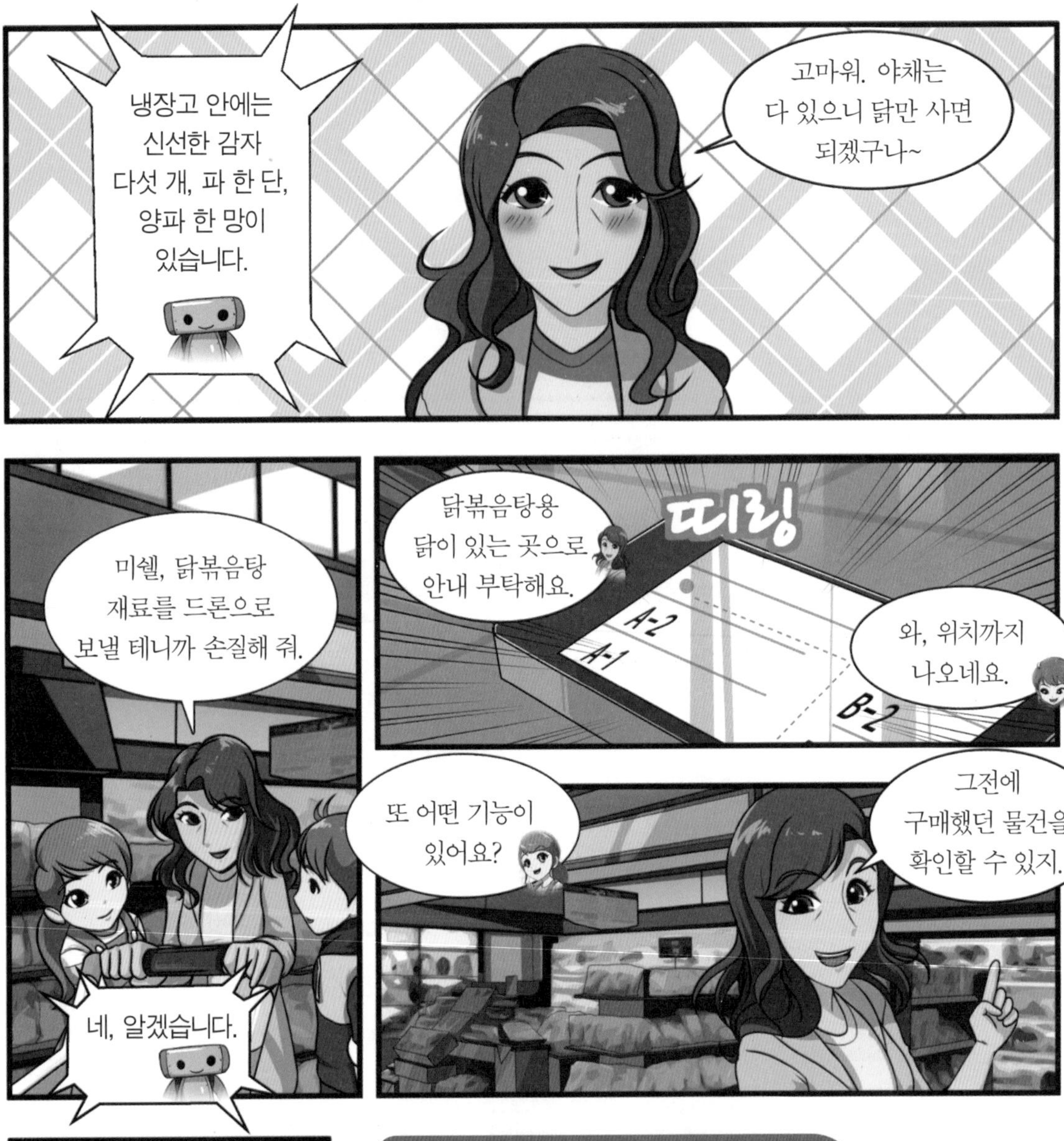
냉장고 안에는 신선한 감자 다섯 개, 파 한 단, 양파 한 망이 있습니다.
고마워. 야채는 다 있으니 닭만 사면 되겠구나~
미쉘, 닭볶음탕 재료를 드론으로 보낼 테니까 손질해 줘.
네, 알겠습니다.
닭볶음탕용 닭이 있는 곳으로 안내 부탁해요.
띠링
A-2
A-1
B-2
와, 위치까지 나오네요.
또 어떤 기능이 있어요?
그전에 구매했던 물건을 확인할 수 있지.

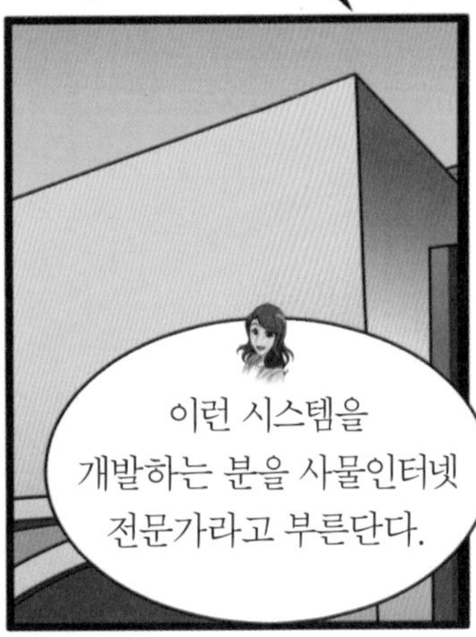
이런 시스템을 개발하는 분을 사물인터넷 전문가라고 부른단다.

사물인터넷 전문가

사물인터넷 전문가는 사물에 센서와 통신 기능을 내장하여 네트워크로 연결해 사람과 사물이 소통하게끔 하는 기술을 연구해요. 핸드폰, 인공지능 스피커, LED등, 냉장고, 세탁기, 에어컨, 창문, 문, 커튼, 의자 등 모든 사물과 소통하여 생활을 편리하게 만들죠. 내 목소리를 인식하여 "창문 열어" 하면 창문이 열리고 "전등 켜 줘" 하면 전등이 켜지는 등 마치 알라딘의 세상같이 말 한마디에 사물이 응답한답니다.

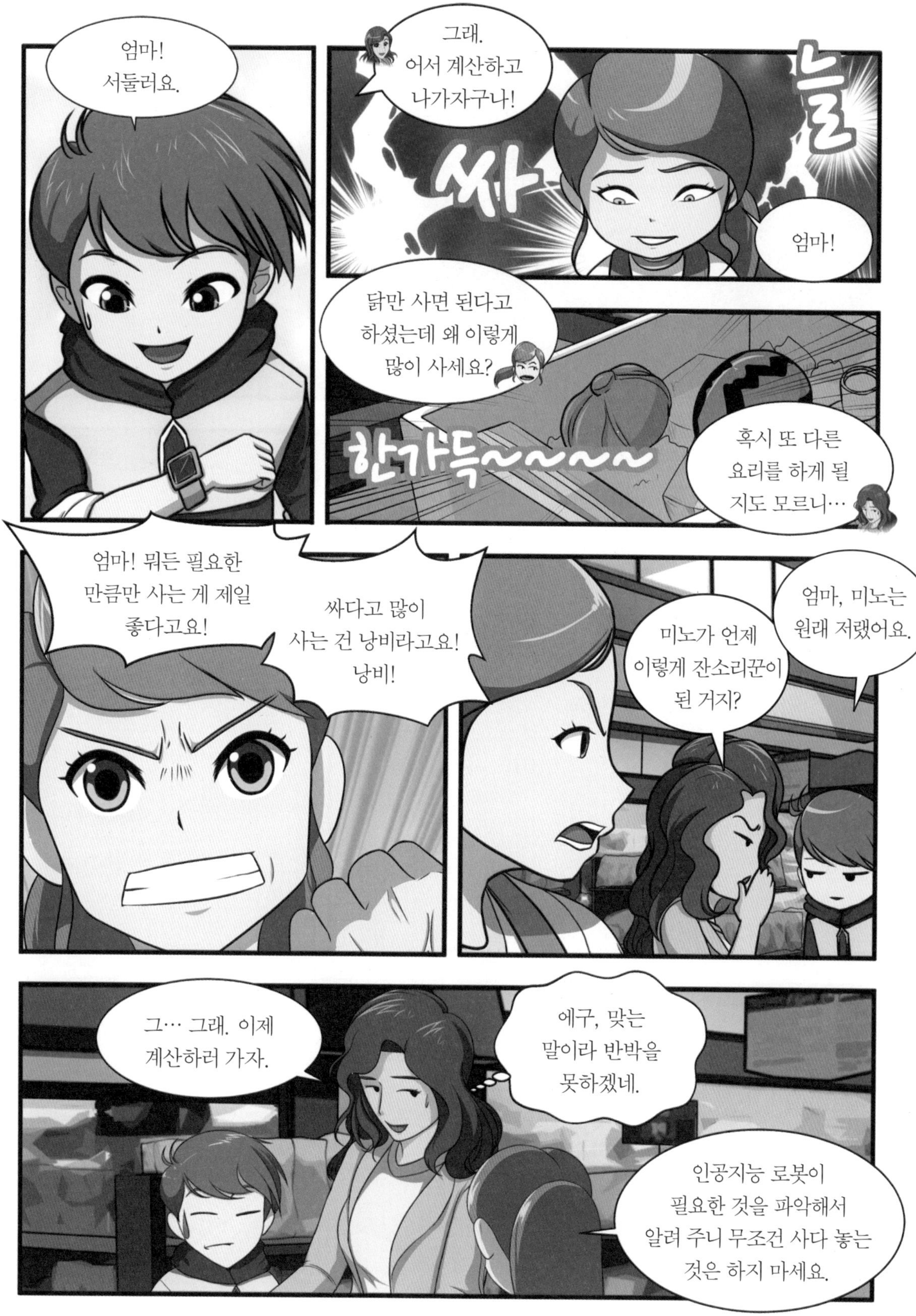
엄마!
서둘러요.
그래.
어서 계산하고
나가자구나!
싸늘
엄마!
닭만 사면 된다고
하셨는데 왜 이렇게
많이 사세요?
한가득~~~~~
혹시 또 다른
요리를 하게 될
지도 모르니…
엄마! 뭐든 필요한
만큼만 사는 게 제일
좋다고요!
싸다고 많이
사는 건 낭비라고요!
낭비!
미노가 언제
이렇게 잔소리꾼이
된 거지?
엄마, 미노는
원래 저랬어요.
그… 그래. 이제
계산하러 가자.
에구, 맞는
말이라 반박을
못하겠네.
인공지능 로봇이
필요한 것을 파악해서
알려 주니 무조건 사다 놓는
것은 하지 마세요.

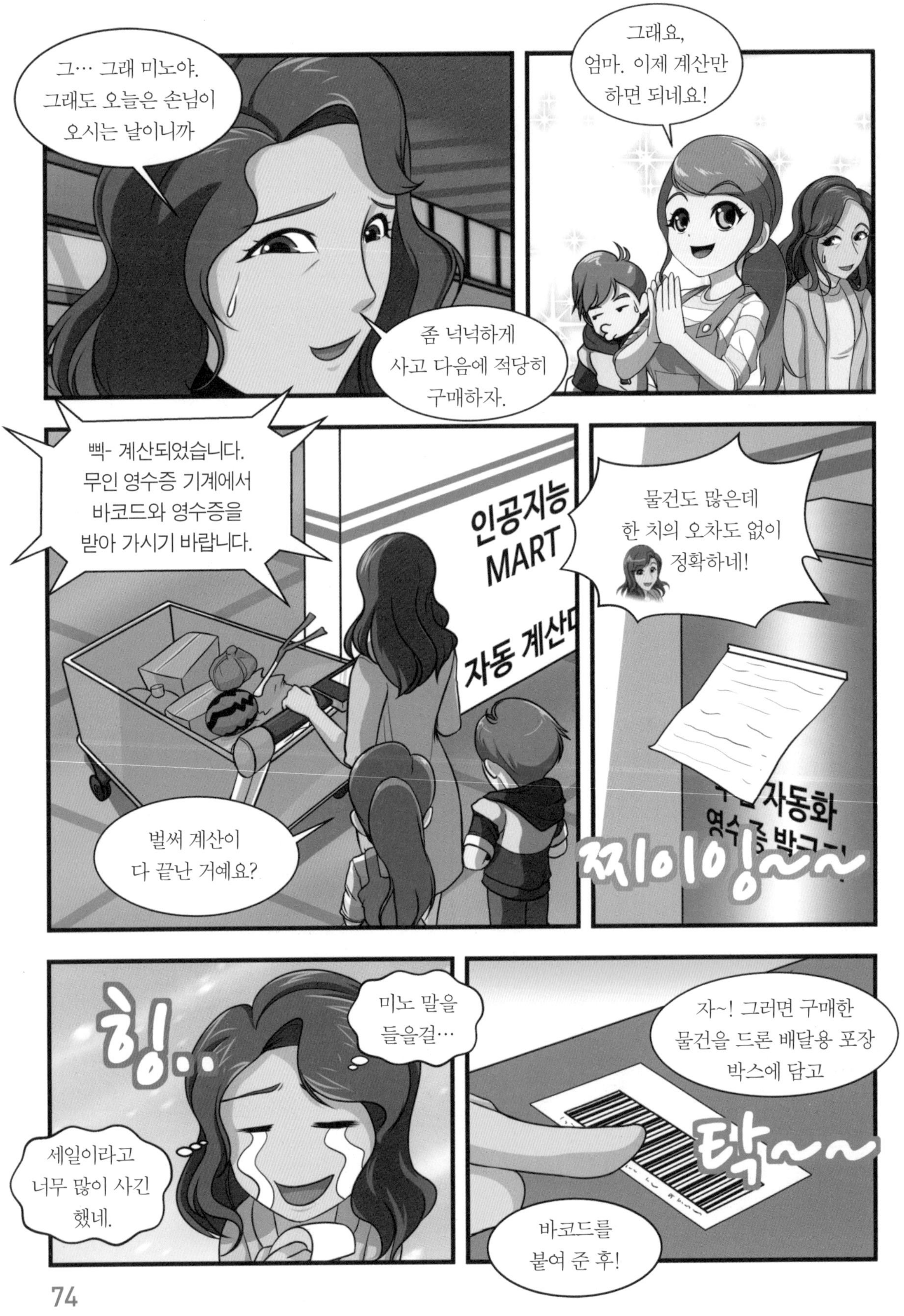
그… 그래 미노야. 그래도 오늘은 손님이 오시는 날이니까
좀 넉넉하게 사고 다음에 적당히 구매하자.
그래요, 엄마. 이제 계산만 하면 되네요!
삑- 계산되었습니다. 무인 영수증 기계에서 바코드와 영수증을 받아 가시기 바랍니다.
인공지능 MART
자동 계산대
벌써 계산이 다 끝난 거예요?
물건도 많은데 한 치의 오차도 없이 정확하네!
찌이이잉~~~
힝..
미노 말을 들을걸…
세일이라고 너무 많이 사긴 했네.
자~! 그러면 구매한 물건을 드론 배달용 포장 박스에 담고
탁~~
바코드를 붙여 준 후!

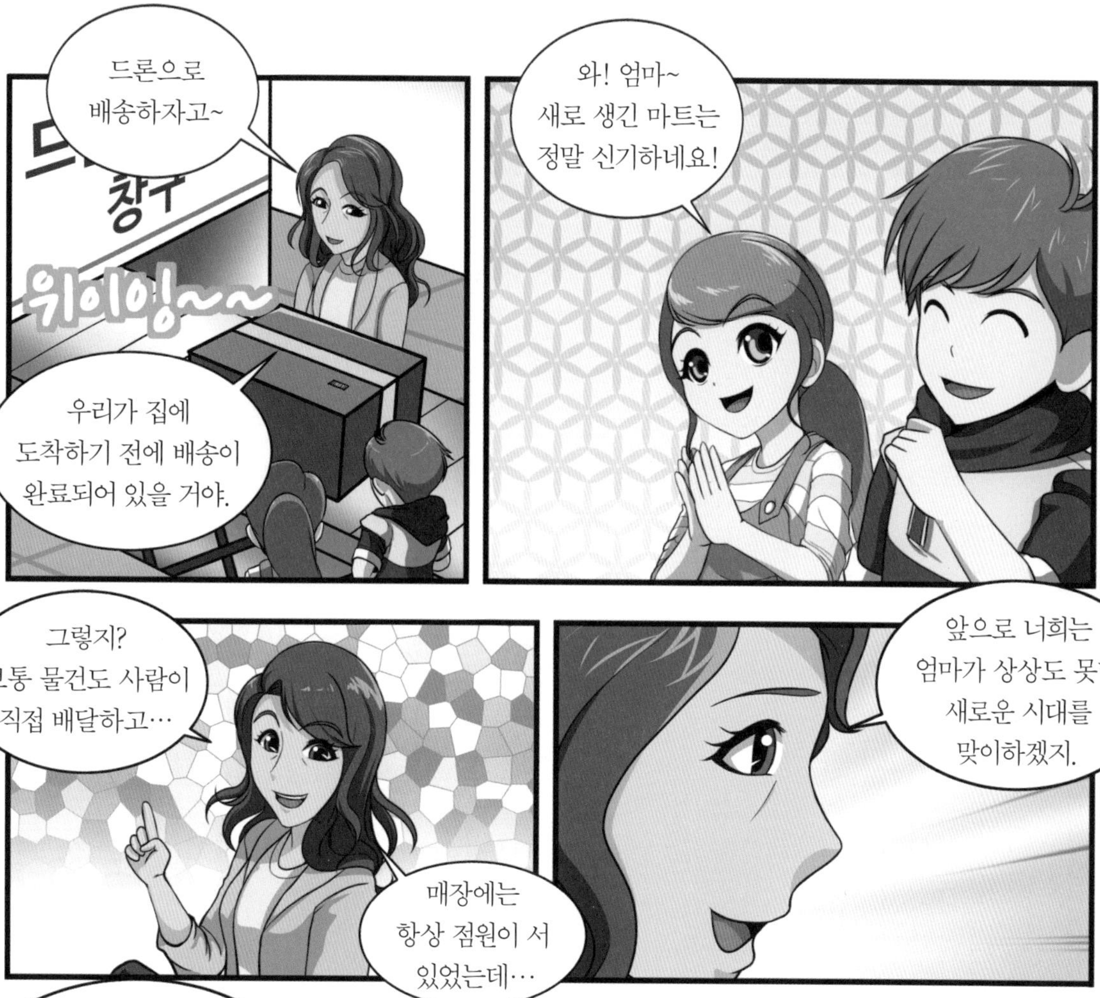
드론으로
배송하자고~
위이잉~~
우리가 집에
도착하기 전에 배송이
완료되어 있을 거야.
와! 엄마~
새로 생긴 마트는
정말 신기하네요!
그렇지?
보통 물건도 사람이
직접 배달하고…
매장에는
항상 점원이 서
있었는데…
앞으로 너희는
엄마가 상상도 못할
새로운 시대를
맞이하겠지.

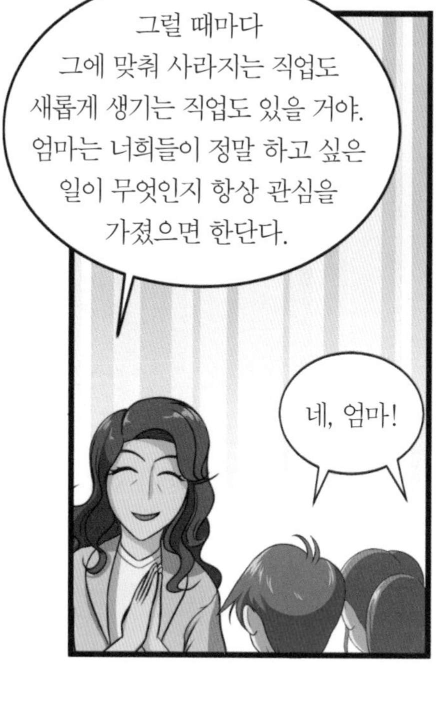
그럴 때마다
그에 맞춰 사라지는 직업도
새롭게 생기는 직업도 있을 거야.
엄마는 너희들이 정말 하고 싶은
일이 무엇인지 항상 관심을
가졌으면 한단다.
네, 엄마!

4차 산업 혁명과 직업 변화

인공지능, 빅데이터, 나노 기술, 로봇 등 첨단 기술이 사회나 경제 전반적으로 융합되어 변화가 나타나는 산업 혁명을 4차 산업 혁명이라고 해요. 기술이 발달하면 인간이 할 수 있는 일을 대신하게 되어 많은 일자리가 사라질 거예요.

마이클 오스본 교수는 텔레마케터, 일반 사무직 종사자, 게임 딜러, 비서, 생산 근로자, 요리사, 택배 기사, 부동산 중개인, 정육업자, 카운터 점원 등은 20년 안에 사라질 가능성이 높다고 했어요.

반면 시뮬레이션 전문가, 증강현실 전문가, 사물인터넷 전문가, 인공지능 엔지니어, 드론 전문가 등 인공지능 분야의 직업은 많이 생길 것이라고 하네요.

트릭아트와 증강현실의 만남

원근법을 이용하여 그림을 그리면 그림이 튀어나와 보여요. 그래서 그 앞에서 사진을 찍으면 내가 사진 속 주인공이 된 듯 보이는 트릭아트(착시미술)가 있지요. 제주도, 일산 등 전국 유명 관광지에 뮤지엄이 생기고 한동안 많은 친구의 인기를 독차지했어요.

그런데 여기에 한층 업그레이드되어 상상과 현실의 경계를 허문 공간을 만드는 곳이 속속 등장하고 있어요. 바로 트릭아트와 증강현실이 만나 이제는 입체 속으로 들어가 그림이 살아 움직이는 것을 볼 수 있는 뮤지엄이 생긴 거예요.

과정도 아주 간단해요. 휴대폰에 트릭아이 애플리케이션(앱)을 설치하기만 하면 된답니다. 트릭아이를 실행하면 핸드폰으로 카메라 기능을 사용할 때와 비슷한 화면이 뜨는데 카메라 시점을 전시된 트릭아트 작품으로 가져가면 〈박물관이 살아 있다〉라는 영화처럼 그림이 살아 움직여요.

출처: 트릭아트뮤지엄

76

옆쪽을 보면 바닷가에 나타난 괴물이 사람을 집어 삼키려고 하는 그림이 있어요. 예전의 트릭아트라면 괴물의 몸통 위에 올라타서 괴물과 싸우는 것처럼 보이겠죠.

하지만 증강현실을 만난 트릭아트는 이게 다가 아니랍니다. 보이는 것이 전부가 아니에요. 트릭아이 애플리케이션(앱)을 사용해 촬영하면 괴물 입에서 불이 뿜어지고 사람을 덮치는 것이 보여요. 공간이 재탄생된 것이기에 사진이 아니라 영상을 찍으면 더 생생하게 볼 수 있답니다.

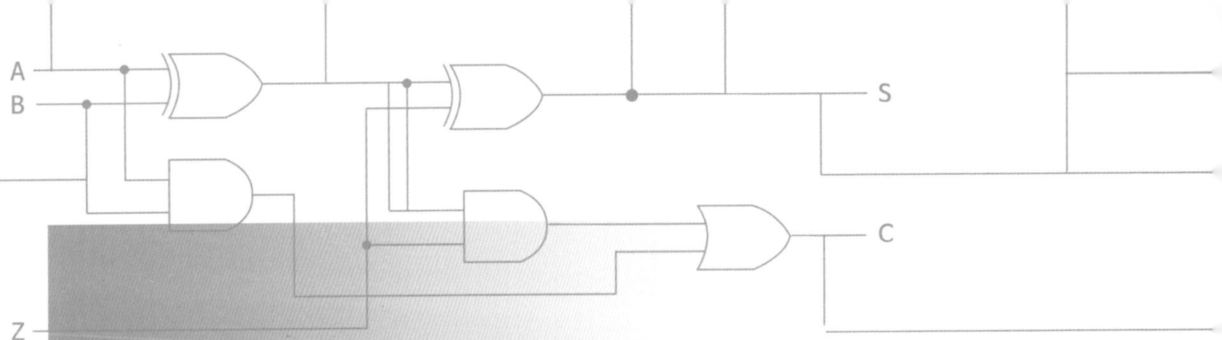
A
B
S
C
Z

콧수염 박사와 저녁 초대

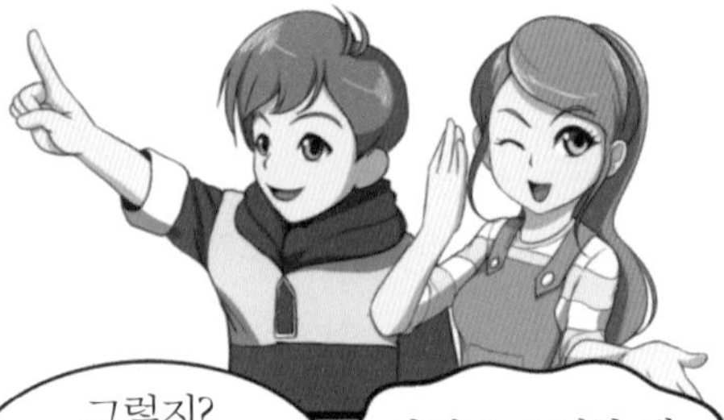

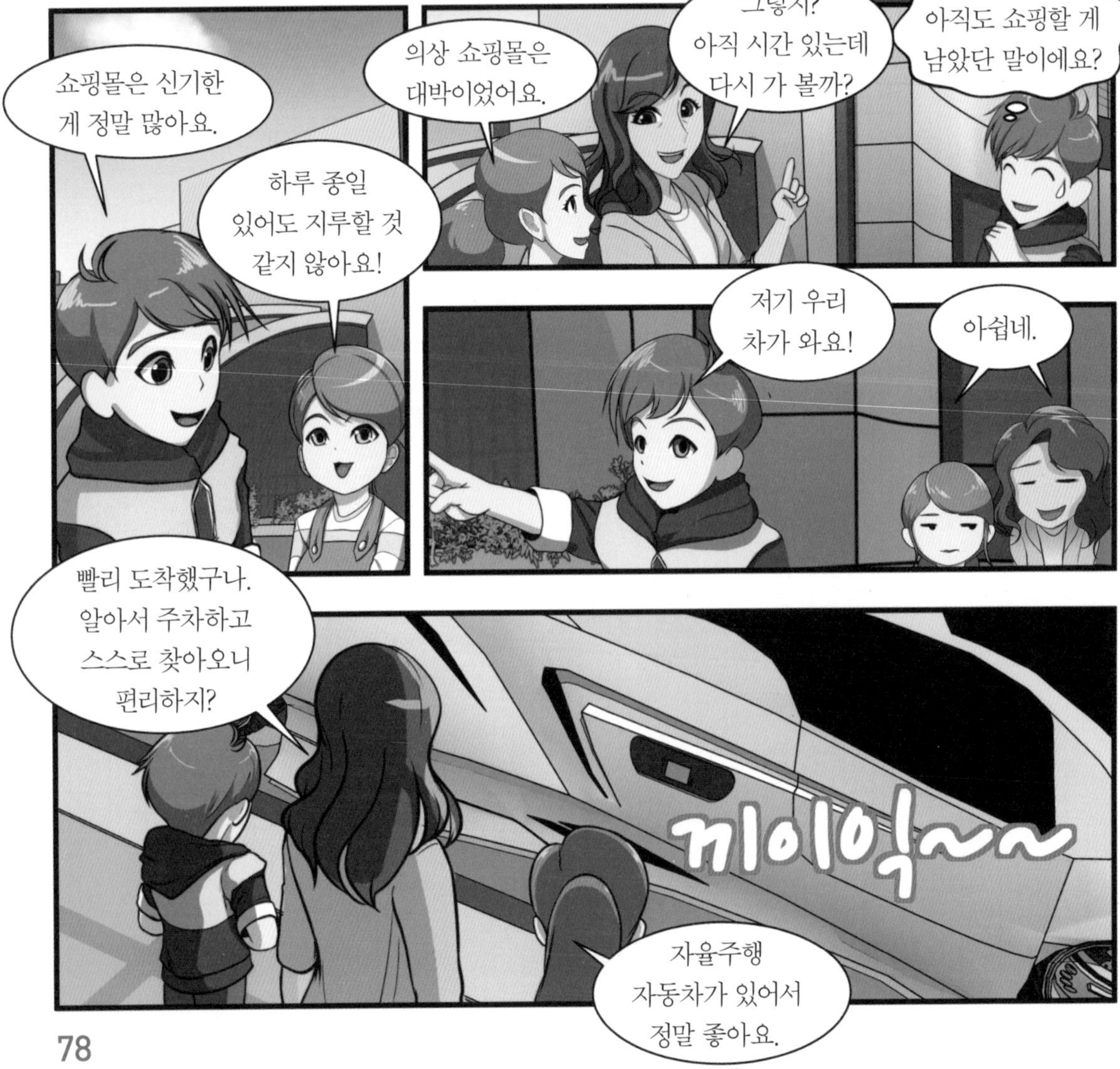
쇼핑몰은 신기한 게 정말 많아요.
하루 종일 있어도 지루할 것 같지 않아요!
의상 쇼핑몰은 대박이었어요.
그렇지? 아직 시간 있는데 다시 가 볼까?
아직도 쇼핑할 게 남았단 말이에요?
저기 우리 차가 와요!
아쉽네.
빨리 도착했구나. 알아서 주차하고 스스로 찾아오니 편리하지?
끼이익~~
자율주행 자동차가 있어서 정말 좋아요.

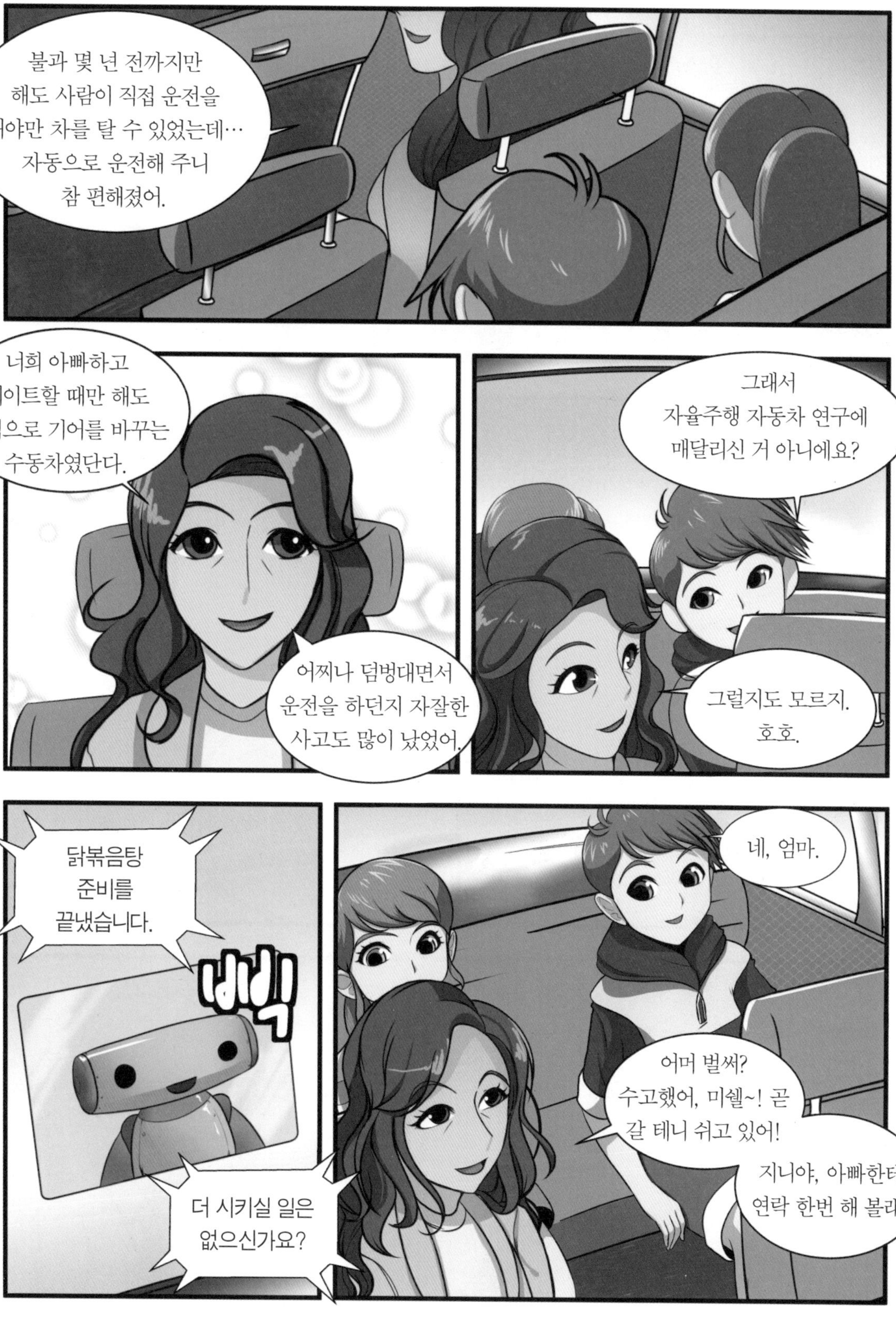
불과 몇 년 전까지만 해도 사람이 직접 운전을 해야만 차를 탈 수 있었는데… 자동으로 운전해 주니 참 편해졌어.
너희 아빠하고 데이트할 때만 해도 스틱으로 기어를 바꾸는 수동차였단다.
어찌나 덤벙대면서 운전을 하던지 자잘한 사고도 많이 났었어.
그래서 자율주행 자동차 연구에 매달리신 거 아니에요?
그럴지도 모르지. 호호.
닭복음탕 준비를 끝냈습니다.
삐익
더 시키실 일은 없으신가요?
네, 엄마.
어머 벌써? 수고했어, 미셸~! 곧 갈 테니 쉬고 있어!
지니야, 아빠한테 연락 한번 해 볼래?

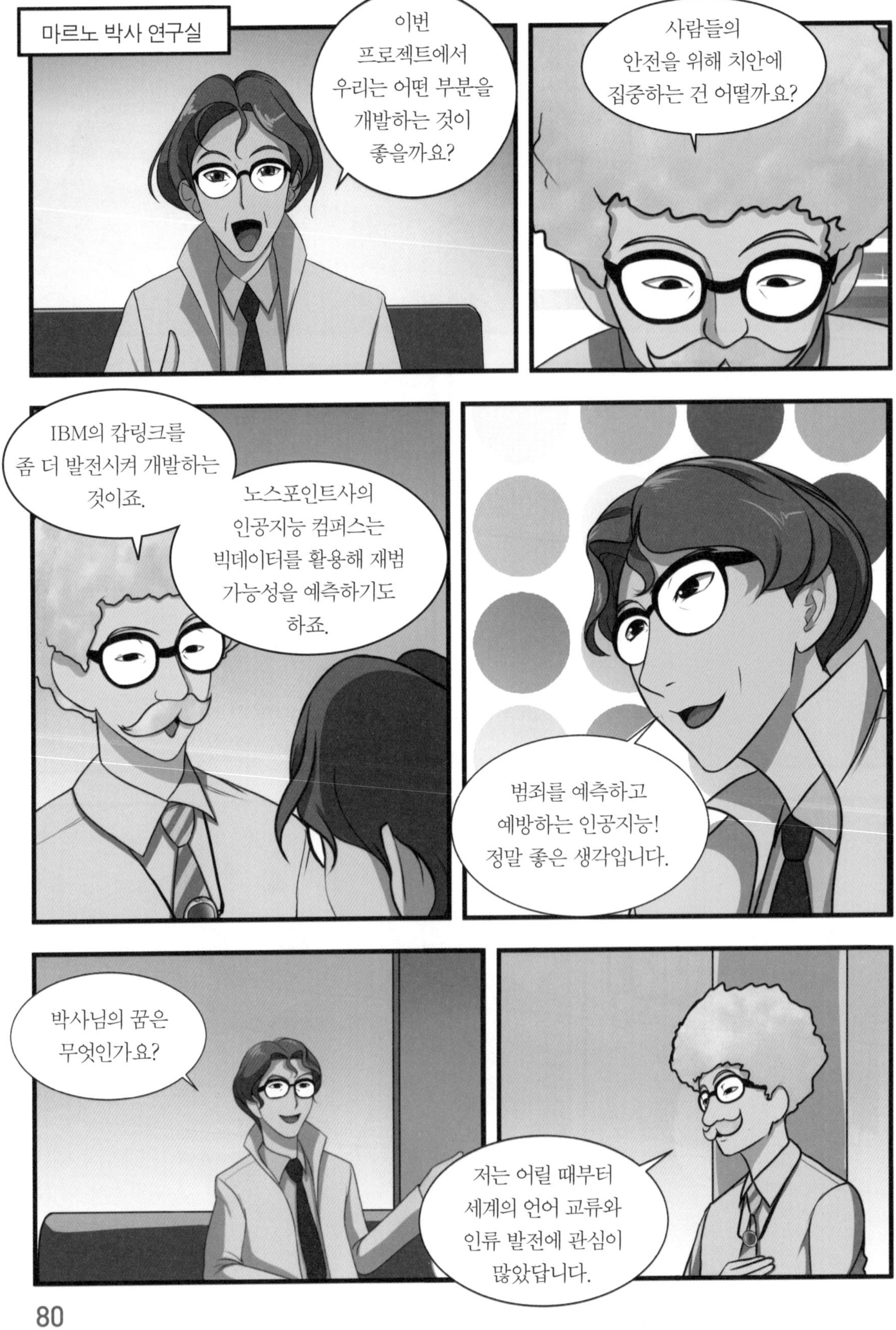
마르노 박사 연구실
이번 프로젝트에서 우리는 어떤 부분을 개발하는 것이 좋을까요?
사람들의 안전을 위해 치안에 집중하는 건 어떨까요?
IBM의 캅링크를 좀 더 발전시켜 개발하는 것이죠.
노스포인트사의 인공지능 컴퍼스는 빅데이터를 활용해 재범 가능성을 예측하기도 하죠.
범죄를 예측하고 예방하는 인공지능! 정말 좋은 생각입니다.
박사님의 꿈은 무엇인가요?
저는 어릴 때부터 세계의 언어 교류와 인류 발전에 관심이 많았답니다.

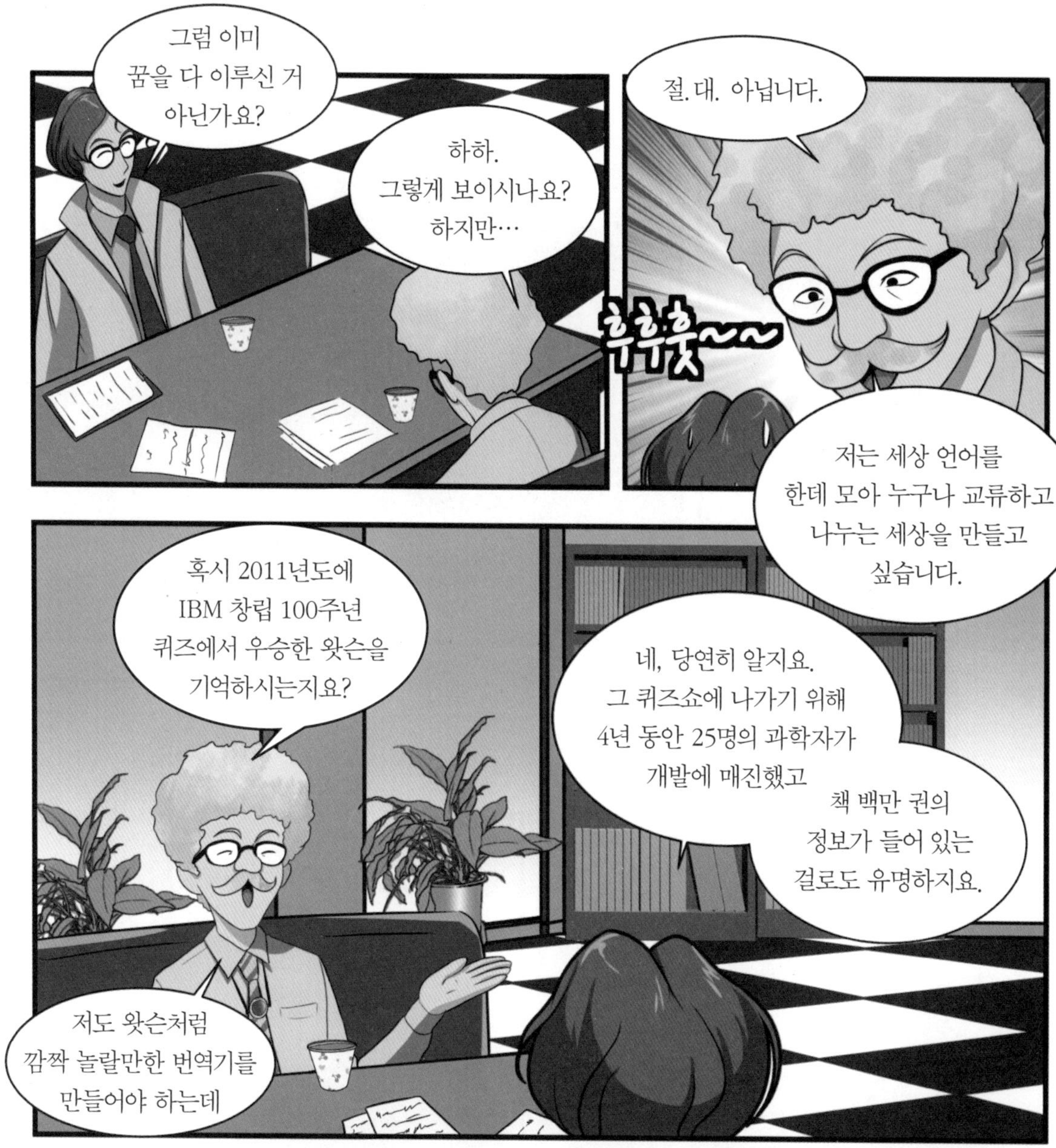
그럼 이미
꿈을 다 이루신 거
아닌가요?
하하.
그렇게 보이시나요?
하지만…
절. 대. 아닙니다.
후후훗~~
저는 세상 언어를
한데 모아 누구나 교류하고
나누는 세상을 만들고
싶습니다.
혹시 2011년도에
IBM 창립 100주년
퀴즈에서 우승한 왓슨을
기억하시는지요?
네, 당연히 알지요.
그 퀴즈쇼에 나가기 위해
4년 동안 25명의 과학자가
개발에 매진했고
책 백만 권의
정보가 들어 있는
걸로도 유명하지요.
저도 왓슨처럼
깜짝 놀랄만한 번역기를
만들어야 하는데

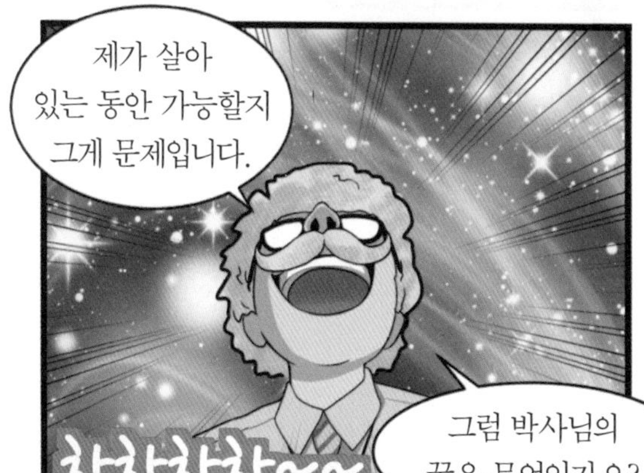
제가 살아
있는 동안 가능할지
그게 문제입니다.
하하하하~~
그럼 박사님의
꿈은 무엇인가요?

왓슨에 대해 알아봐요

IBM의 창업자인 토머스 왓슨의 이름을 딴 인공지능 컴퓨터예요. 왓슨은 복잡하고 방대한 인간의 언어를 이해하고 각 단어의 상관관계를 분석해서 답을 도출해 낼 수 있지요. 이뿐만 아니라 번역, 의료 진단, 요리 등도 할 수 있어요.

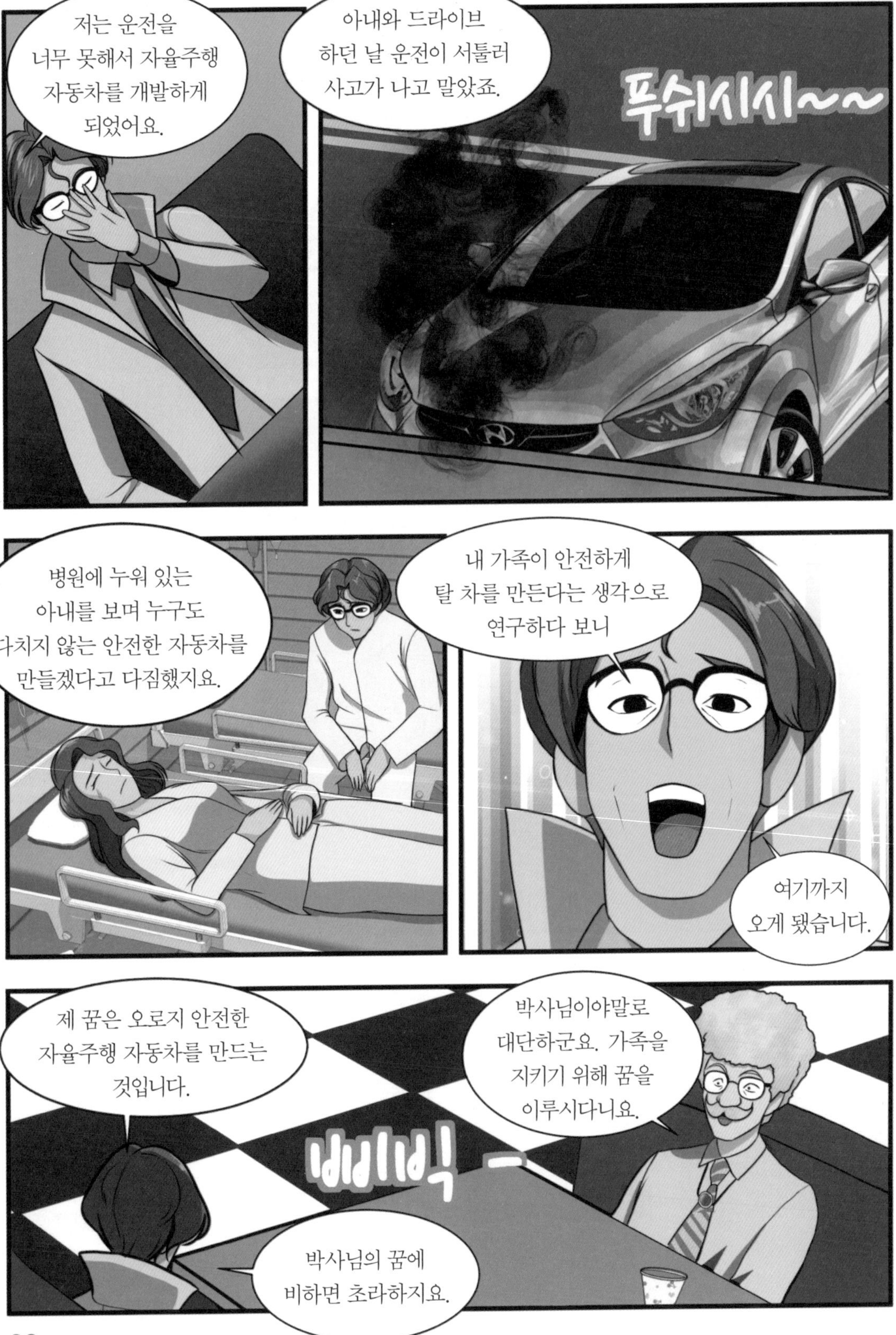

저는 운전을 너무 못해서 자율주행 자동차를 개발하게 되었어요.
아내와 드라이브 하던 날 운전이 서툴러 사고가 나고 말았죠.
푸쉬시시~~
병원에 누워 있는 아내를 보며 누구도 다치지 않는 안전한 자동차를 만들겠다고 다짐했지요.
내 가족이 안전하게 탈 차를 만든다는 생각으로 연구하다 보니
여기까지 오게 됐습니다.
제 꿈은 오로지 안전한 자율주행 자동차를 만드는 것입니다.
박사님이야말로 대단하군요. 가족을 지키기 위해 꿈을 이루시다니요.
삐비빅 -
박사님의 꿈에 비하면 초라하지요.

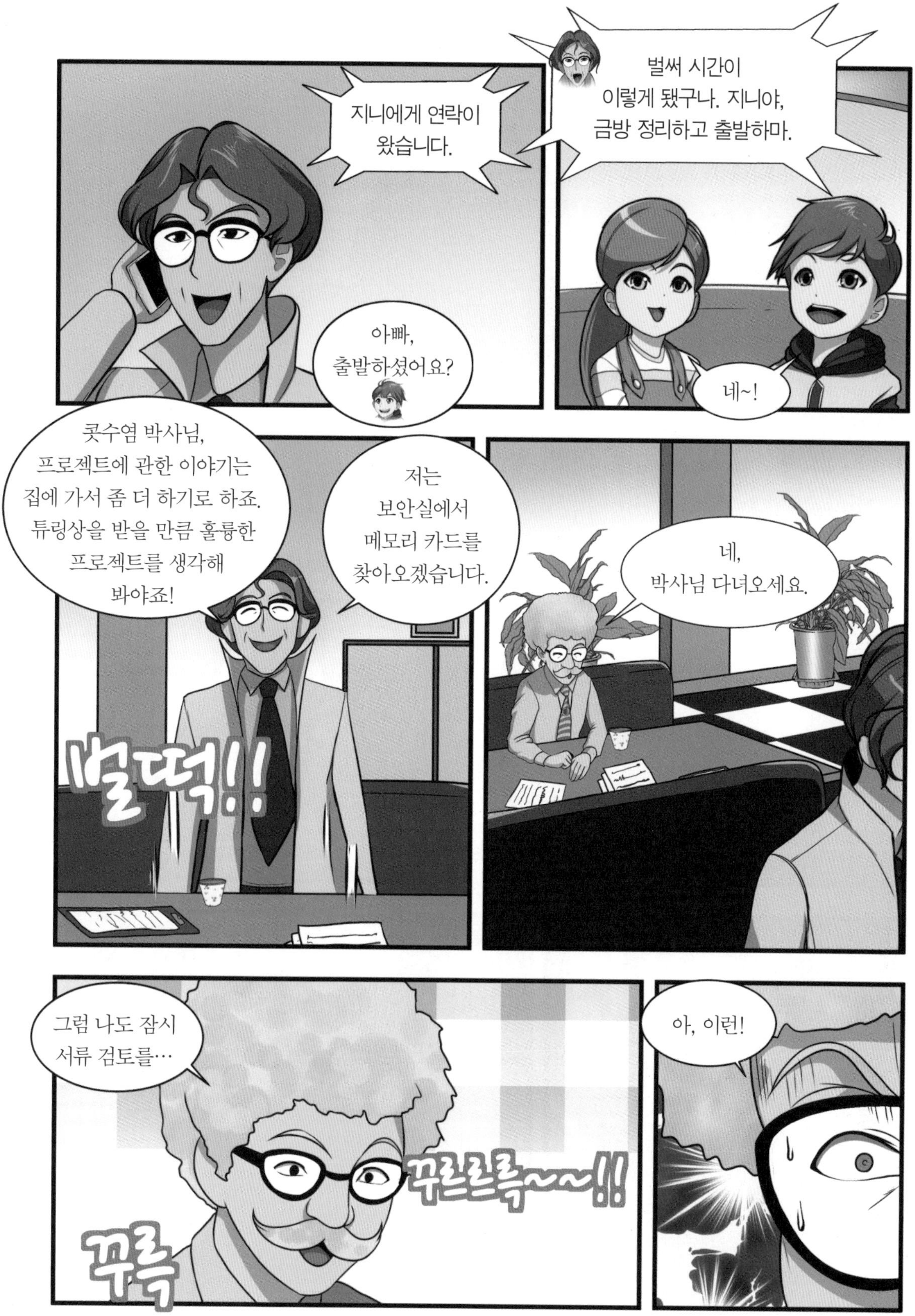
지니에게 연락이 왔습니다.
벌써 시간이 이렇게 됐구나. 지니야, 금방 정리하고 출발하마.
아빠, 출발하셨어요?
네~!
콧수염 박사님, 프로젝트에 관한 이야기는 집에 가서 좀 더 하기로 하죠. 튜링상을 받을 만큼 훌륭한 프로젝트를 생각해 봐야죠!
벌떡!!
저는 보안실에서 메모리 카드를 찾아오겠습니다.
네, 박사님 다녀오세요.
그럼 나도 잠시 서류 검토를…
꾸르르륵~~!!
꾸륵
아, 이런!

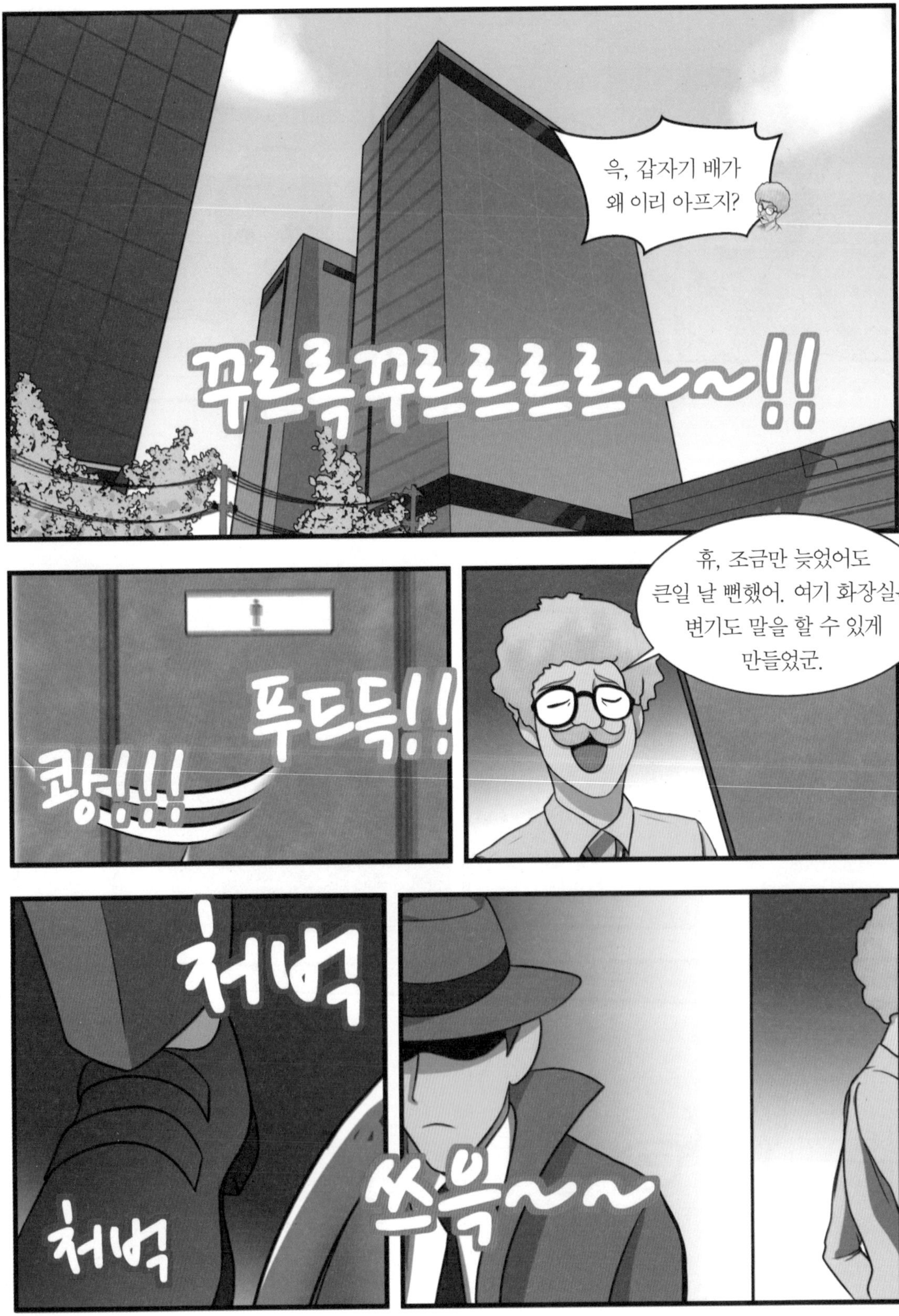

우, 갑자기 배가 왜 이리 아프지?
꾸르륵꾸르르르르~~!!
푸드득!!
쾅!!!
휴, 조금만 늦었어도 큰일 날 뻔했어. 여기 화장실은 변기도 말을 할 수 있게 만들었군.
처벅
처벅
쓰윽~~

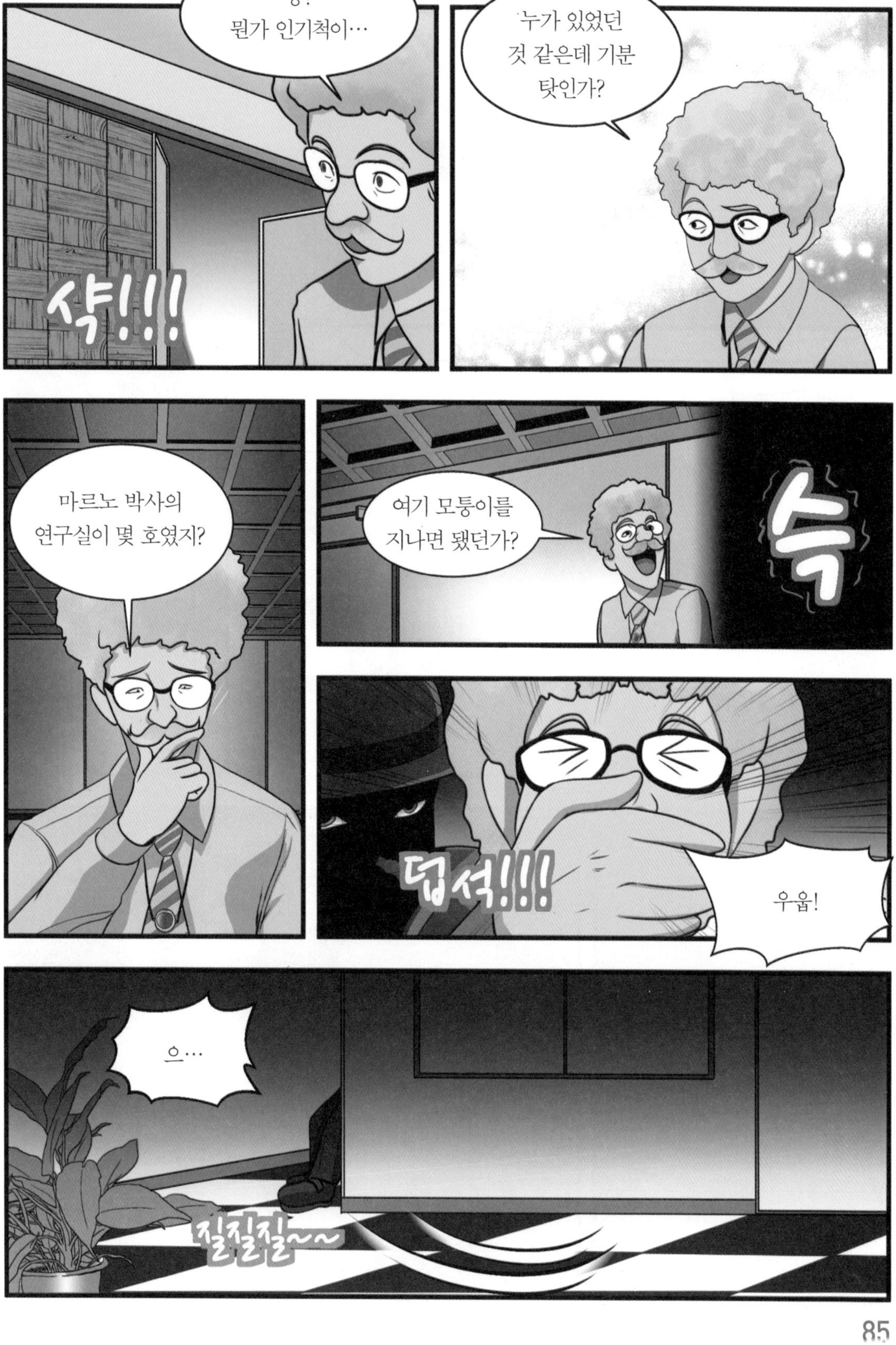
응?
뭔가 인기척이…
샥!!!
누가 있었던 것 같은데 기분 탓인가?
마르노 박사의 연구실이 몇 호였지?
여기 모퉁이를 지나면 됐던가?
슥
덥석!!!
우읍!
으…
질질질~~

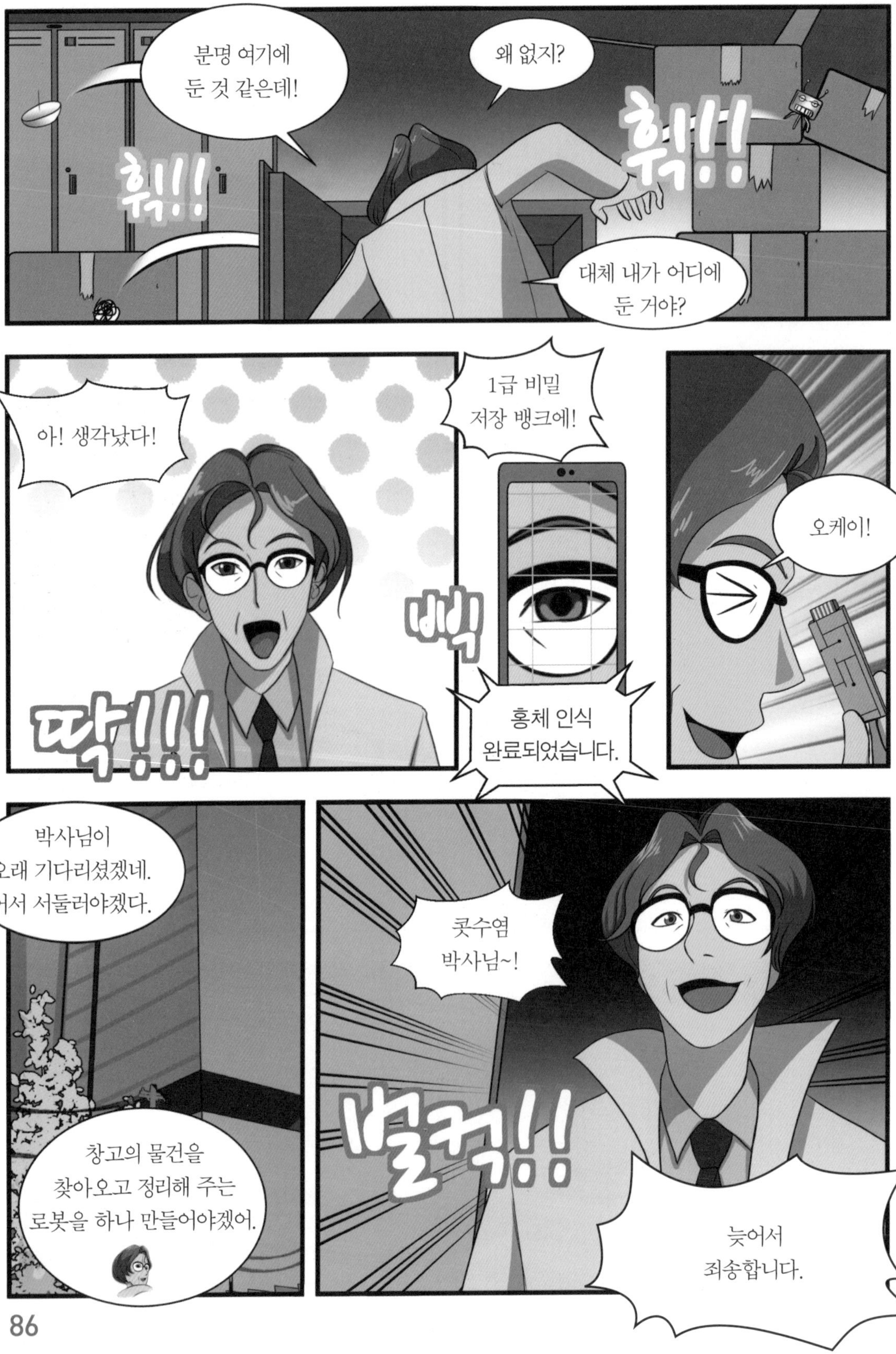
분명 여기에
둔 것 같은데!
휙!!
왜 없지?
휙!!
대체 내가 어디에
둔 거야?
아! 생각났다!
딱!!!
1급 비밀
저장 뱅크에!
삐익
홍체 인식
완료되었습니다.
오케이!
박사님이
오래 기다리셨겠네.
어서 서둘러야겠다.
창고의 물건을
찾아오고 정리해 주는
로봇을 하나 만들어야겠어.
콧수염
박사님~!
벌컥!!
늦어서
죄송합니다.

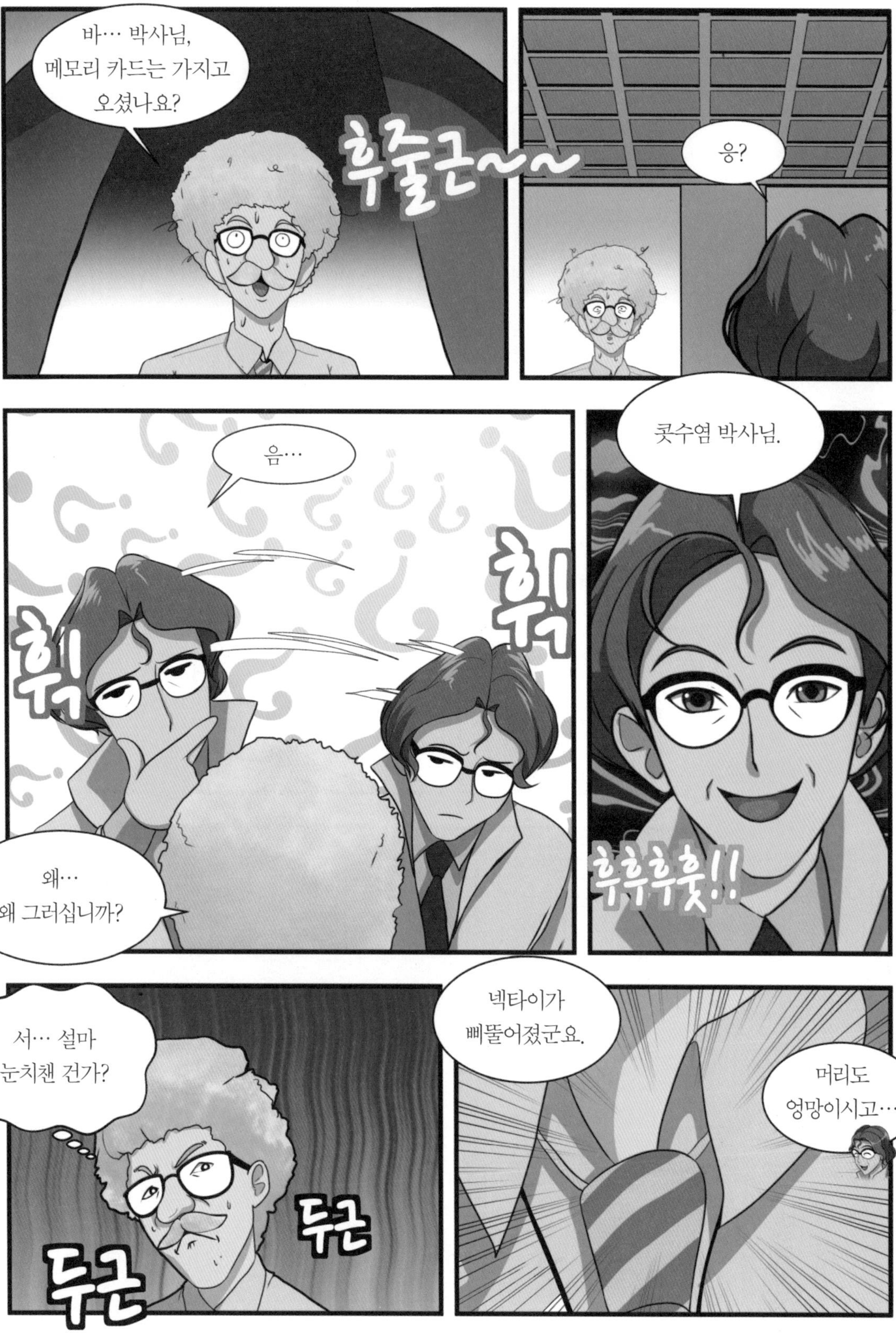
바… 박사님,
메모리 카드는 가지고
오셨나요?
후줄근~~~
응?
음…
휙
휙
쿳수염 박사님.
후후후훗!!
왜…
왜 그러십니까?
서… 설마
눈치챈 건가?
두근
두근
넥타이가
삐뚤어졌군요.
머리도
엉망이시고…

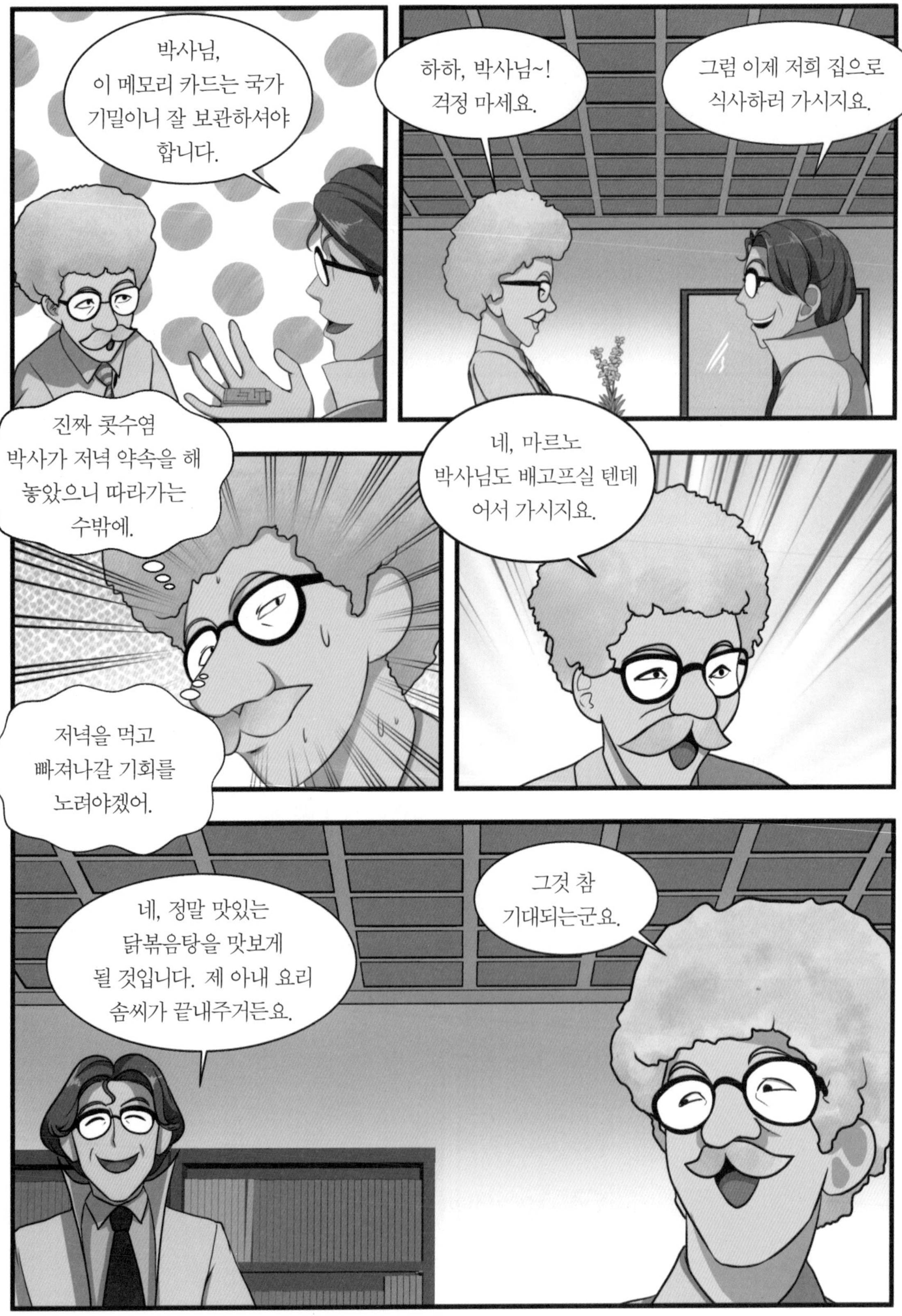
박사님,
이 메모리 카드는 국가
기밀이니 잘 보관하셔야
합니다.
하하, 박사님~!
걱정 마세요.
그럼 이제 저희 집으로
식사하러 가시지요.
진짜 콧수염
박사가 저녁 약속을 해
놓았으니 따라가는
수밖에.
저녁을 먹고
빠져나갈 기회를
노려야겠어.
네, 마르노
박사님도 배고프실 텐데
어서 가시지요.
네, 정말 맛있는
닭볶음탕을 맛보게
될 것입니다. 제 아내 요리
솜씨가 끝내주거든요.
그것 참
기대되는군요.

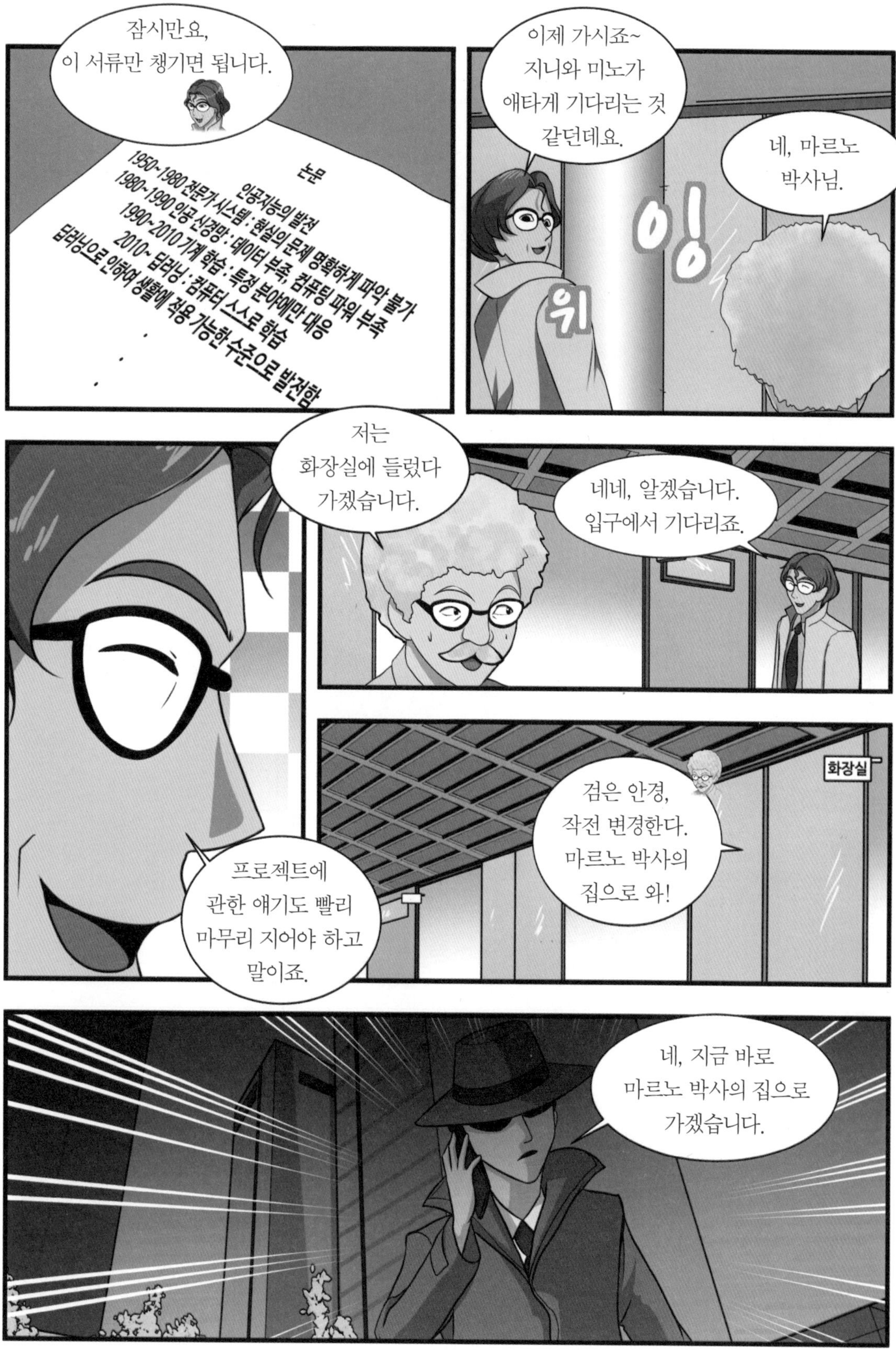
잠시만요, 이 서류만 챙기면 됩니다.
논문
인공지능의 발전
1950~1980 전문가 시스템 : 현실의 문제 명확하게 파악 불가
1980~1990 인공 신경망 : 데이터 부족, 컴퓨팅 파워 부족
1990~2010 기계 학습 : 특정 분야에만 대응
2010~ 딥러닝 : 컴퓨터 스스로 학습
딥러닝으로 인하여 생활에 적용 가능한 수준으로 발전함
이제 가시죠~ 지니와 미노가 애타게 기다리는 것 같던데요.
위이잉
네, 마르노 박사님.
저는 화장실에 들렀다 가겠습니다.
네네, 알겠습니다. 입구에서 기다리죠.
프로젝트에 관한 얘기도 빨리 마무리 지어야 하고 말이죠.
화장실
검은 안경, 작전 변경한다. 마르노 박사의 집으로 와!
네, 지금 바로 마르노 박사의 집으로 가겠습니다.

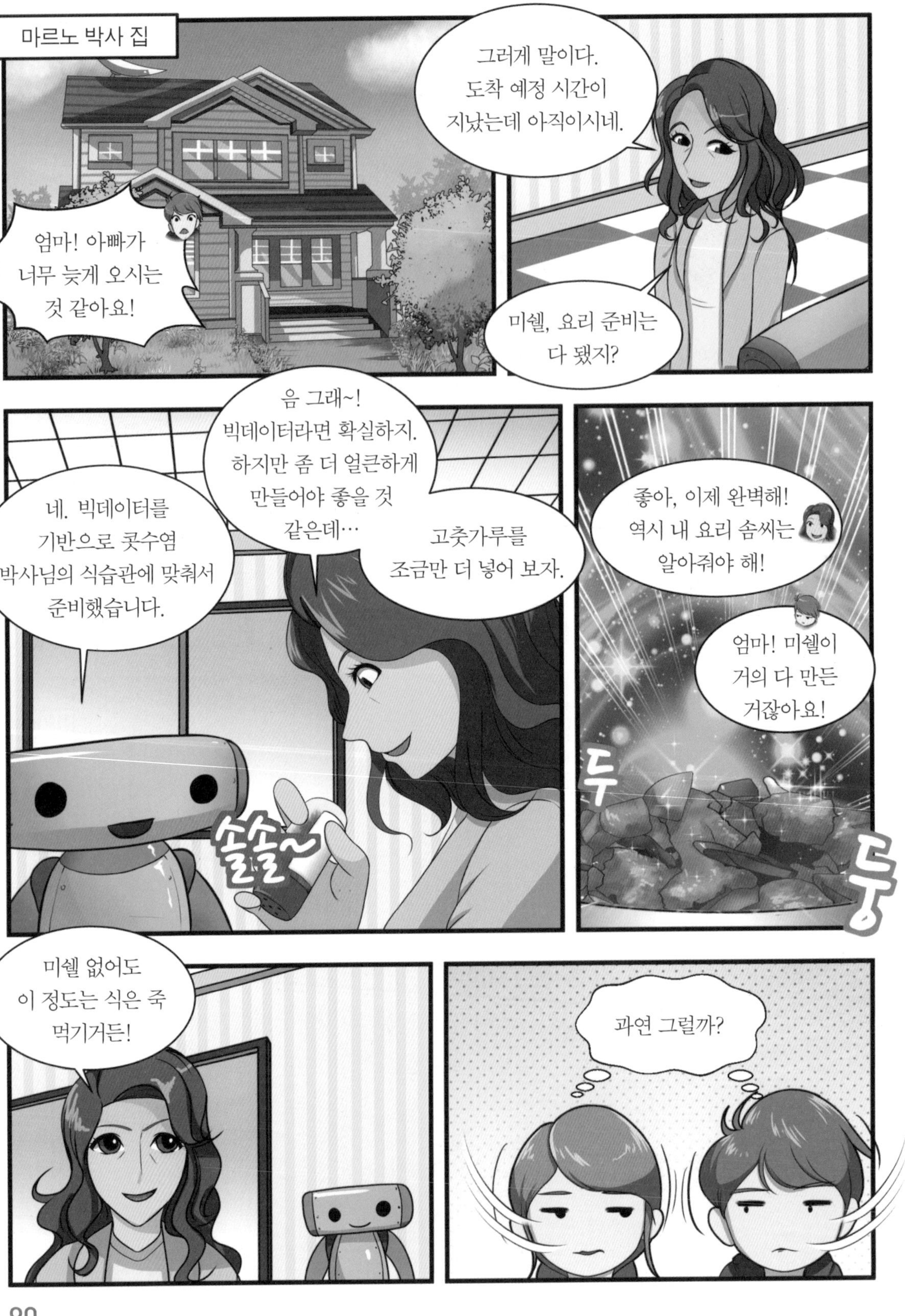
마르노 박사 집
엄마! 아빠가 너무 늦게 오시는 것 같아요!
그러게 말이다. 도착 예정 시간이 지났는데 아직이시네.
미쉘, 요리 준비는 다 됐지?
네. 빅데이터를 기반으로 쿳수염 박사님의 식습관에 맞춰서 준비했습니다.
음 그래~! 빅데이터라면 확실하지. 하지만 좀 더 얼큰하게 만들어야 좋을 것 같은데…
고춧가루를 조금만 더 넣어 보자.
솔솔~
좋아, 이제 완벽해! 역시 내 요리 솜씨는 알아줘야 해!
엄마! 미쉘이 거의 다 만든 거잖아요!
두둥
미쉘 없어도 이 정도는 식은 죽 먹기거든!
과연 그럴까?

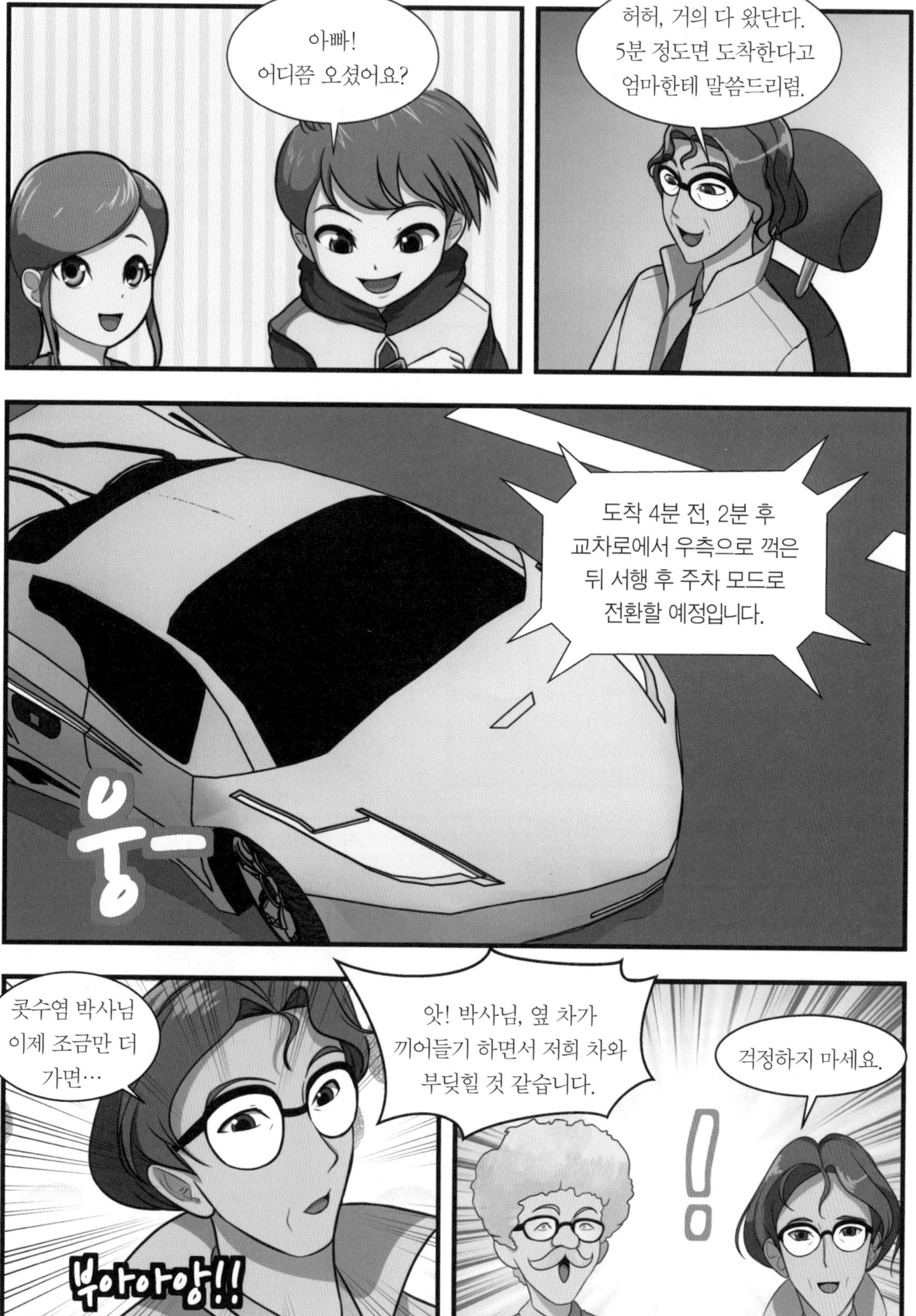
아빠!
어디쯤 오셨어요?
허허, 거의 다 왔단다.
5분 정도면 도착한다고
엄마한테 말씀드리렴.
도착 4분 전, 2분 후
교차로에서 우측으로 꺾은
뒤 서행 후 주차 모드로
전환할 예정입니다.
웅-
콧수염 박사님
이제 조금만 더
가면…
앗! 박사님, 옆 차가
끼어들기 하면서 저희 차와
부딪힐 것 같습니다.
부아아앙!!
!
걱정하지 마세요.

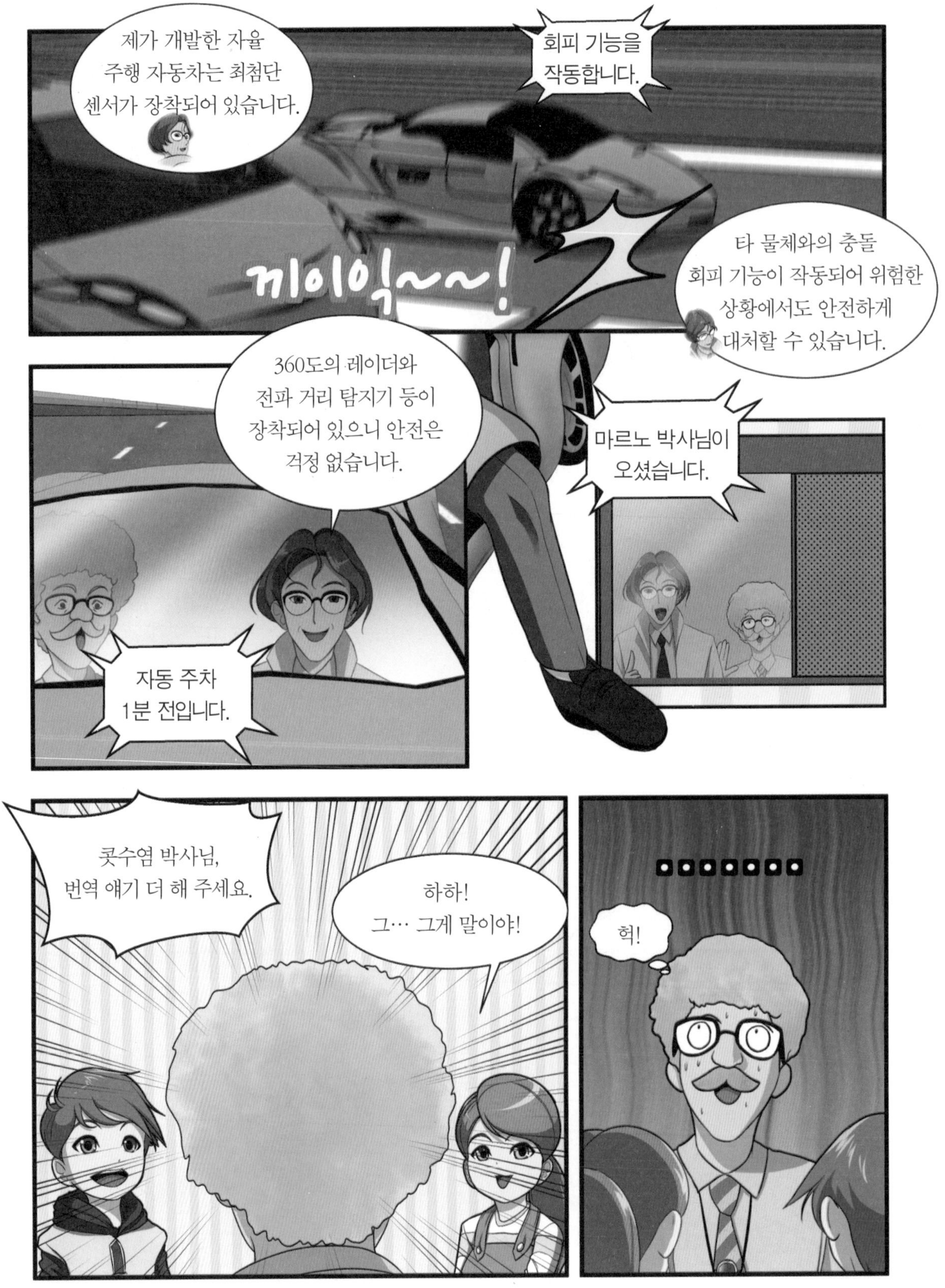
제가 개발한 자율 주행 자동차는 최첨단 센서가 장착되어 있습니다.
회피 기능을 작동합니다.
끼이익~~!
타 물체와의 충돌 회피 기능이 작동되어 위험한 상황에서도 안전하게 대처할 수 있습니다.
360도의 레이더와 전파 거리 탐지기 등이 장착되어 있으니 안전은 걱정 없습니다.
자동 주차 1분 전입니다.
마르노 박사님이 오셨습니다.
콧수염 박사님, 번역 얘기 더 해 주세요.
하하! 그… 그게 말이야!
헉!

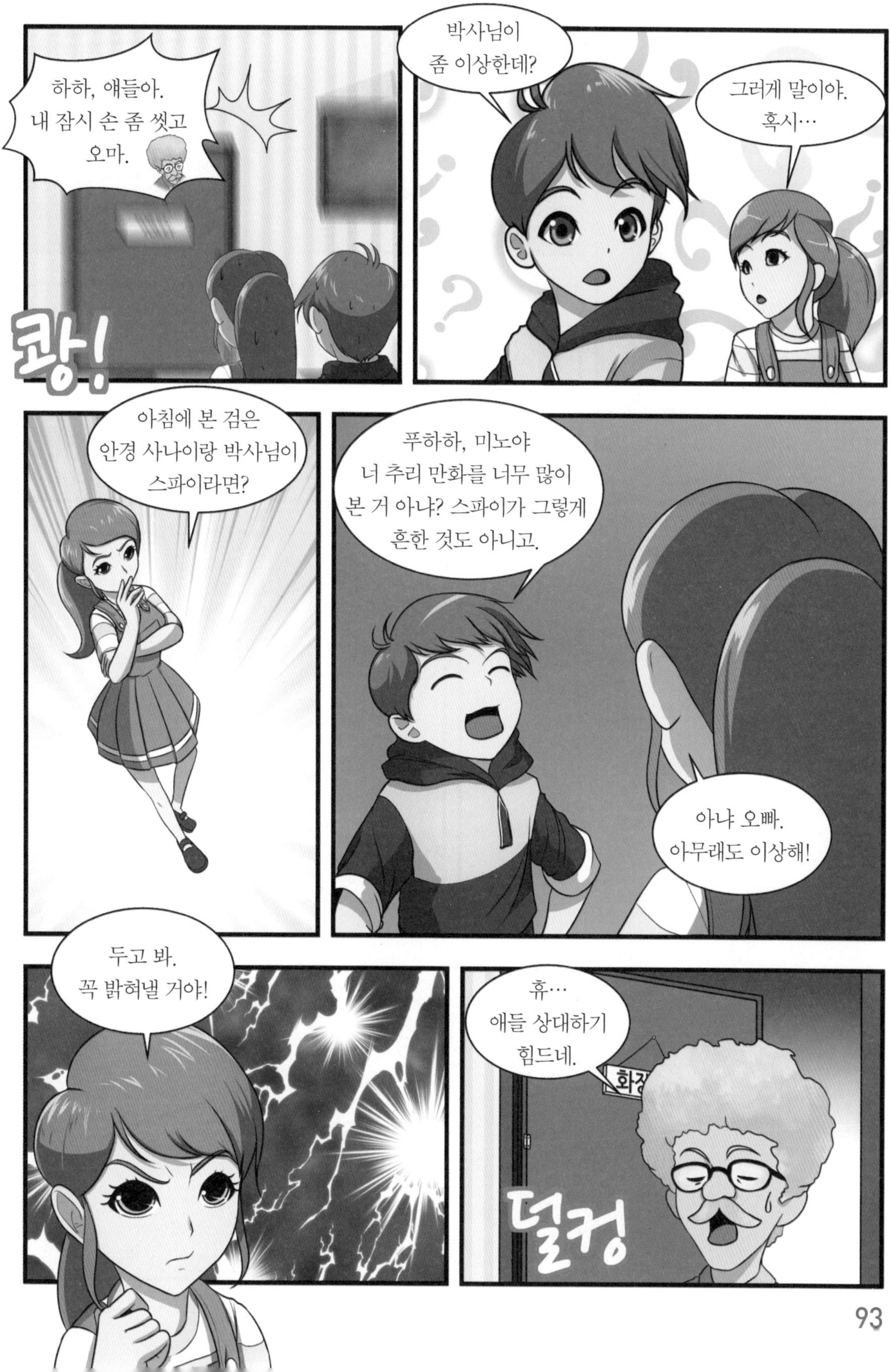
하하, 얘들아. 내 잠시 손 좀 씻고 오마.
쾅!
박사님이 좀 이상한데?
그러게 말이야. 혹시…
아침에 본 검은 안경 사나이랑 박사님이 스파이라면?
푸하하, 미노야 너 추리 만화를 너무 많이 본 거 아냐? 스파이가 그렇게 흔한 것도 아니고.
아냐 오빠. 아무래도 이상해!
두고 봐. 꼭 밝혀낼 거야!
휴… 애들 상대하기 힘드네.
덜컹

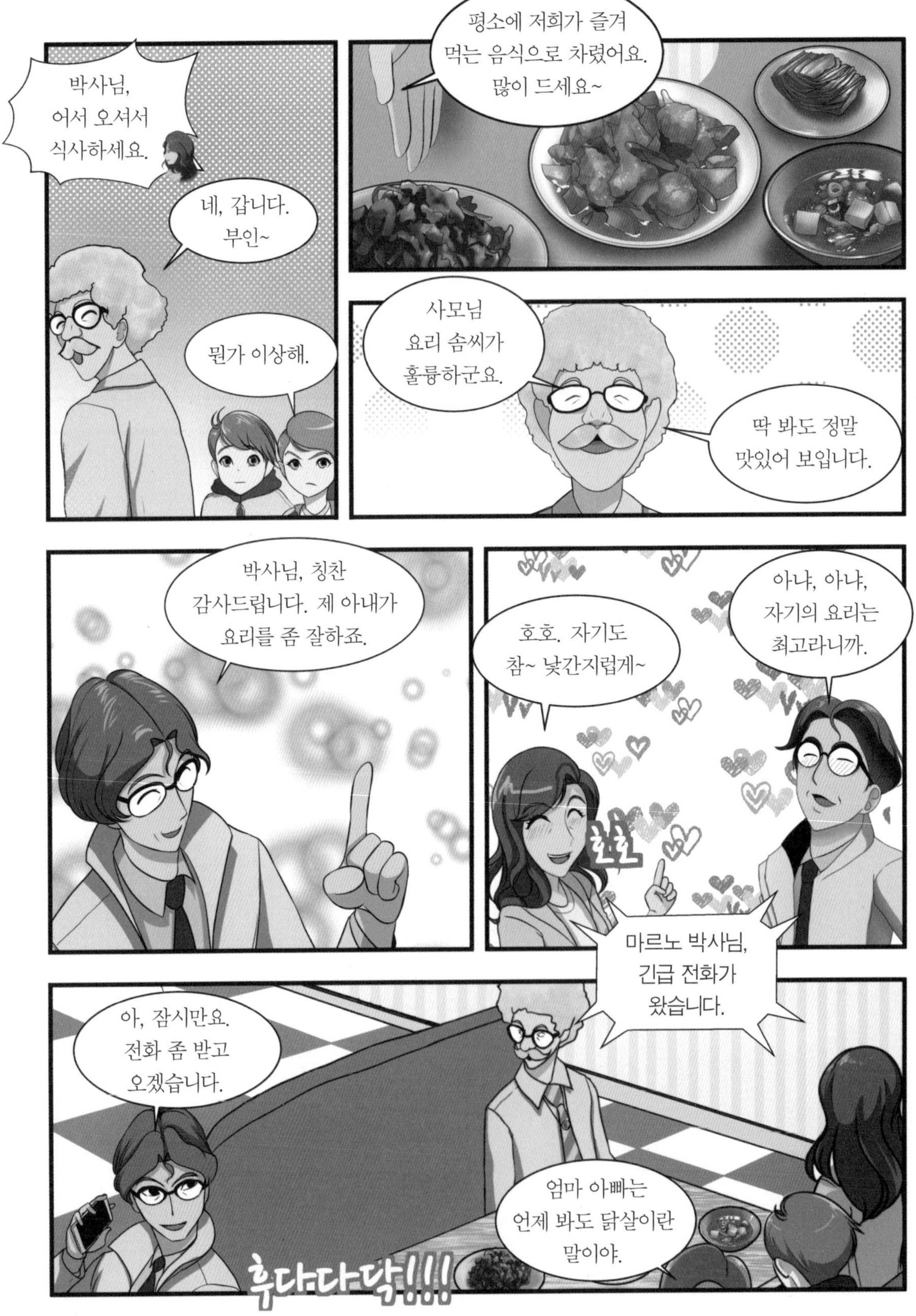

박사님, 어서 오셔서 식사하세요.
네, 갑니다. 부인~
뭔가 이상해.
평소에 저희가 즐겨 먹는 음식으로 차렸어요. 많이 드세요~
사모님 요리 솜씨가 훌륭하군요.
딱 봐도 정말 맛있어 보입니다.
박사님, 칭찬 감사드립니다. 제 아내가 요리를 좀 잘하죠.
호호. 자기도 참~ 낯간지럽게~
아냐, 아냐, 자기의 요리는 최고라니까.
호호
마르노 박사님, 긴급 전화가 왔습니다.
아, 잠시만요. 전화 좀 받고 오겠습니다.
엄마 아빠는 언제 봐도 닭살이란 말이야.
후다다닥!!!!

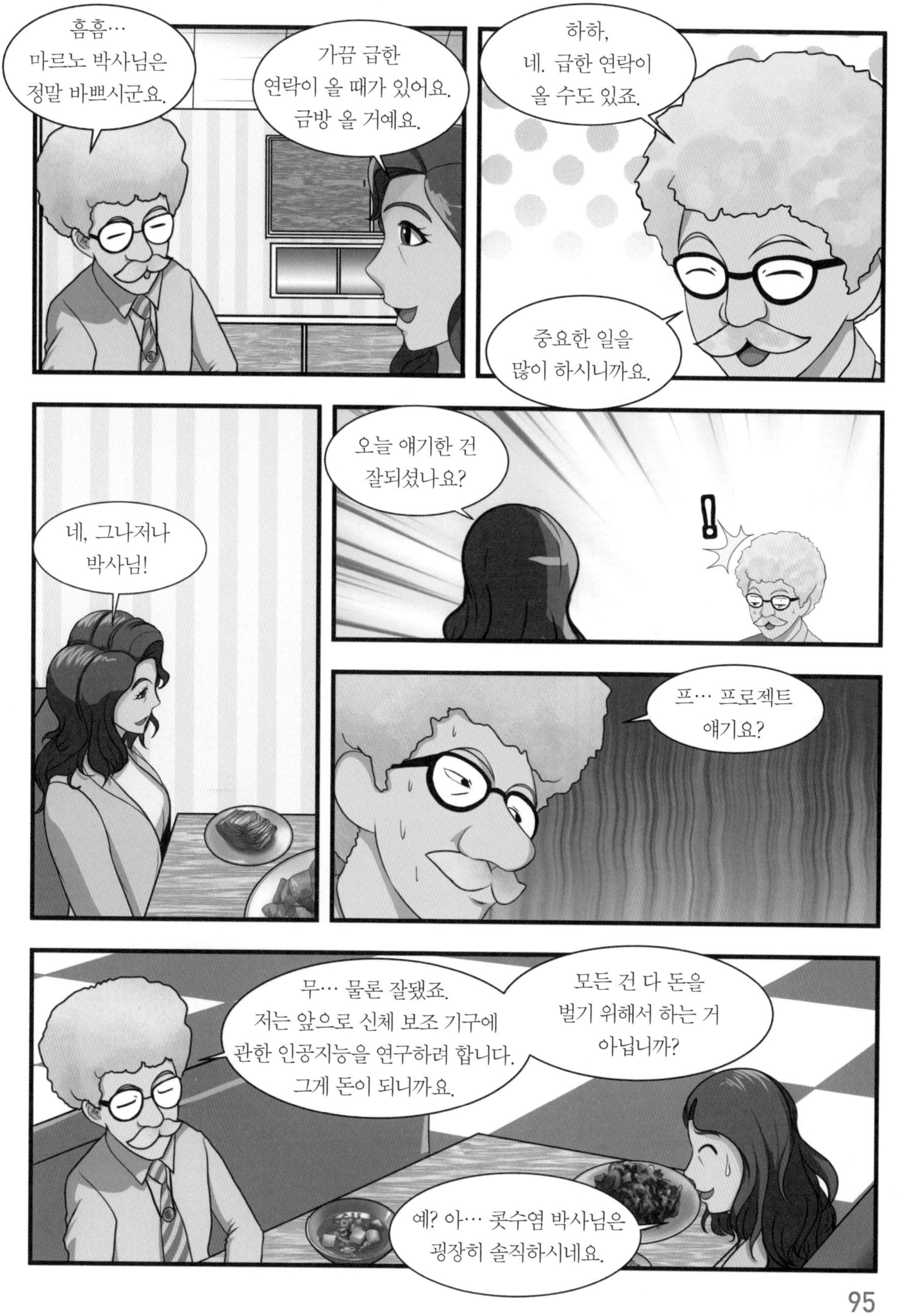
흠흠… 마르노 박사님은 정말 바쁘시군요.
가끔 급한 연락이 올 때가 있어요. 금방 올 거예요.
하하, 네. 급한 연락이 올 수도 있죠.
중요한 일을 많이 하시니까요.
네, 그나저나 박사님!
오늘 얘기한 건 잘되셨나요?
!
프… 프로젝트 얘기요?
무… 물론 잘됐죠. 저는 앞으로 신체 보조 기구에 관한 인공지능을 연구하려 합니다. 그게 돈이 되니까요.
모든 건 다 돈을 벌기 위해서 하는 거 아닙니까?
예? 아… 콧수염 박사님은 굉장히 솔직하시네요.

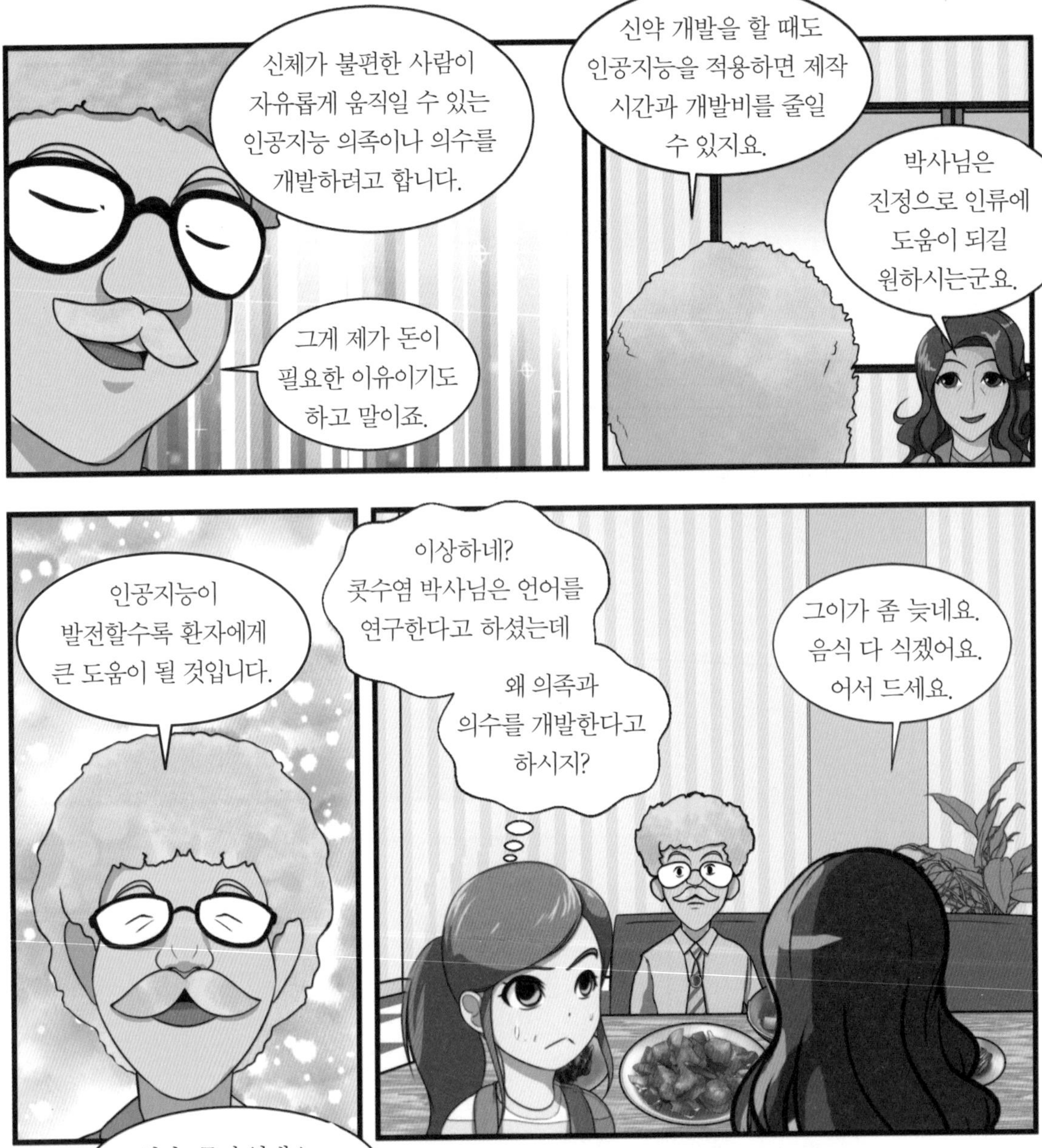
신체가 불편한 사람이 자유롭게 움직일 수 있는 인공지능 의족이나 의수를 개발하려고 합니다.
그게 제가 돈이 필요한 이유이기도 하고 말이죠.
신약 개발을 할 때도 인공지능을 적용하면 제작 시간과 개발비를 줄일 수 있지요.
박사님은 진정으로 인류에 도움이 되길 원하시는군요.
인공지능이 발전할수록 환자에게 큰 도움이 될 것입니다.
이상하네? 콧수염 박사님은 언어를 연구한다고 하셨는데
왜 의족과 의수를 개발한다고 하시지?
그이가 좀 늦네요. 음식 다 식겠어요. 어서 드세요.

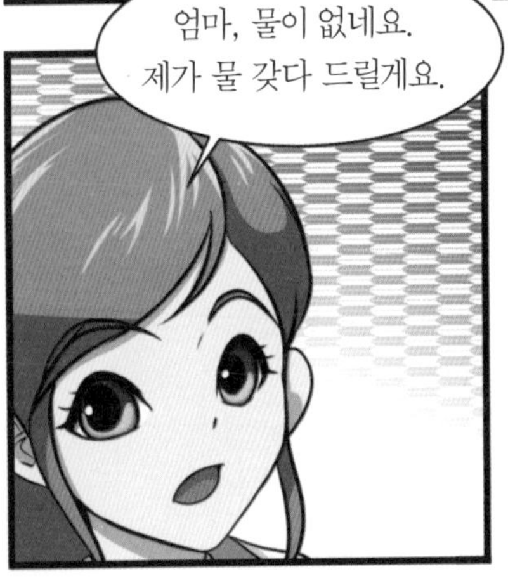
엄마, 물이 없네요. 제가 물 갖다 드릴게요.

인공지능과 의료 기기

닥터 왓슨은 특정한 질환에 관해서는 전문의보다 더 정확한 진단을 내려요. 암 진단은 98.9%의 정확도를 자랑하지요. 엑스레이 사진으로 골절, 질환 등의 증상을 정확히 판별하는 의료 기기, CT 사진으로 정확한 진단을 내리는 의료 기기, 외과 진료를 하는 의료 기기, 사람의 체내에 들어가 환자의 상태를 확인하는 마이크로 의료 기기 등 인공지능을 탑재한 의료 기기가 등장하고 있답니다.

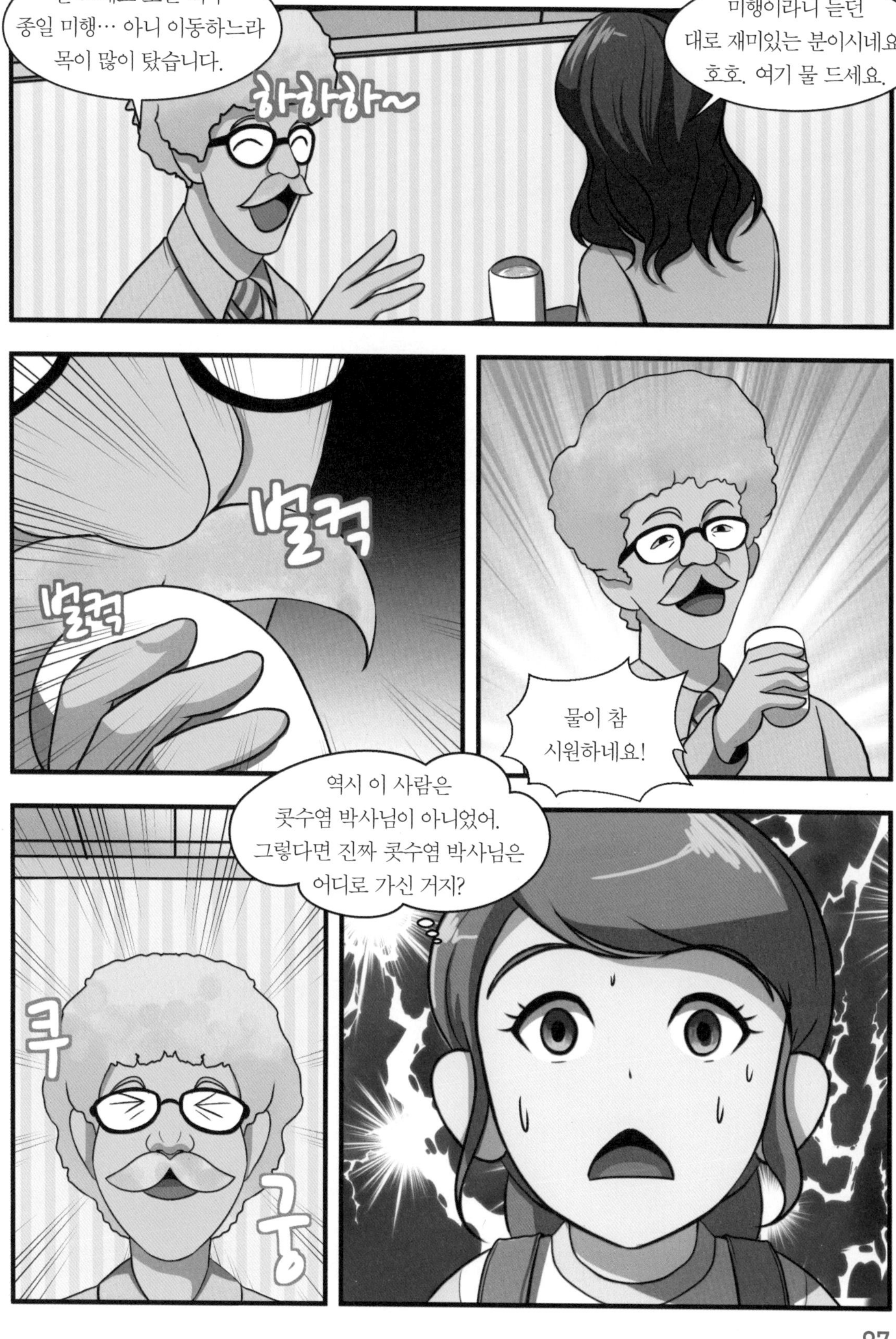
안 그래도 오늘 하루 종일 미행… 아니 이동하느라 목이 많이 탔습니다.
하하하~
미행이라니 듣던 대로 재미있는 분이시네요. 호호. 여기 물 드세요.
벌컥
벌컥
물이 참 시원하네요!
역시 이 사람은 콧수염 박사님이 아니었어. 그렇다면 진짜 콧수염 박사님은 어디로 가신 거지?
쿠
궁

인공지능 번역 VS 전문 번역사

인공지능 알파고와 바둑기사 이세돌이 바둑 대결을 한 것처럼 인공지능과 사람이 대결을 펼쳤어요. 바로 인공지능 번역과 전문 번역사의 대결이에요. 번역 앱, 번역 사이트 등을 통해 번역 대결을 펼쳤는데 인공지능 번역의 실력이 만만치 않았어요.

"나는 오늘 저녁에 맛있는 저녁을 먹었습니다."

라는 말을 번역하면 지금까지는 "I had a delicious evening this evening"이라고 번역이 됐어요. 시간적인 저녁과 저녁 식사를 구분하지 못하는 것이지요. 그런데 번역에 인공지능이 반영된 후부터는 이런 문제점이 해결되고 아주 정확해졌어요.

"I had a delicious dinner this evening"

이처럼 '저녁'을 '저녁 식사'로 제대로 인식하고 번역하는 것이지요. 인공지능 번역, 번역 앱의 인공신경망이 문장의 맥락을 파악할 수 있기 때문이에요. 인공지능 기술과 번역, 그리고 번역 앱은 엄청난 속도로 발전하고 있어요.

이 인공지능 번역 기술과 번역 앱을 실제로 체험해 본 한 전문 번역사는 "상당히 위협적이에요. 번역한 것을 보면 사람이 번역한 것과 거의 구분이 안 될 정도예요"라고 말하면서 인공지능 번역에 대해 놀라움을 감추지 못했어요.

앞으로 인공지능의 번역 실력은 점점 발전할 것이고 속도도 빨라질 것이라 기대하고 있어요.

승정원일기는 조선 왕실의 이야기를 기록한 책이에요. 3천 권 정도 되고 글자 수가 2억 4천3백만 자나 되는 엄청난 분량이에요. 현재 20%밖에 번역되지 않았고 1년에 10만 자 정도 번역하는 데 그쳐 현재 인력으로는 앞으로 45년 후에나 완역본을 볼 수 있다고 해요.

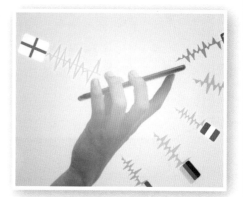

그래서 인공지능에게 기존에 번역된 문장을 가르친 뒤 번역을 실행했어요. '후설'은 한 자 그대로는 목구멍과 혀라는 뜻이지만 승정원의 별칭으로 쓰이던 말이에요. 인공지능이 이 단어를 어떻게 번역했을까요? 목과 혀가 아닌 승정원이라고 번역했어요. 문맥을 읽고 그에 따라 판단하여 번역을 한 것이지요. 인공지능이 학습하지 않은 문장도 번역을 실행해 봤어요. 정조가 아버지인 사도세자에 대한 기록을 지워 달라며 영조에게 올린 상소문인데 "마음이 불편하고 슬픕니다. 그것 좀 삭제 부탁드려요"라고 정확하게 번역했어요. 이는 전문가가 번역한 것과 거의 같았어요.

고전번역원은 인공지능이 더 많은 문장을 학습하면 번역 기간을 27년 이상 줄일 수 있을 것이라 예상하고 있답니다.

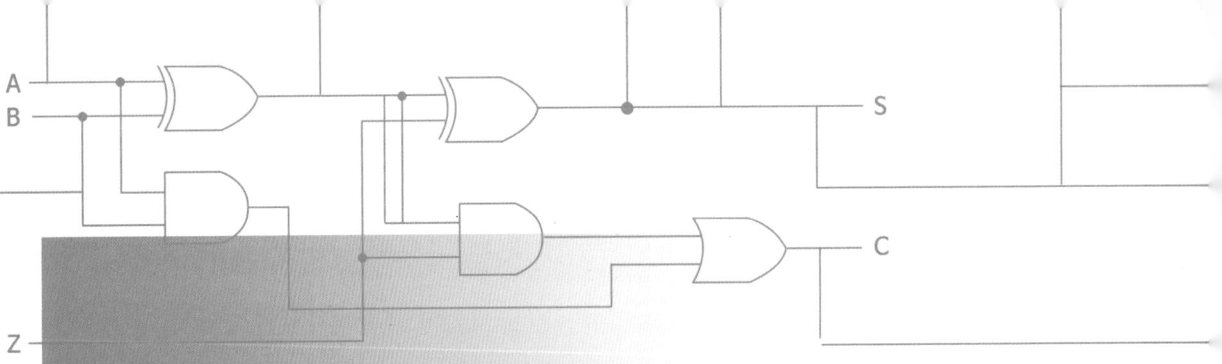
A
B
S
C
Z

미노와 콧수염 박사의 대결

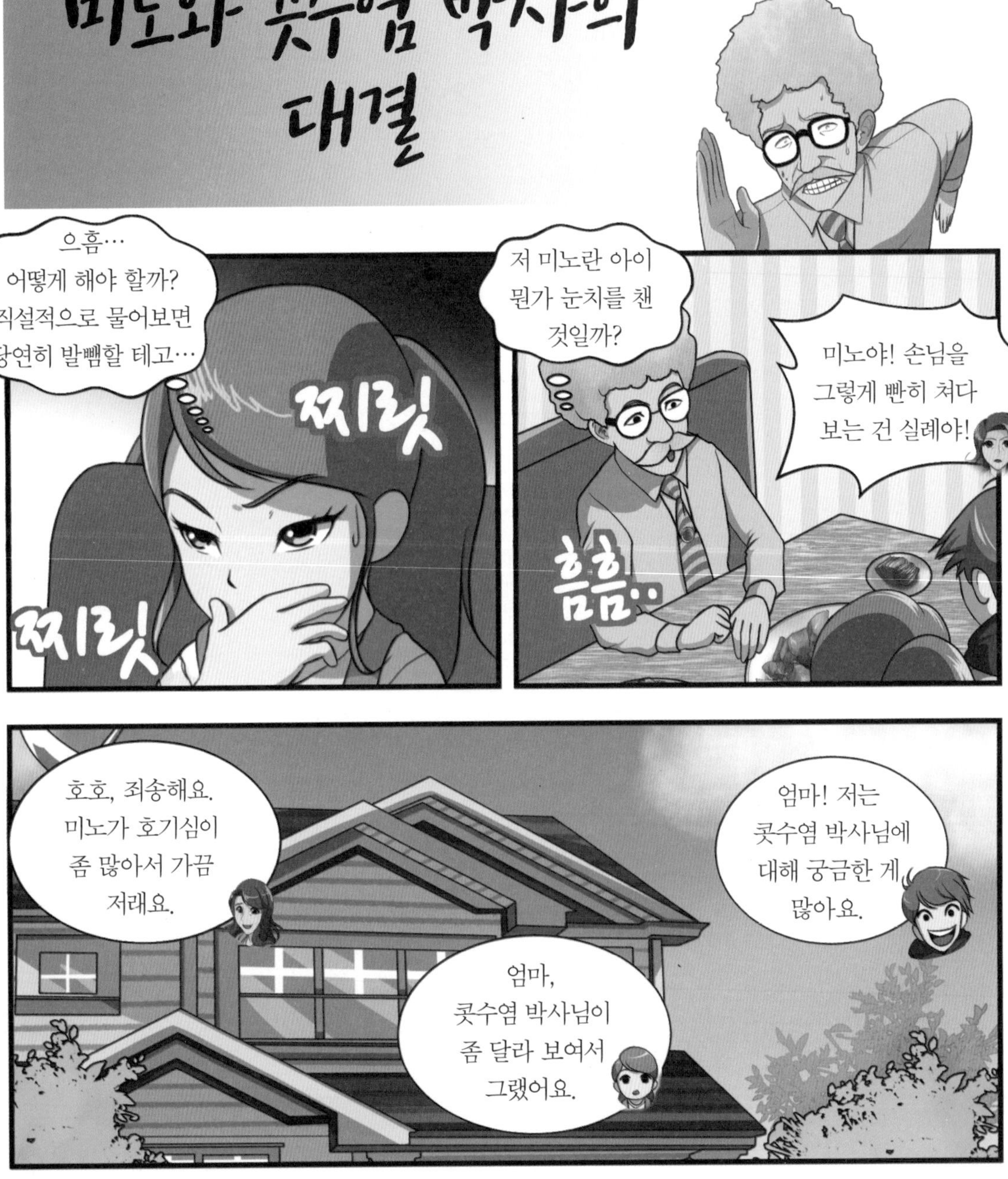
으흠… 어떻게 해야 할까? 직설적으로 물어보면 당연히 발뺌할 테고…
찌릿
찌릿
저 미노란 아이 뭔가 눈치를 챈 것일까?
흠흠..
미노야! 손님을 그렇게 빤히 쳐다 보는 건 실례야!
호호, 죄송해요. 미노가 호기심이 좀 많아서 가끔 저래요.
엄마, 콧수염 박사님이 좀 달라 보여서 그랬어요.
엄마! 저는 콧수염 박사님에 대해 궁금한 게 많아요.

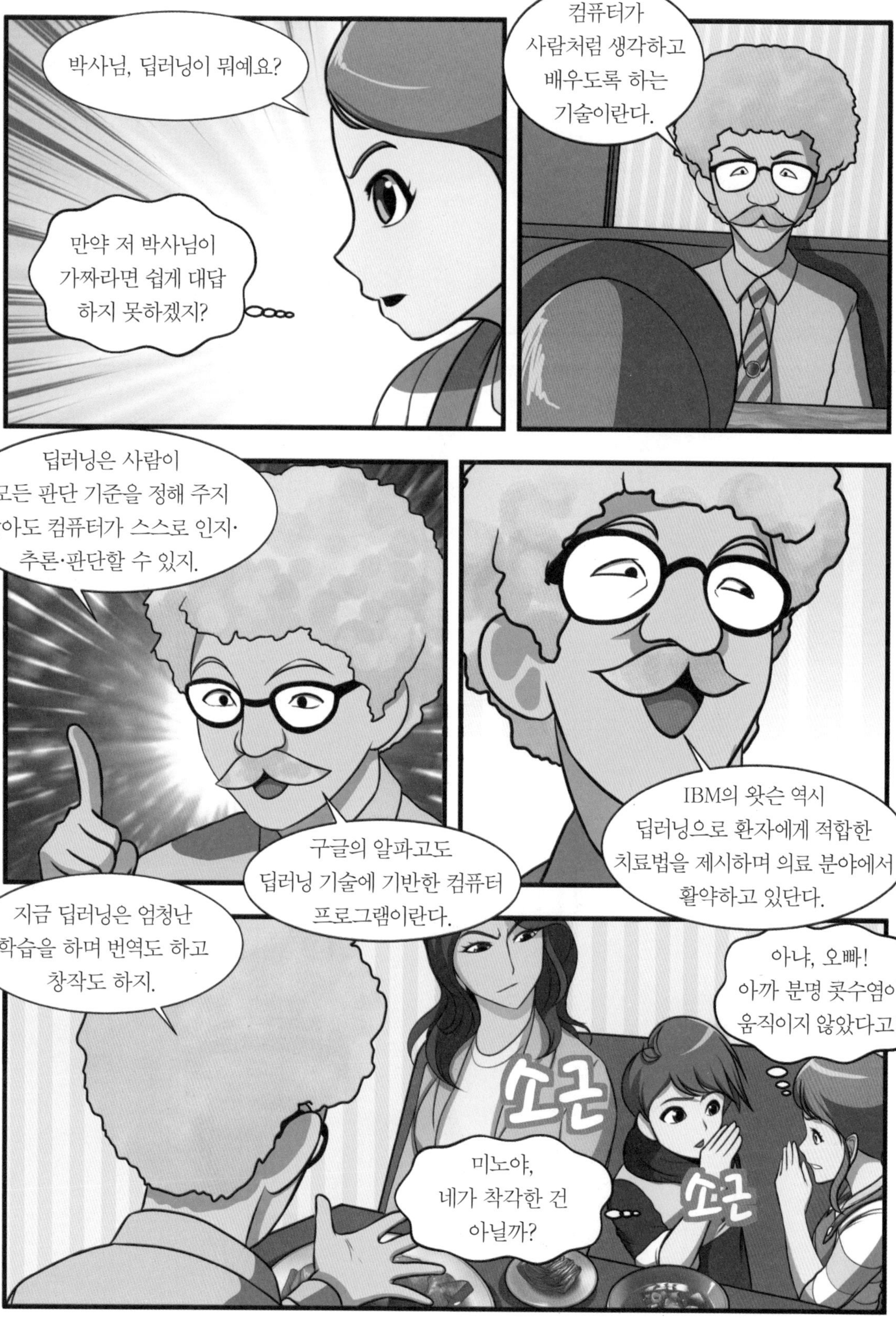

박사님, 딥러닝이 뭐예요?
만약 저 박사님이 가짜라면 쉽게 대답 하지 못하겠지?
컴퓨터가 사람처럼 생각하고 배우도록 하는 기술이란다.
딥러닝은 사람이 모든 판단 기준을 정해 주지 않아도 컴퓨터가 스스로 인지·추론·판단할 수 있지.
구글의 알파고도 딥러닝 기술에 기반한 컴퓨터 프로그램이란다.
IBM의 왓슨 역시 딥러닝으로 환자에게 적합한 치료법을 제시하며 의료 분야에서 활약하고 있단다.
지금 딥러닝은 엄청난 학습을 하며 번역도 하고 창작도 하지.
소곤
아냐, 오빠! 아까 분명 콧수염이 움직이지 않았다고!
소곤
미노야, 네가 착각한 건 아닐까?

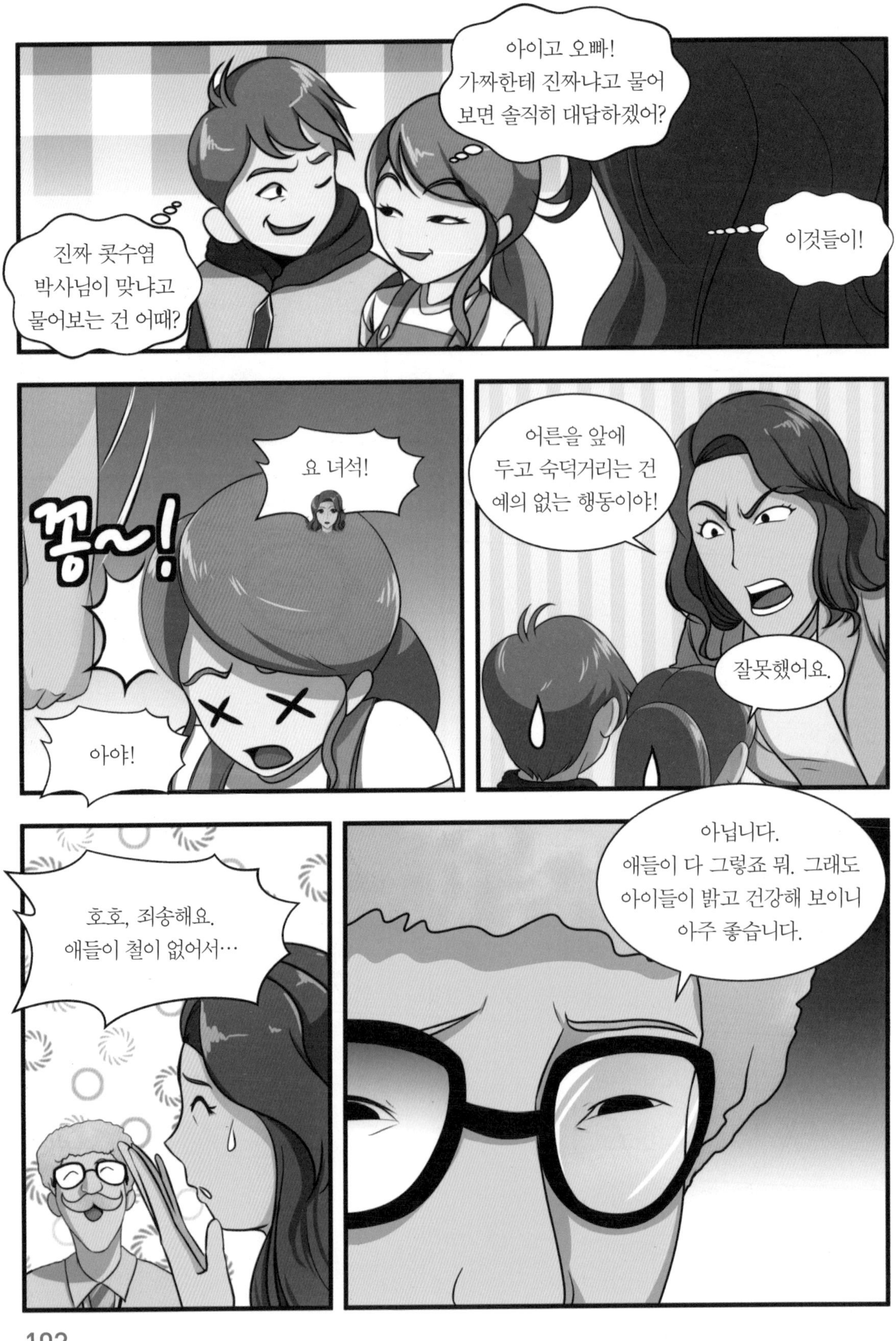
진짜 콧수염 박사님이 맞냐고 물어보는 건 어때?
아이고 오빠! 가짜한테 진짜냐고 물어 보면 솔직히 대답하겠어?
이것들이!
꽁~!
요 녀석!
아야!
어른을 앞에 두고 숙덕거리는 건 예의 없는 행동이야!
잘못했어요.
호호, 죄송해요. 애들이 철이 없어서…
아닙니다. 애들이 다 그렇죠 뭐. 그래도 아이들이 밝고 건강해 보이니 아주 좋습니다.

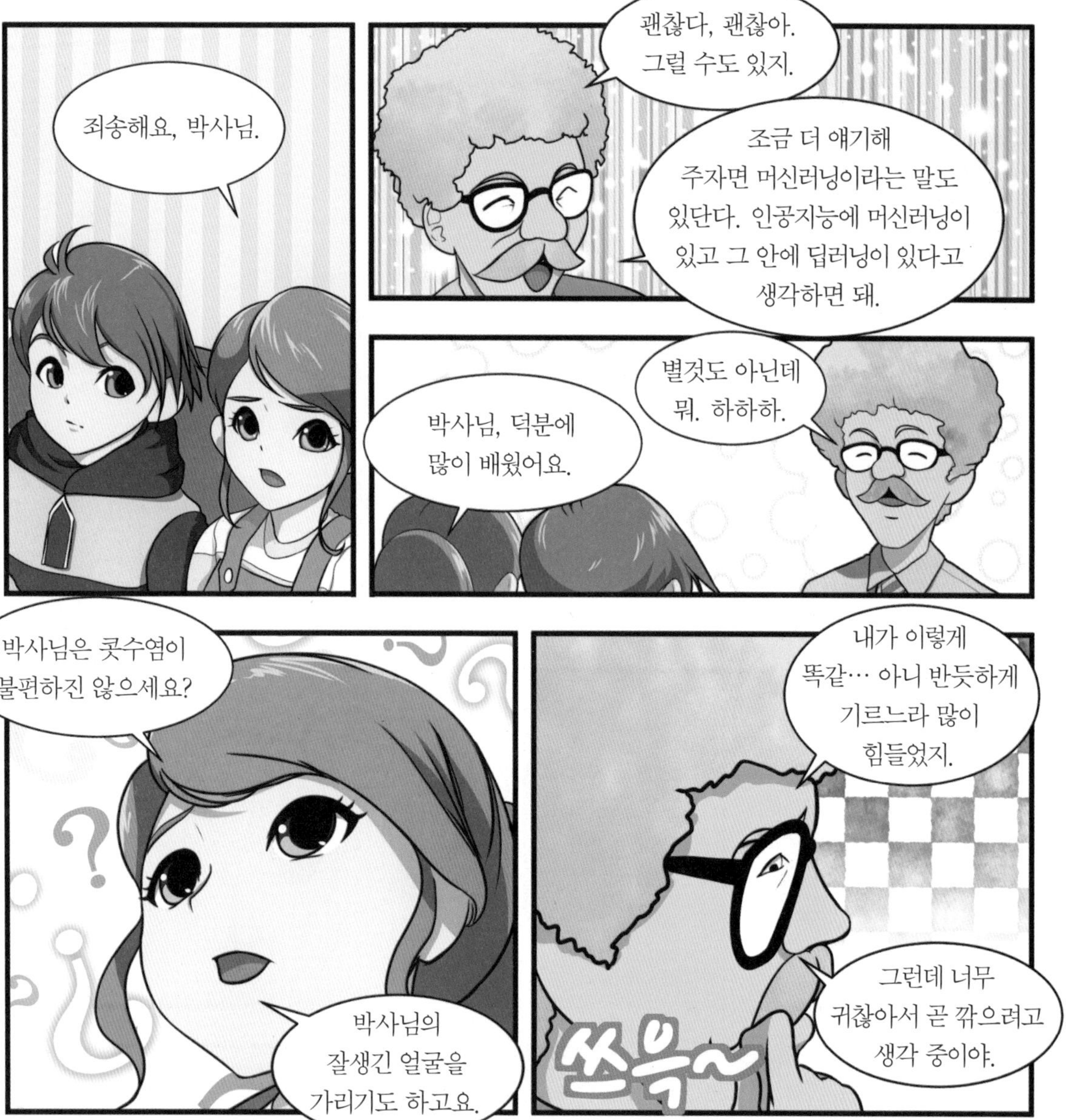
죄송해요, 박사님.
괜찮다, 괜찮아.
그럴 수도 있지.
조금 더 얘기해
주자면 머신러닝이라는 말도
있단다. 인공지능에 머신러닝이
있고 그 안에 딥러닝이 있다고
생각하면 돼.
박사님, 덕분에
많이 배웠어요.
별것도 아닌데
뭐. 하하하.
박사님은 콧수염이
불편하진 않으세요?
박사님의
잘생긴 얼굴을
가리기도 하고요.
내가 이렇게
똑같… 아니 반듯하게
기르느라 많이
힘들었지.
쓰윽~
그런데 너무
귀찮아서 곧 깎으려고
생각 중이야.

머신러닝과 딥러닝

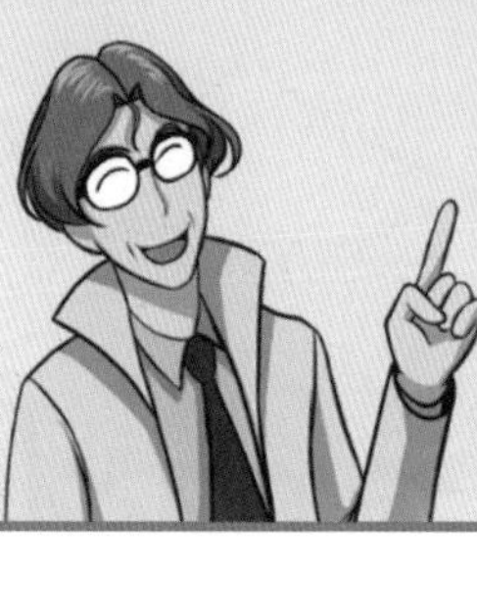

머신러닝(기계 학습)은 인간의 학습 능력과 같은 기능을 컴퓨터에서 실현하고자 하는 기술이에요. 딥러닝(심화 학습)은 인간의 두뇌가 수많은 데이터 속에서 패턴을 발견한 뒤 사물을 구현하는 정보 처리 방식을 모방해 컴퓨터가 사물을 분별하는 것이에요.

머신러닝은 스스로 결과를 찾아내면서 능력을 향상시키고, 딥러닝은 인공신경망을 이용하여 연관 관계를 파악한답니다.

아빠!
콧수염 박사님이!

하하, 박사님,
오래 기다리셨지요?
갑자기 급한 전화가 오는 바람에…
죄송합니다.

연구소의 물품
보안실도 엉망이고 수상한
사람이 있어서 확인 차
연락했다고 하더라고요.

$#%&*@
$#**#(%*

그… 그렇습니까?
하하하…

빨리 이 자리를
피해야겠구나.

박사님,
배고프실 텐데 어서
식사하시죠.

차린 게 많지
않아서 죄송하네요.

아닙니다.
이 정도면 진수성찬이죠.
잘 먹겠습니다.

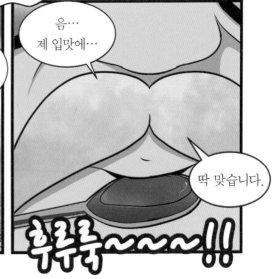

음…
제 입맛에…

딱 맞습니다.

후루룹~~~!!

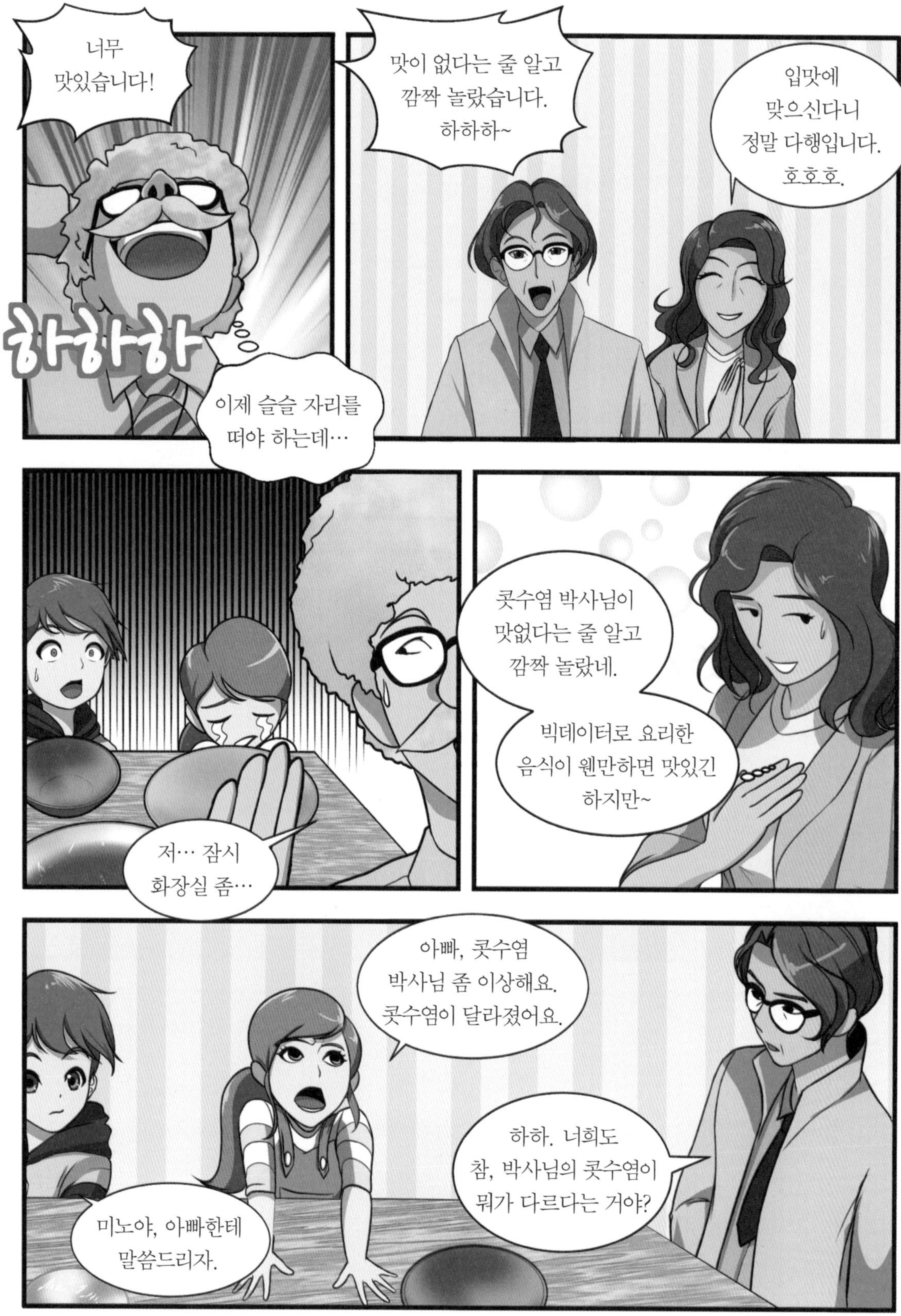

너무 맛있습니다!
하하하
이제 슬슬 자리를 떠야 하는데…
맛이 없다는 줄 알고 깜짝 놀랐습니다. 하하하~
입맛에 맞으신다니 정말 다행입니다. 호호호.
저… 잠시 화장실 좀…
콧수염 박사님이 맛없다는 줄 알고 깜짝 놀랐네.
빅데이터로 요리한 음식이 웬만하면 맛있긴 하지만~
아빠, 콧수염 박사님 좀 이상해요. 콧수염이 달라졌어요.
하하. 너희도 참, 박사님의 콧수염이 뭐가 다르다는 거야?
미노야, 아빠한테 말씀드리자.

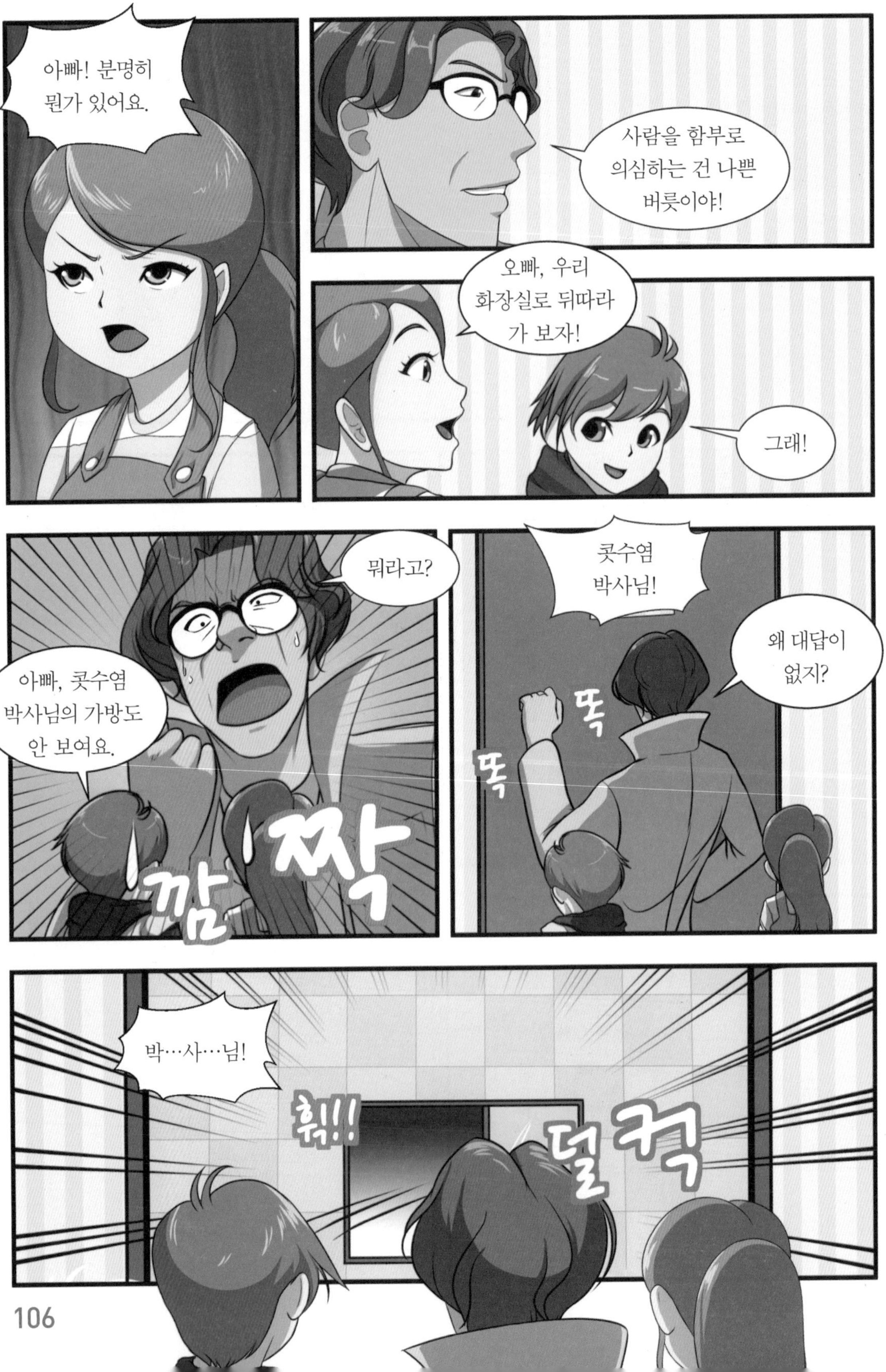
아빠! 분명히 뭔가 있어요.
사람을 함부로 의심하는 건 나쁜 버릇이야!
오빠, 우리 화장실로 뒤따라 가 보자!
그래!
뭐라고?
아빠, 콧수염 박사님의 가방도 안 보여요.
깜짝
콧수염 박사님!
왜 대답이 없지?
똑
똑
박…사…님!
휙!!
덜컥

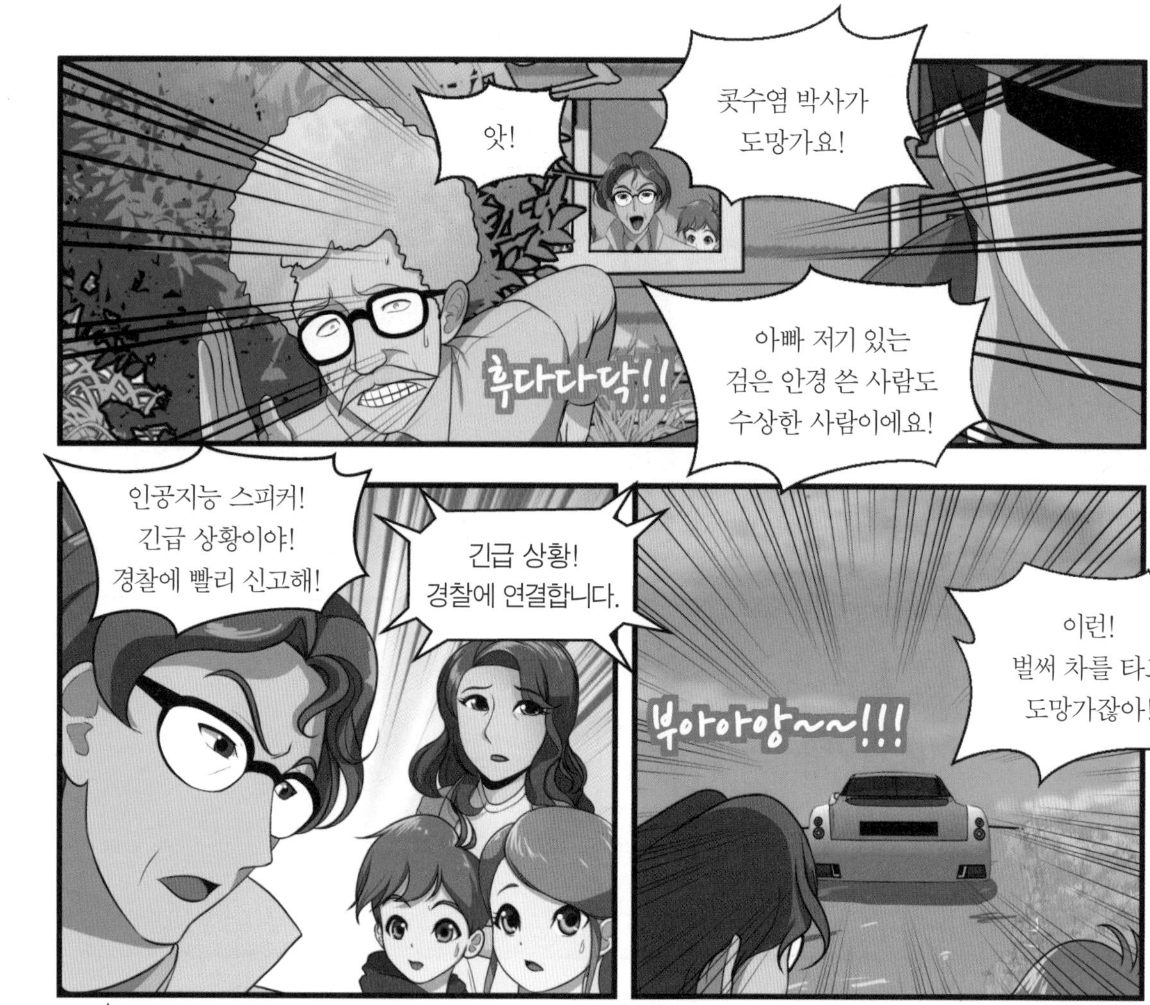
앗!
콧수염 박사가 도망가요!
후다다닥!!
아빠 저기 있는 검은 안경 쓴 사람도 수상한 사람이에요!
인공지능 스피커! 긴급 상황이야! 경찰에 빨리 신고해!
긴급 상황! 경찰에 연결합니다.
부아아앙~~!!!
이런! 벌써 차를 타고 도망가잖아!

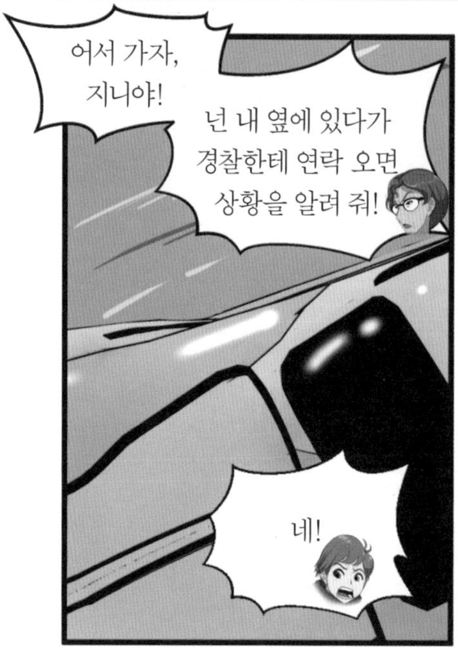
어서 가자, 지니야!
넌 내 옆에 있다가 경찰한테 연락 오면 상황을 알려 줘!
네!

인공지능 스피커

인공지능 스피커는 인공지능 알고리즘을 이용해 사용자와 음성으로 의사소통을 해요. 인공지능 스피커를 이용하면 음성인식을 통해 집안의 기기를 목소리만으로 간편하게 조종할 수 있지요.
인공지능 스피커는 다양한 장점이 있지만, 몇 마디만으로도 원하는 정보를 얻을 수 있다는 점이 가장 좋아요. 스마트폰의 잠금을 해제하고, 인터넷 브라우저를 열고, 검색어를 일일이 입력하지 않아도 되지요. 인공지능 스피커는 미래의 기본 검색 수단이 될 가능성이 높다고 해요.

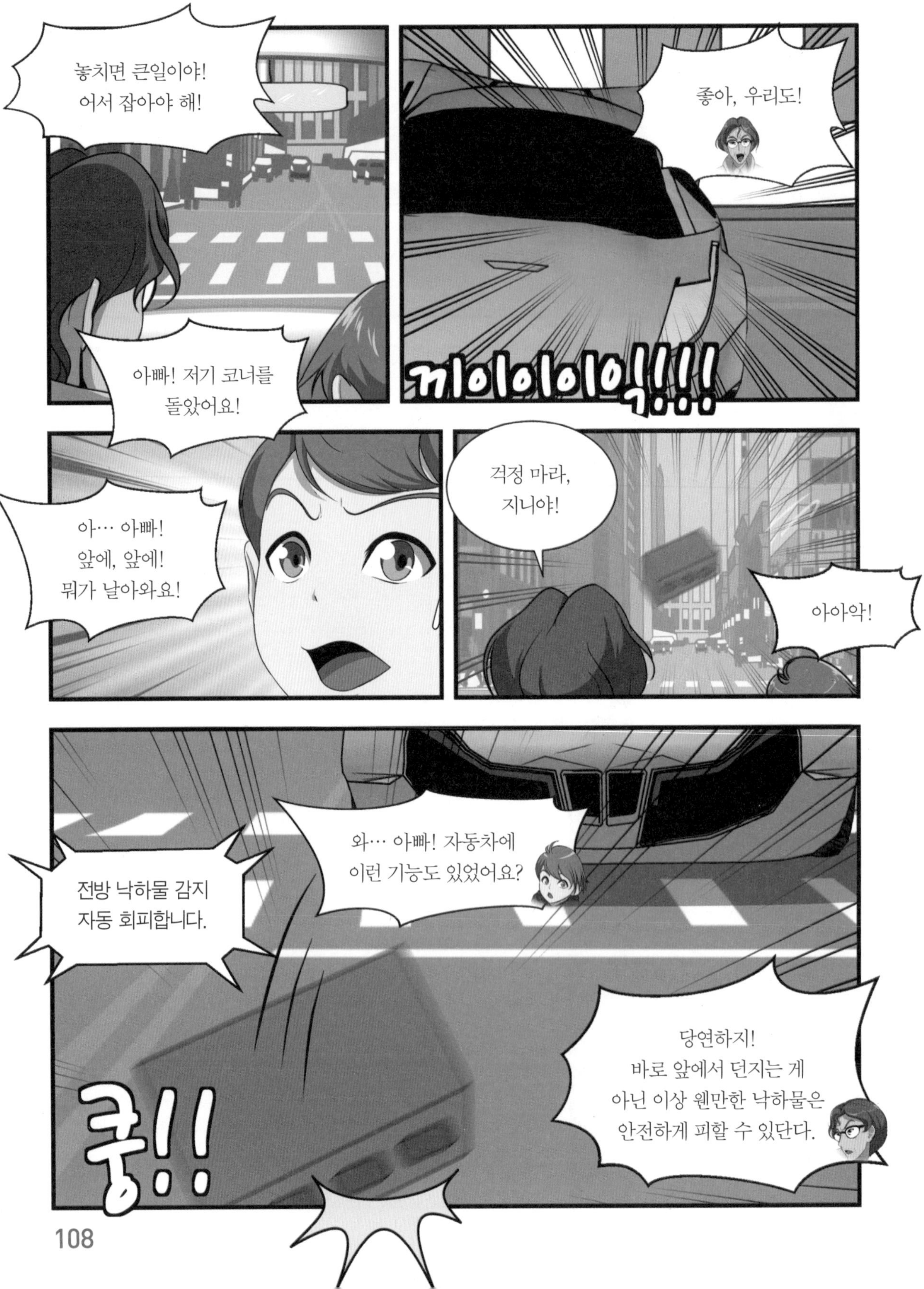

놓치면 큰일이야! 어서 잡아야 해!
아빠! 저기 코너를 돌았어요!
좋아, 우리도!
끼이이이이익!!!!
아… 아빠! 앞에, 앞에! 뭐가 날아와요!
걱정 마라, 지니야!
아아악!
전방 낙하물 감지 자동 회피합니다.
와… 아빠! 자동차에 이런 기능도 있었어요?
당연하지! 바로 앞에서 던지는 게 아닌 이상 웬만한 낙하물은 안전하게 피할 수 있단다.
쿵!!

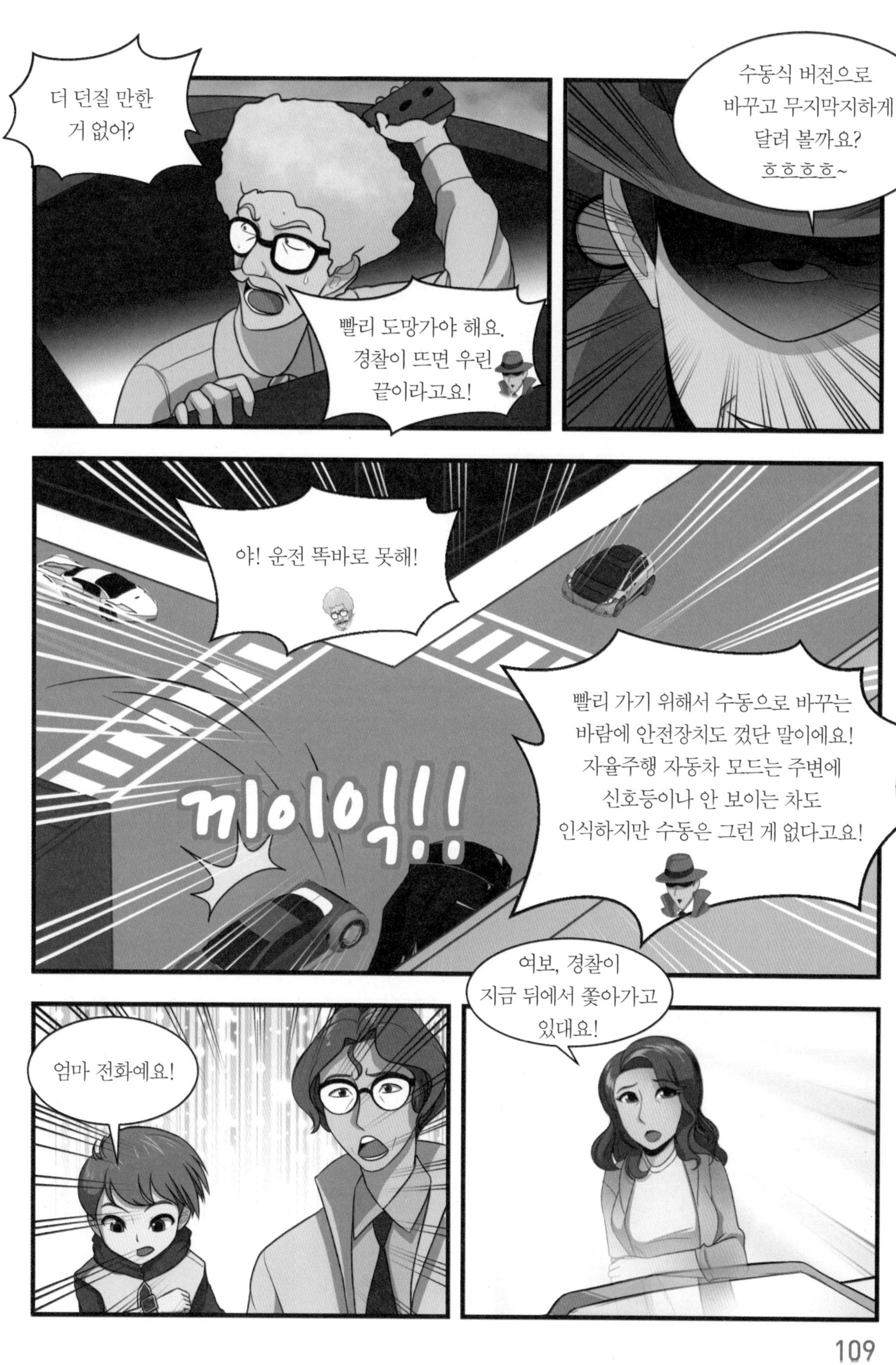

더 던질 만한 거 없어?
빨리 도망가야 해요. 경찰이 뜨면 우린 끝이라고요!
수동식 버전으로 바꾸고 무지막지하게 달려 볼까요? 흐흐흐흐~
야! 운전 똑바로 못해!
빨리 가기 위해서 수동으로 바꾸는 바람에 안전장치도 껐단 말이에요! 자율주행 자동차 모드는 주변에 신호등이나 안 보이는 차도 인식하지만 수동은 그런 게 없다고요!
끼이익!!
엄마 전화예요!
여보, 경찰이 지금 뒤에서 쫓아가고 있대요!

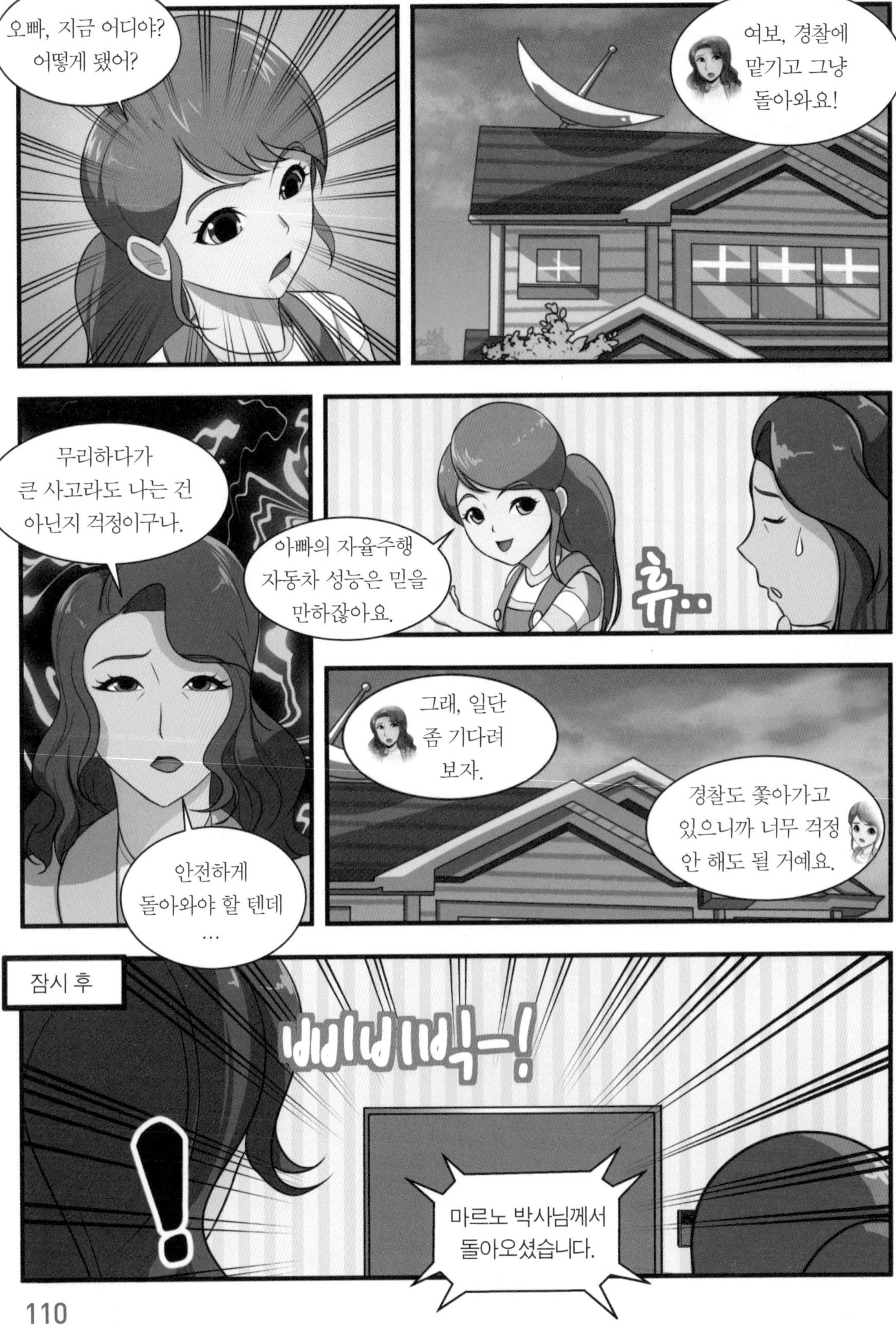
오빠, 지금 어디야? 어떻게 됐어?
여보, 경찰에 맡기고 그냥 돌아와요!
무리하다가 큰 사고라도 나는 건 아닌지 걱정이구나.
안전하게 돌아와야 할 텐데…
아빠의 자율주행 자동차 성능은 믿을 만하잖아요.
휴…
그래, 일단 좀 기다려 보자.
경찰도 쫓아가고 있으니까 너무 걱정 안 해도 될 거예요.
잠시 후
삐비비비빅-!
!
마르노 박사님께서 돌아오셨습니다.

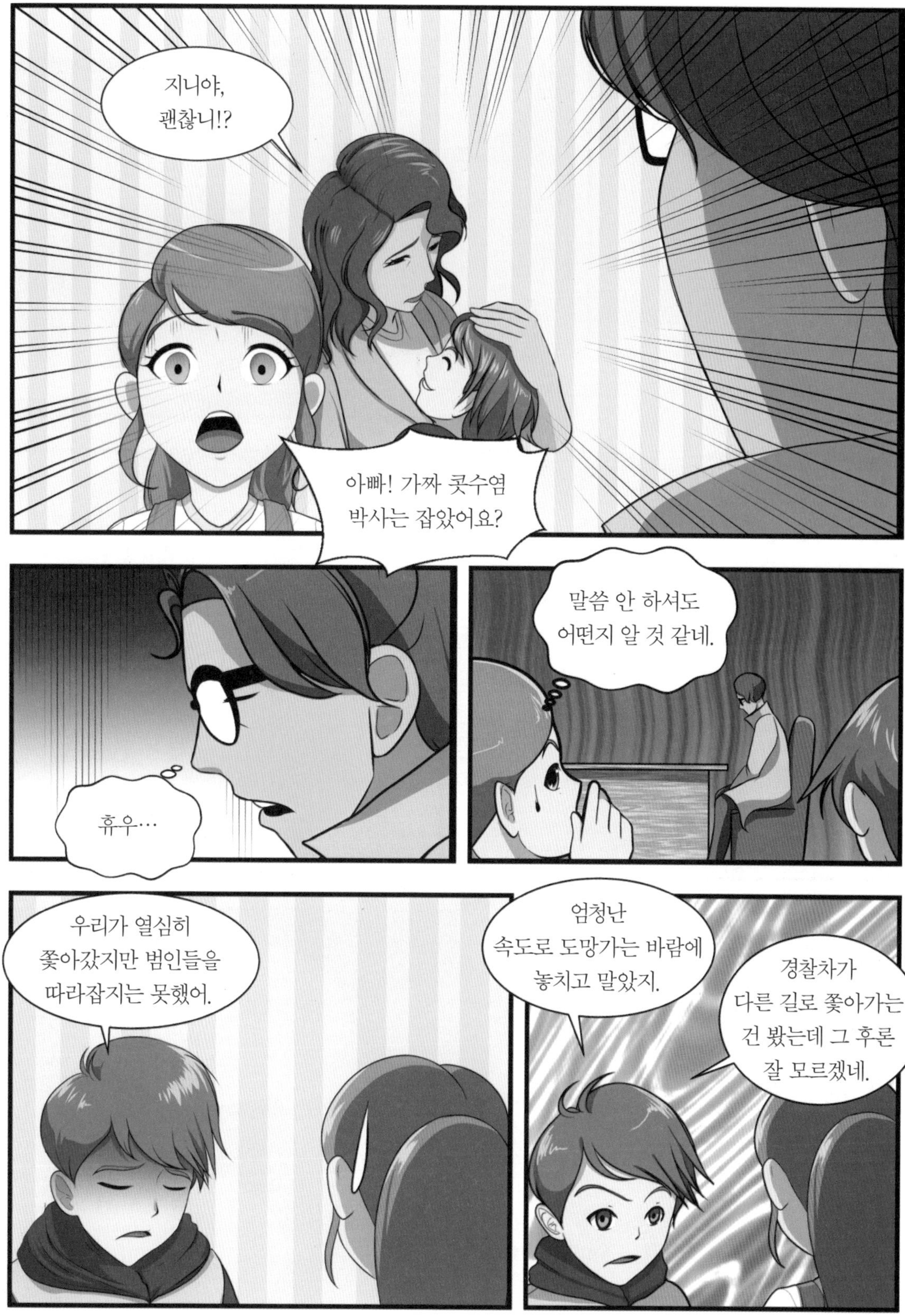
지니야,
괜찮니!?
아빠! 가짜 콧수염
박사는 잡았어요?
휴우…
말씀 안 하셔도
어떤지 알 것 같네.
우리가 열심히
쫓아갔지만 범인들을
따라잡지는 못했어.
엄청난
속도로 도망가는 바람에
놓치고 말았지.
경찰차가
다른 길로 쫓아가는
건 봤는데 그 후론
잘 모르겠네.

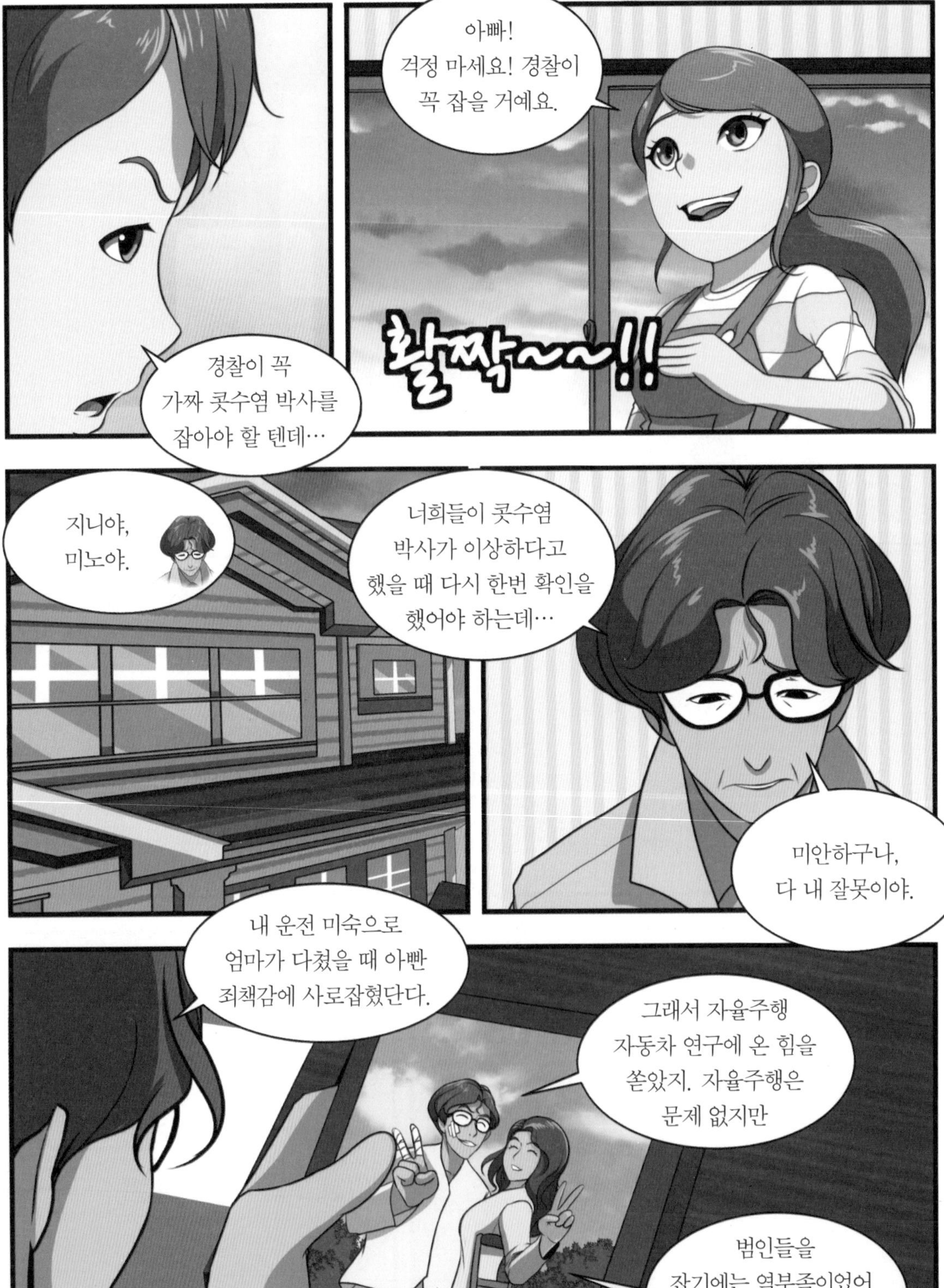
아빠!
걱정 마세요! 경찰이 꼭 잡을 거예요.
활짝~~!!
경찰이 꼭 가짜 콧수염 박사를 잡아야 할 텐데…
지니야, 미노야.
너희들이 콧수염 박사가 이상하다고 했을 때 다시 한번 확인을 했어야 하는데…
미안하구나, 다 내 잘못이야.
내 운전 미숙으로 엄마가 다쳤을 때 아빤 죄책감에 사로잡혔단다.
그래서 자율주행 자동차 연구에 온 힘을 쏟았지. 자율주행은 문제 없지만
범인들을 잡기에는 역부족이었어. 내 연구가 아직도 많이 부족한 것 같구나.

그런 말씀하지 마세요.

아빠답지 않아요!

그래, 알았다.

기운 내세요!

그나저나 메모리 카드를 꼭 찾아야 할 텐데…

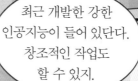

최근 개발한 강한 인공지능이 들어 있단다. 창조적인 작업도 할 수 있지.

그 메모리 카드에는 뭐가 들어 있어요?

그런 인공지능은 잘못하면 사람들에게 위험할 수도 있어.

왜요?

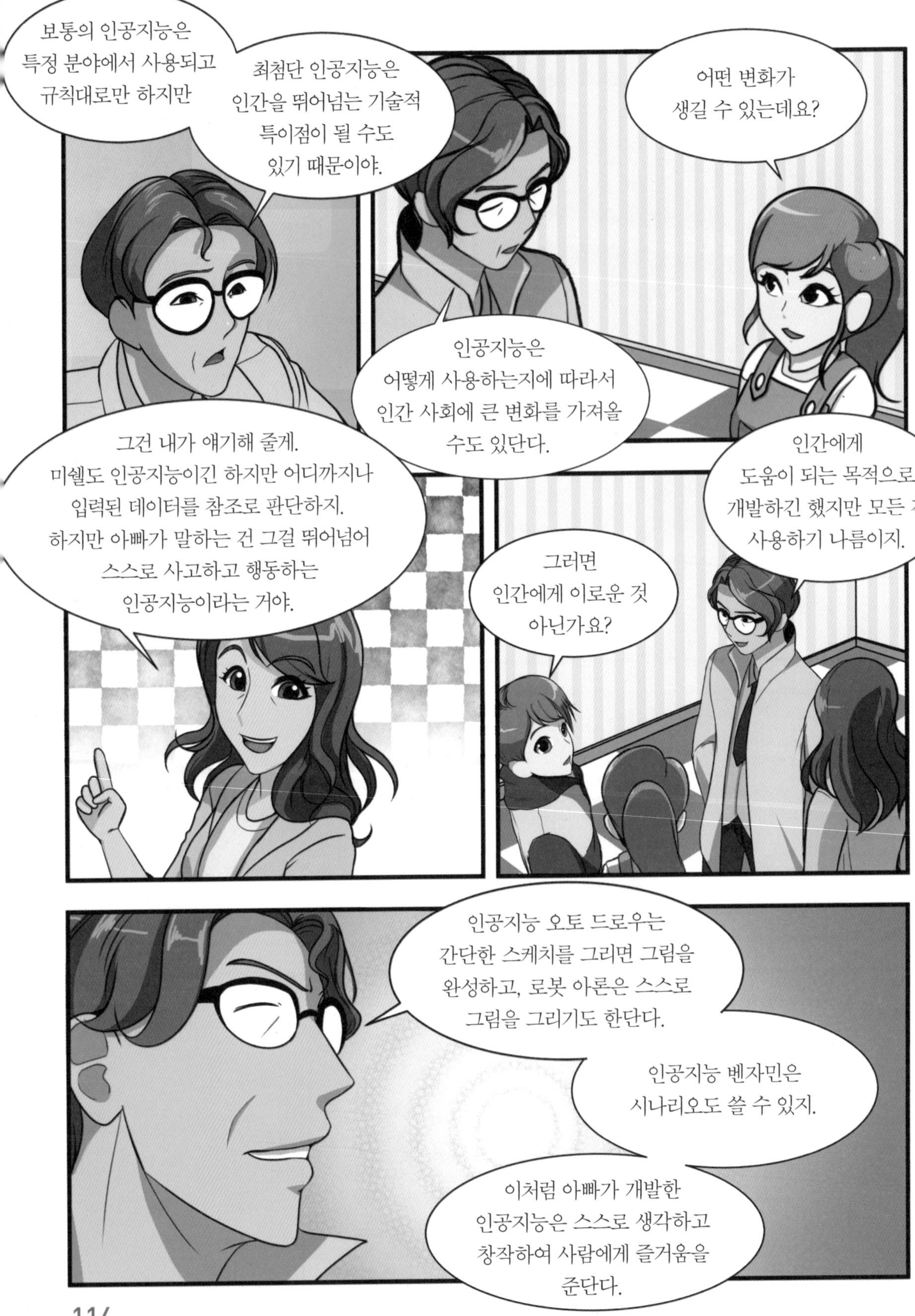

보통의 인공지능은 특정 분야에서 사용되고 규칙대로만 하지만
최첨단 인공지능은 인간을 뛰어넘는 기술적 특이점이 될 수도 있기 때문이야.
어떤 변화가 생길 수 있는데요?
인공지능은 어떻게 사용하는지에 따라서 인간 사회에 큰 변화를 가져올 수도 있단다.
그건 내가 얘기해 줄게. 미쉘도 인공지능이긴 하지만 어디까지나 입력된 데이터를 참조로 판단하지. 하지만 아빠가 말하는 건 그걸 뛰어넘어 스스로 사고하고 행동하는 인공지능이라는 거야.
인간에게 도움이 되는 목적으로 개발하긴 했지만 모든 건 사용하기 나름이지.
그러면 인간에게 이로운 것 아닌가요?
인공지능 오토 드로우는 간단한 스케치를 그리면 그림을 완성하고, 로봇 아론은 스스로 그림을 그리기도 한단다.
인공지능 벤자민은 시나리오도 쓸 수 있지.
이처럼 아빠가 개발한 인공지능은 스스로 생각하고 창작하여 사람에게 즐거움을 준단다.

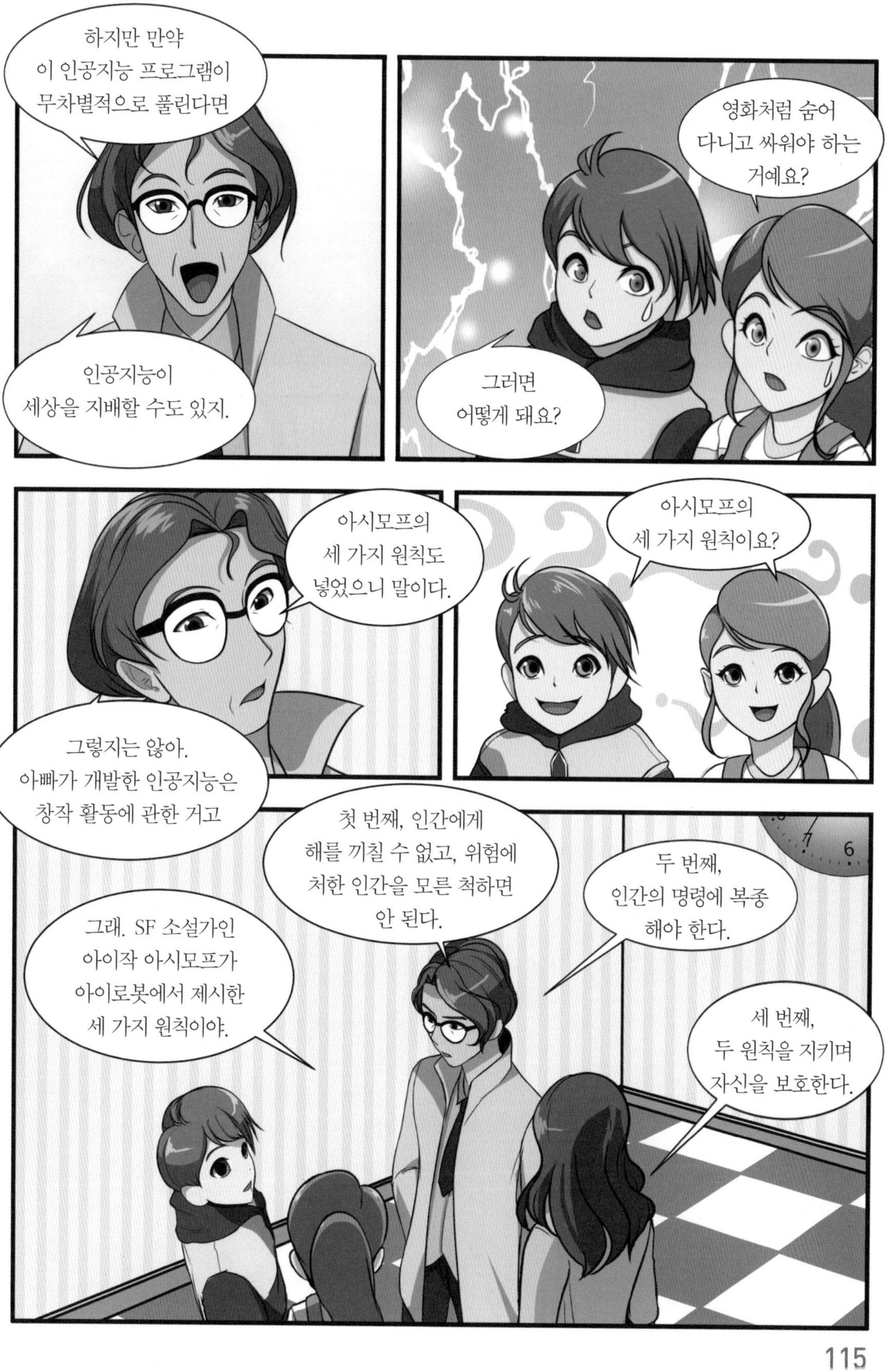

하지만 만약 이 인공지능 프로그램이 무차별적으로 풀린다면
인공지능이 세상을 지배할 수도 있지.
영화처럼 숨어 다니고 싸워야 하는 거예요?
그러면 어떻게 돼요?
아시모프의 세 가지 원칙도 넣었으니 말이다.
그렇지는 않아. 아빠가 개발한 인공지능은 창작 활동에 관한 거고
아시모프의 세 가지 원칙이요?
그래. SF 소설가인 아이작 아시모프가 아이로봇에서 제시한 세 가지 원칙이야.
첫 번째, 인간에게 해를 끼칠 수 없고, 위험에 처한 인간을 모른 척하면 안 된다.
두 번째, 인간의 명령에 복종해야 한다.
세 번째, 두 원칙을 지키며 자신을 보호한다.

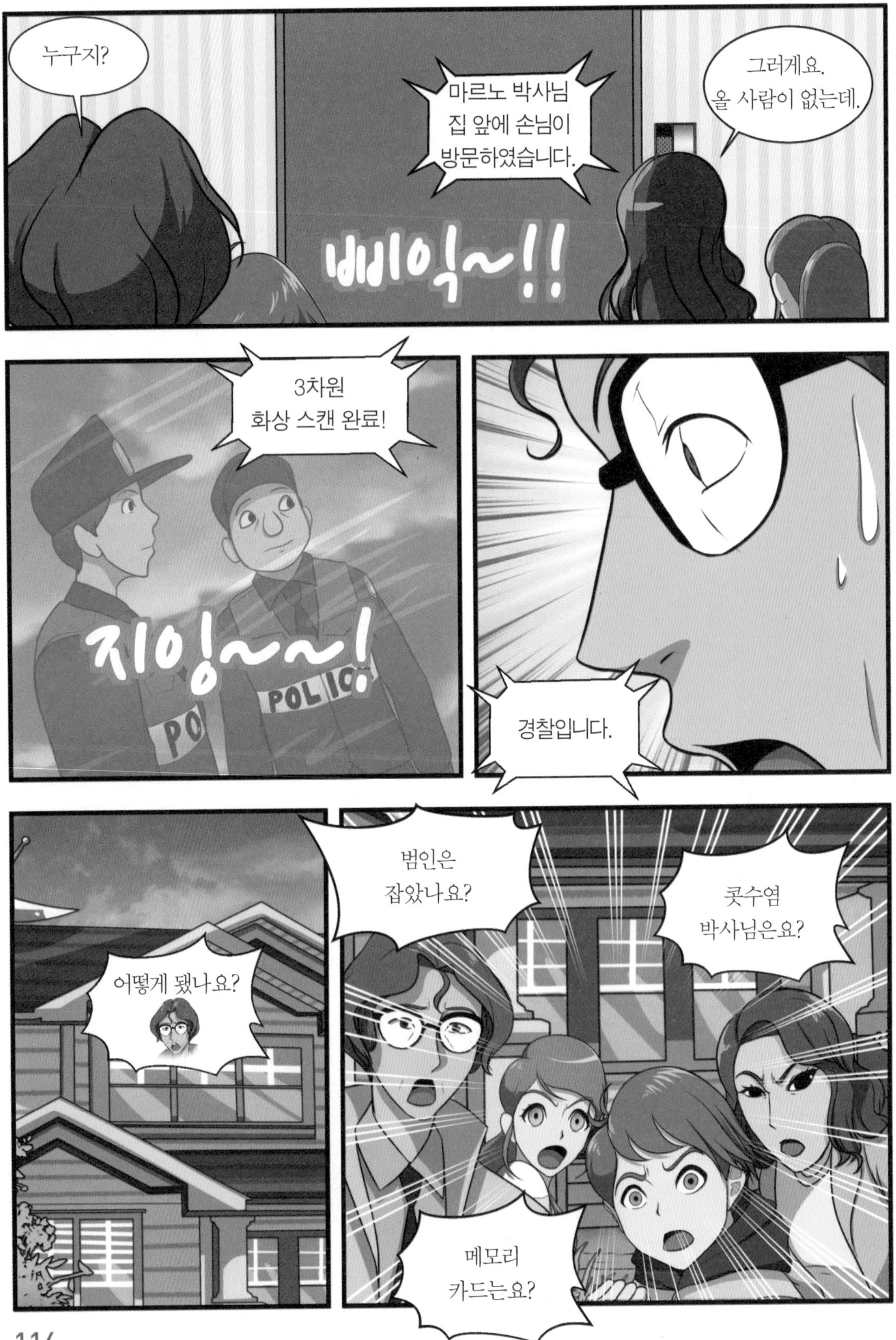
누구지?
마르노 박사님 집 앞에 손님이 방문하였습니다.
그러게요. 올 사람이 없는데.
삐이익~!!
3차원 화상 스캔 완료!
지잉~~~!
POLICE
경찰입니다.
어떻게 됐나요?
범인은 잡았나요?
콧수염 박사님은요?
메모리 카드는요?

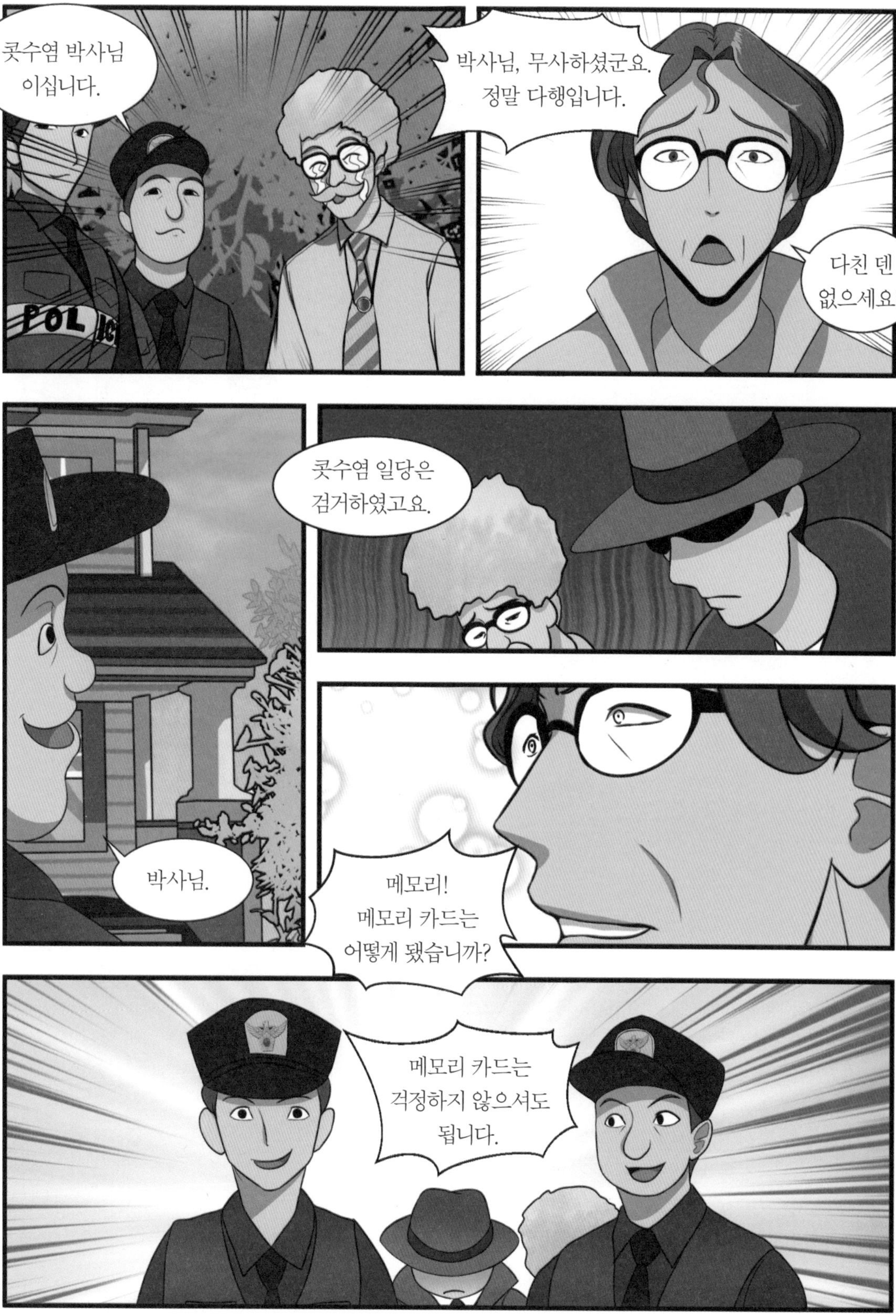
콧수염 박사님 이십니다.
박사님, 무사하셨군요. 정말 다행입니다.
다친 덴 없으세요?
POL
박사님.
콧수염 일당은 검거하였고요.
메모리! 메모리 카드는 어떻게 됐습니까?
메모리 카드는 걱정하지 않으셔도 됩니다.

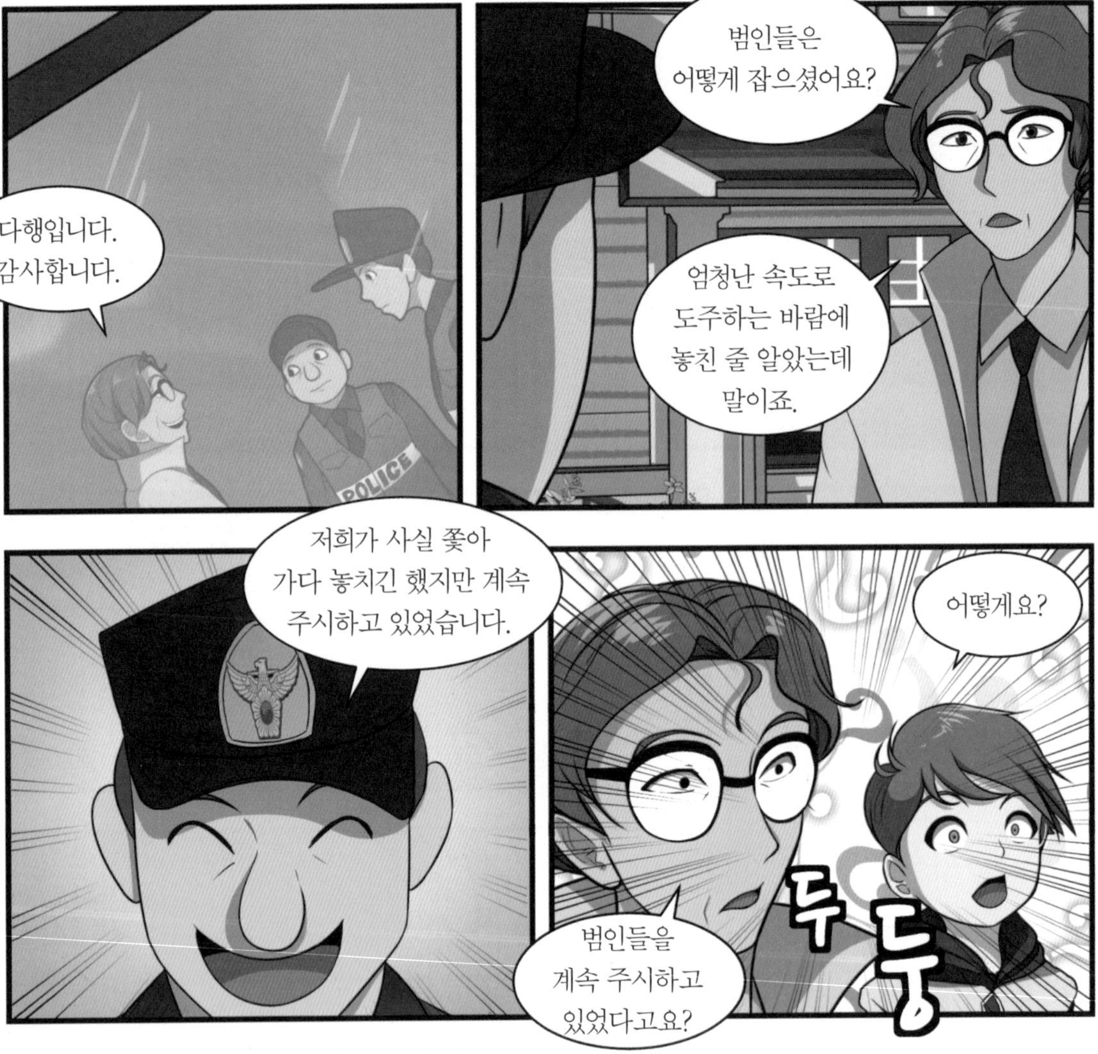
다행입니다.
감사합니다.
범인들은 어떻게 잡으셨어요?
엄청난 속도로 도주하는 바람에 놓친 줄 알았는데 말이죠.
POLICE
저희가 사실 쫓아 가다 놓치긴 했지만 계속 주시하고 있었습니다.
어떻게요?
범인들을 계속 주시하고 있었다고요?
두둥

인공지능과 추적 시스템

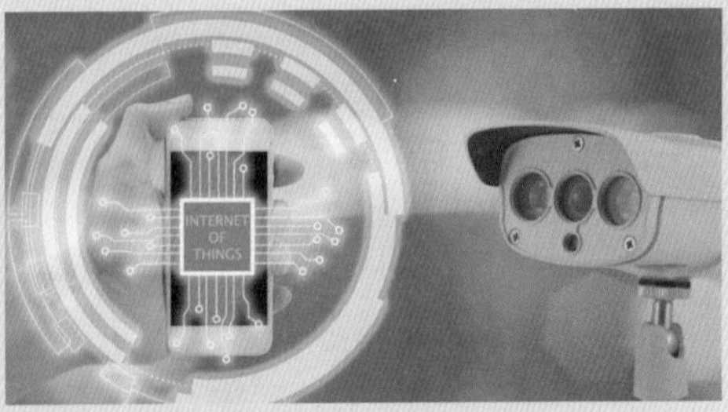
INTERNET OF THINGS

인공지능과 범죄, 사고 예방 시스템은 떼어 놓을 수 없는 관계예요. 미국의 엔비디아(그래픽칩 제조 회사)가 인공지능 CCTV 분야 개발에 박차를 가하고 있고, 일본의 미쓰비시 그룹도 위험물 소지자를 자동 파악하는 기술을 개발하고 있어요.
한국전자통신연구원은 클라우드, 딥러닝 기반의 CCTV를 개발해 사람, 차량, 물건 등 원하는 것을 추적하는 기술을 내놓았지요. 또한 많은 인파 속에서 미아, 범죄자 등의 특정 사람을 찾을 수 있는 프로그램을 연구하고 있답니다. 머지않은 미래에 범인을 찾고 추적하는 CCTV는 우리 생활을 더욱 안전하게 지켜 줄 것입니다.

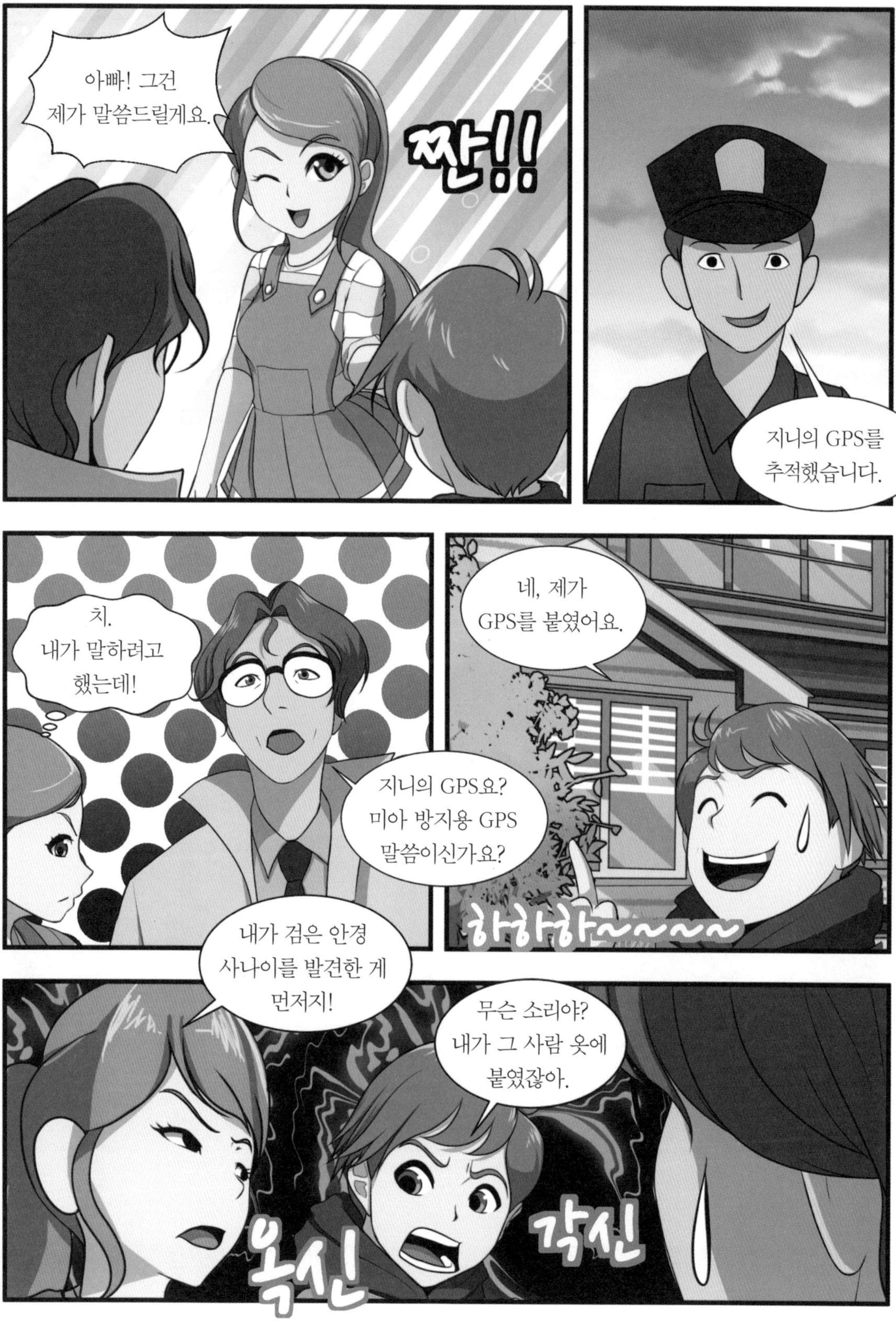
아빠! 그건
제가 말씀드릴게요.
짠!!
지니의 GPS를
추적했습니다.
치.
내가 말하려고
했는데!
지니의 GPS요?
미아 방지용 GPS
말씀이신가요?
네, 제가
GPS를 붙였어요.
하하하~~~~
내가 검은 안경
사나이를 발견한 게
먼저지!
무슨 소리야?
내가 그 사람 옷에
붙였잖아.
옥신
각신

움직이는 횡단보도

영국 런던에는 아주 특별한 횡단보도가 있어요. 스타트업 '엄브렐리움(Umbrellium)'이 개발한 인공지능 횡단보도예요.

평소엔 차들이 다니는 도로일 뿐 바닥에 횡단보도임을 나타내는 하얀색 줄무늬가 없어요. 그런데 길을 건너기 위해 사람이 정해진 보도의 표시 지역에 서면 도로 위에 횡단보도를 나타내는 하얀줄이 나타나요. 또 자동차 앞에는 정지선이 표시되고요.

출퇴근 시간처럼 사람이 많이 건널 때는 횡단보도의 폭이 넓어지기도 해요. 바닥 폭이 7.5m에서 23m까지 줄었다 늘었다 하는 것이지요. 바닥에 발광다이오드(LED) 전구가 심어져 있어 길을 건너는 사람의 수가 많고 적음에 따라 자동으로 그 폭을 조절하는 것이에요. 사람이 대각선으로 횡단하면 그것에 맞게 대각선 모양의 횡단보도를 표시하기도 해요. 사람이 길을 다 건너면 횡단보도 표시가 없어지고 차가 다니는 도로가 된답니다.

'스탈링 크로싱'(Starling Crossing)이라고 불리는 이 횡단보도는 보행자의 행동과 주변 환경 변화를 인지해 반영하는 스마트한 횡단보도예요. 2017년 10월부터 영국의 남부 런던 지역에서 시범 운영을 하고 있는데 반응이 아주 좋다고 해요.

움직이는 횡단보도

스마트폰을 보면서 길을 건너는 사람이 있거나 도로에 갑자기 사람이 뛰어들면 빨간색으로 횡단보도 표시를 나타내 운전자에게 위험 상황을 알려요.

비가 오는 날에는 횡단보도 표식이 더 밝게 빛나고 주변 LED 전등도 켜지지요. 이처럼 스탈링 크로싱은 철저하게 보행자의 안전에 중심을 둔 시스템이에요. 횡단보도 주변에 설치된 카메라에 수집된 영상을 컴퓨터가 신경망 학습으로 분석함으로써 가능한 일이지요. 카메라는 도로를 가로질러 움직이는 물체를 추적하고, 보행자와 차량을 구별해요. 또 정확한 위치와 궤적, 속도 등을 계산해 이에 맞는 횡단보도 표시를 만들어 낸답니다.

인공지능 횡단보도 – 스탈링 크로싱

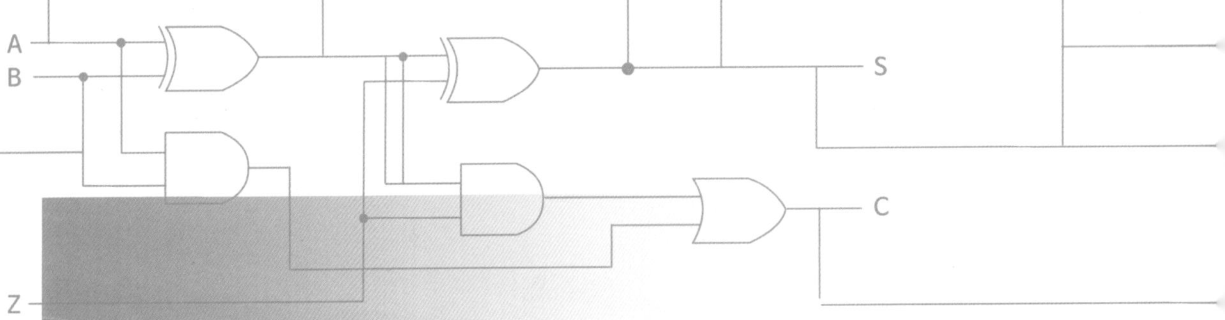
A
B
S
C
Z

가짜 콧수염 박사를 체포하라

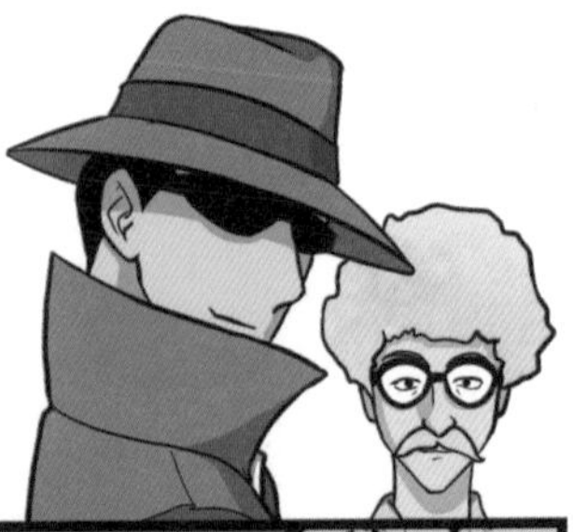

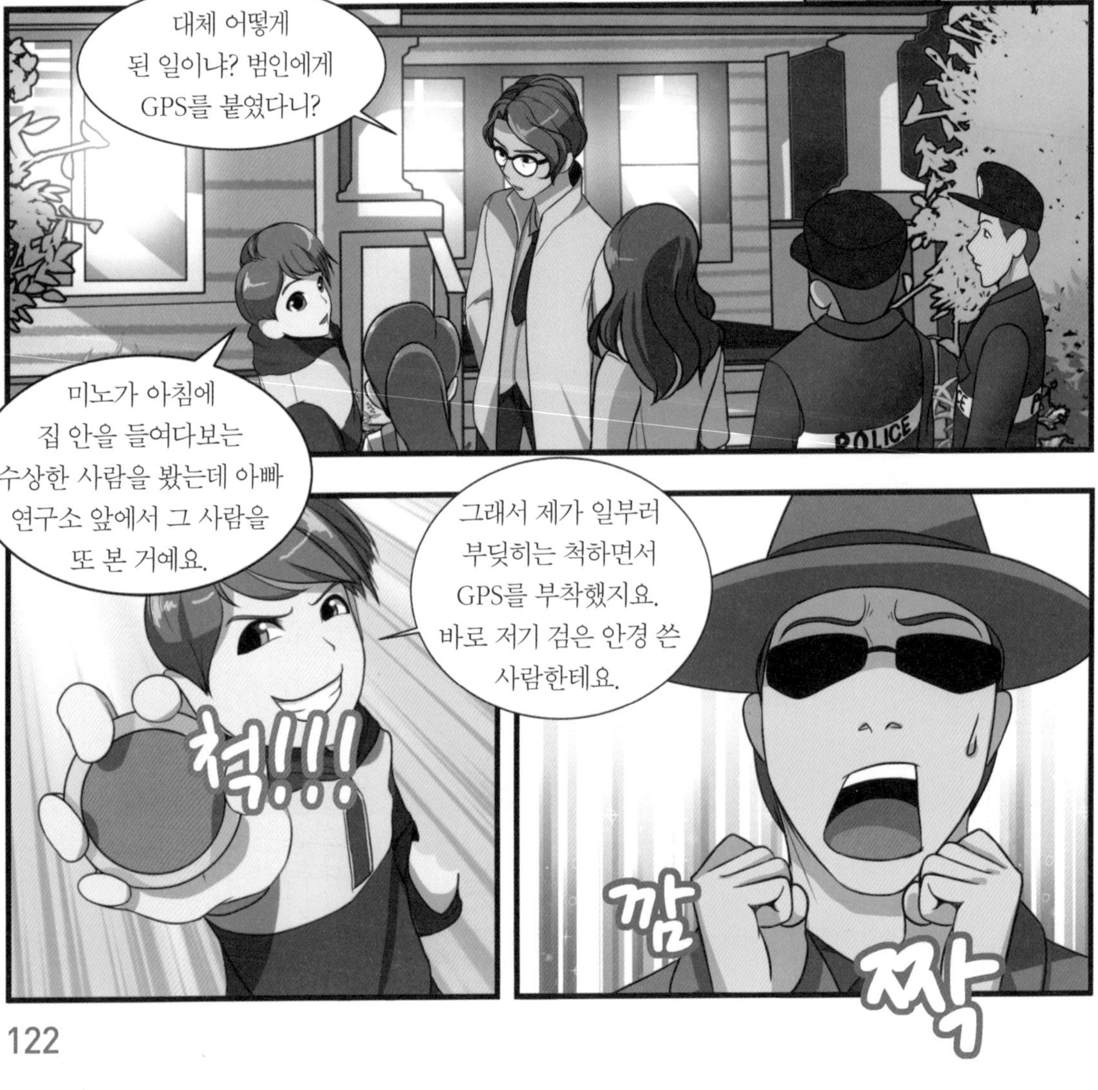
대체 어떻게 된 일이냐? 범인에게 GPS를 붙였다니?
미노가 아침에 집 안을 들여다보는 수상한 사람을 봤는데 아빠 연구소 앞에서 그 사람을 또 본 거예요.
POLICE
그래서 제가 일부러 부딪히는 척하면서 GPS를 부착했지요. 바로 저기 검은 안경 쓴 사람한테요.
척!!!
깜
짝

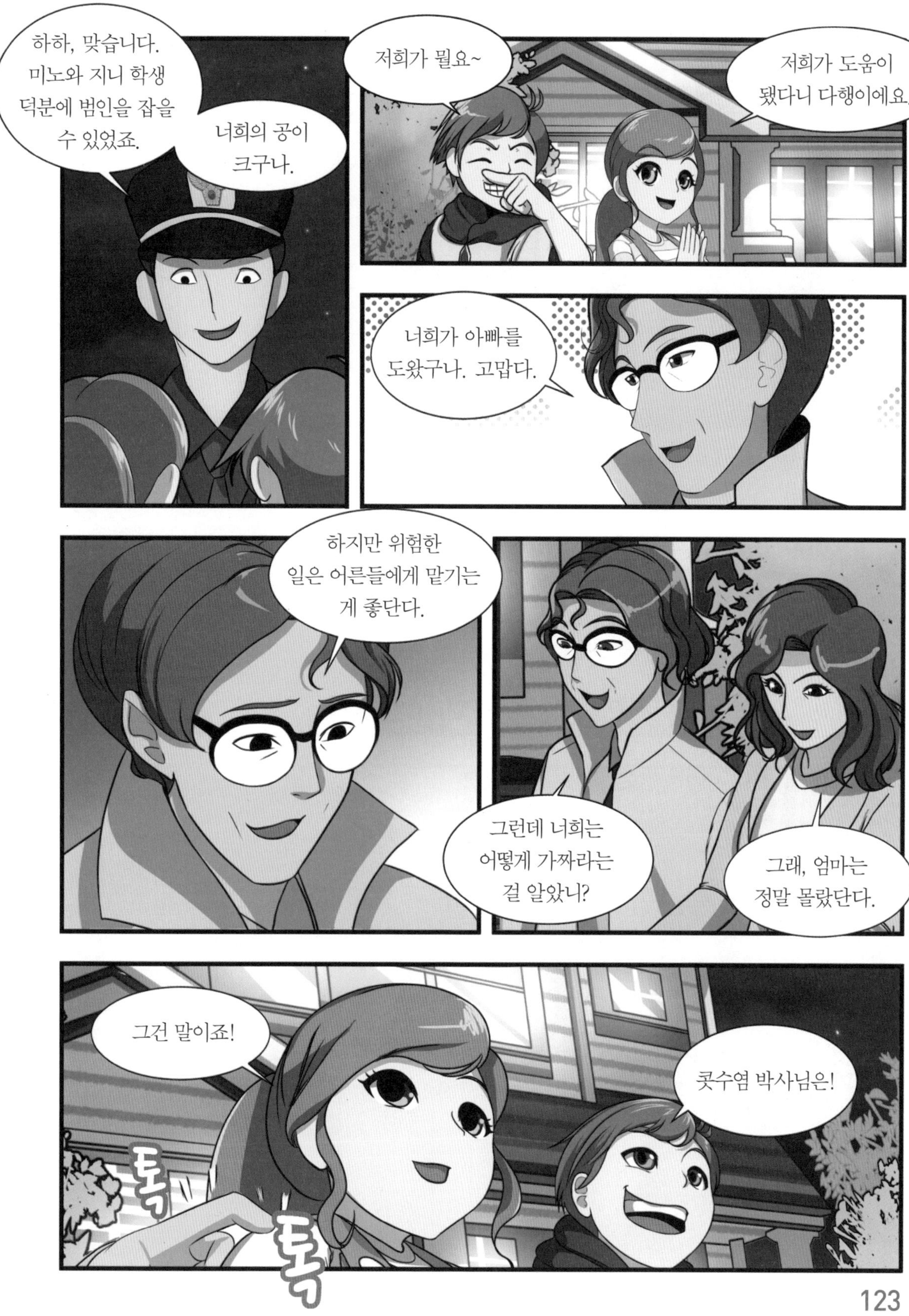
하하, 맞습니다. 미노와 지니 학생 덕분에 범인을 잡을 수 있었죠.
너희의 공이 크구나.
저희가 뭘요~
저희가 도움이 됐다니 다행이에요.
너희가 아빠를 도왔구나. 고맙다.
하지만 위험한 일은 어른들에게 맡기는 게 좋단다.
그런데 너희는 어떻게 가짜라는 걸 알았니?
그래, 엄마는 정말 몰랐단다.
그건 말이죠!
콧수염 박사님은!
톡
톡

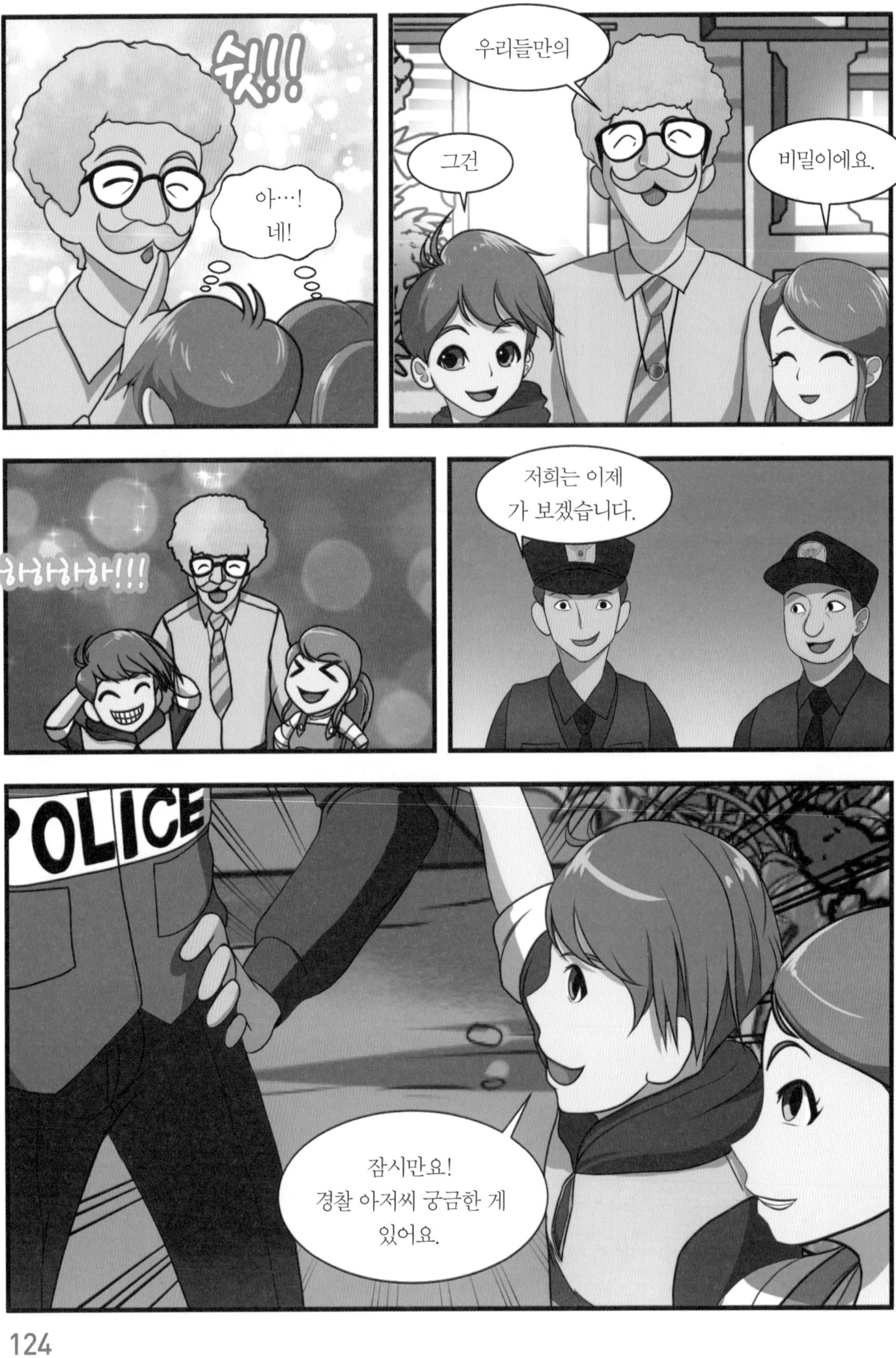
쉿!!
아…!
네!
우리들만의
그건
비밀이에요.
하하하하하!!!
저희는 이제
가 보겠습니다.
POLICE
잠시만요!
경찰 아저씨 궁금한 게
있어요.

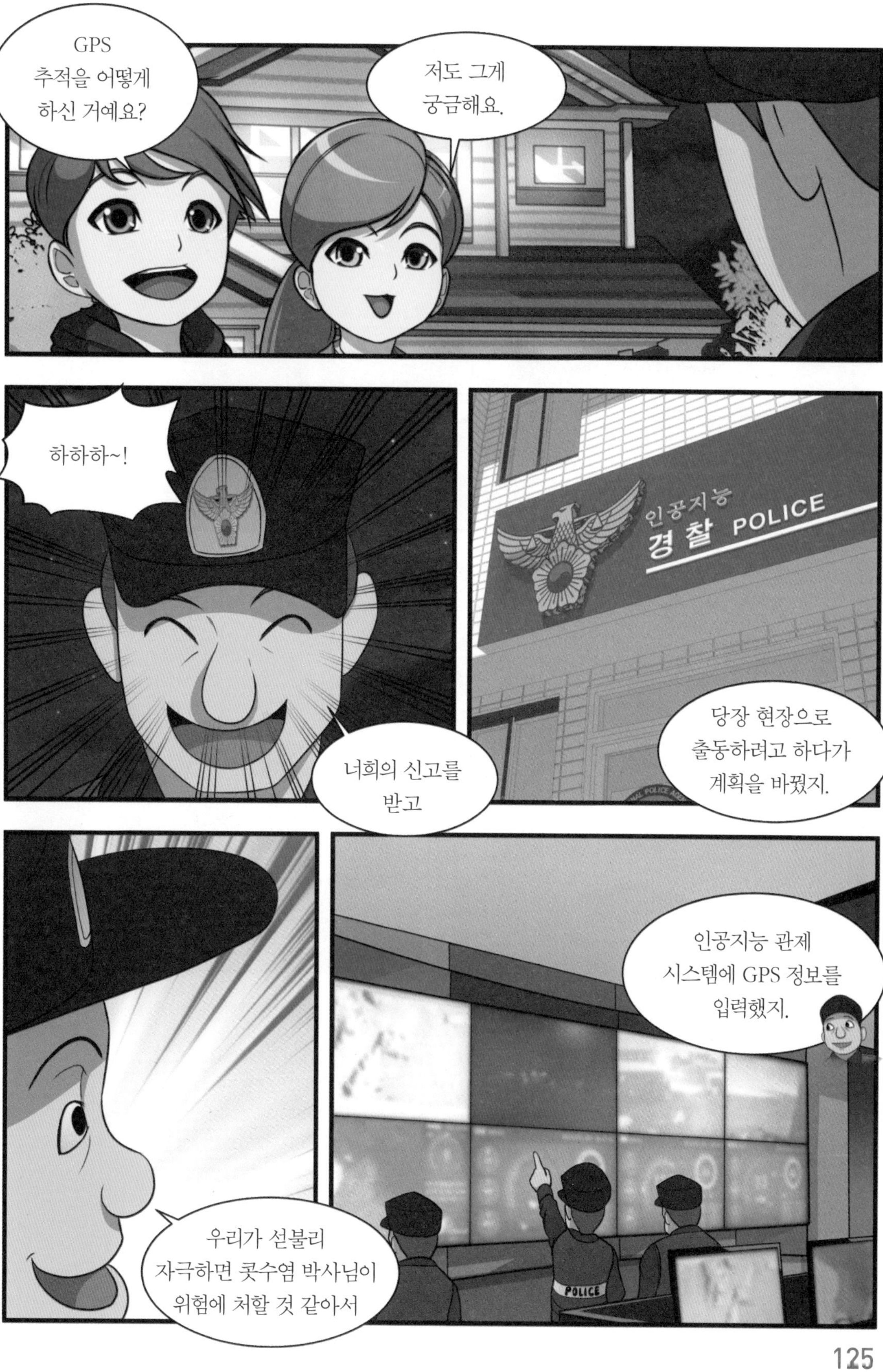
GPS 추적을 어떻게 하신 거예요?
저도 그게 궁금해요.
하하하~!
인공지능 경찰 POLICE
너희의 신고를 받고
당장 현장으로 출동하려고 하다가 계획을 바꿨지.
인공지능 관제 시스템에 GPS 정보를 입력했지.
우리가 섣불리 자극하면 콧수염 박사님이 위험에 처할 것 같아서
POLICE

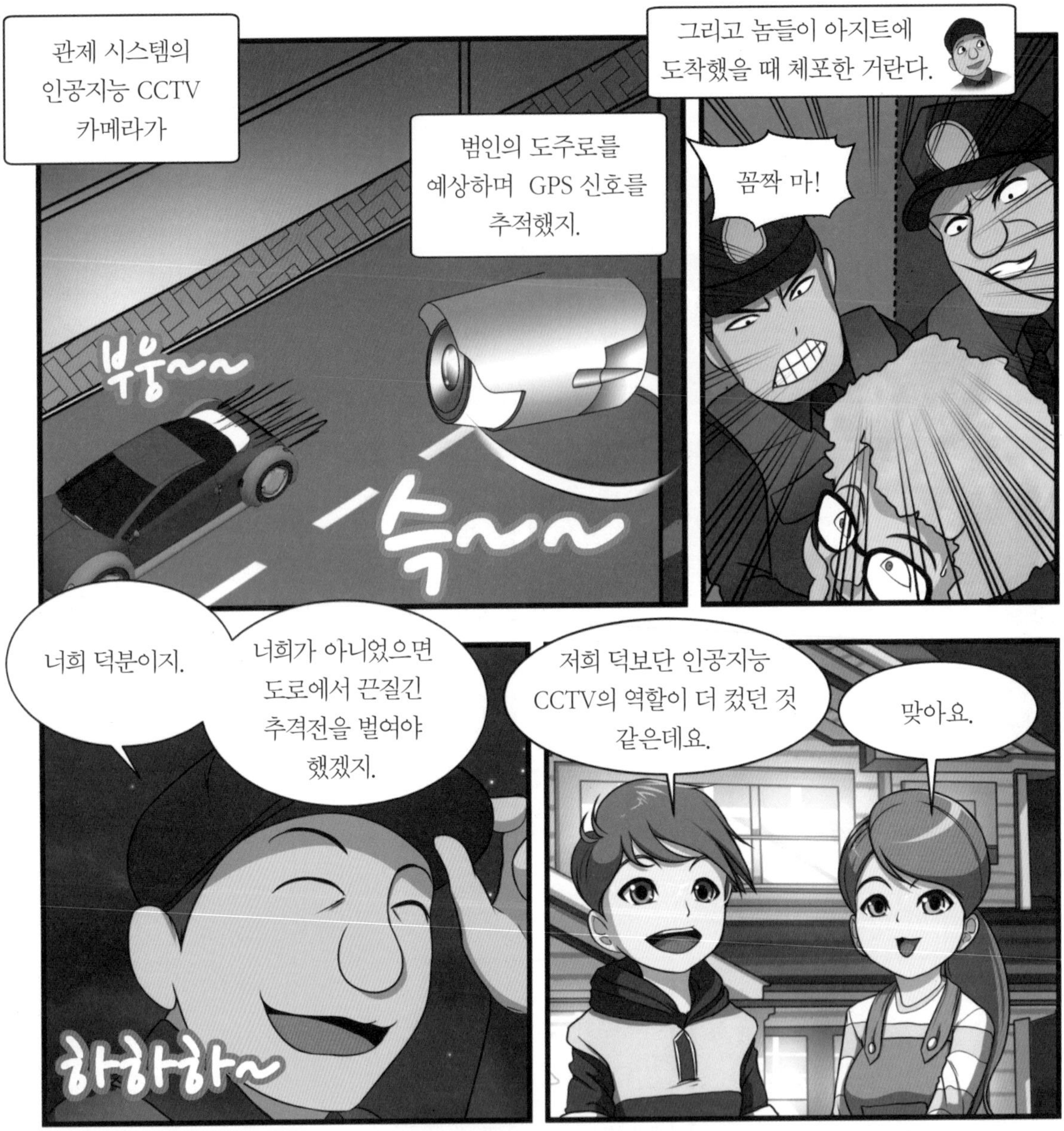
관제 시스템의
인공지능 CCTV
카메라가
범인의 도주로를
예상하며 GPS 신호를
추적했지.
부웅~~
슥~~~
그리고 놈들이 아지트에
도착했을 때 체포한 거란다.
꼼짝 마!
너희 덕분이지.
너희가 아니었으면
도로에서 끈질긴
추격전을 벌여야
했겠지.
하하하~
저희 덕보단 인공지능
CCTV의 역할이 더 컸던 것
같은데요.
맞아요.

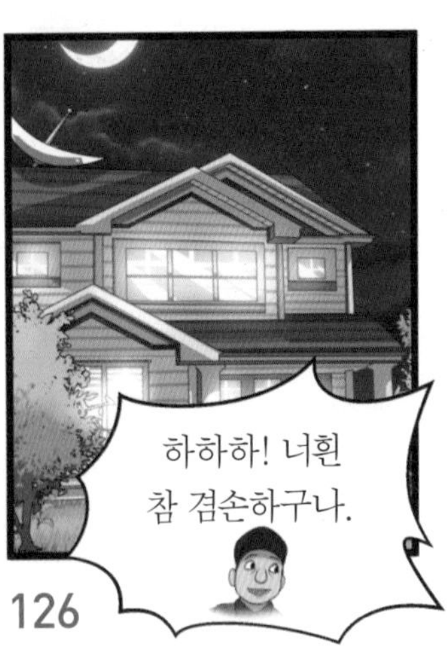
하하하! 너흰
참 겸손하구나.

인공지능 CCTV와 범죄 예방

인공지능 CCTV는 어두운 골목길, 인적이 드문 장소 등에서 일어나는 범죄를 미리 예상하고 추적하여 범죄를 예방해요. 소리 발생 자동 감지, 음원 방향 감지, 고성능 카메라 등의 첨단 장비가 계속 발전하고 있어요. 앞으로는 비명과 도움을 요청하는 소리를 감지하여 자동으로 신고와 경고음을 내보내는 인공지능 CCTV가 등장할 거예요.

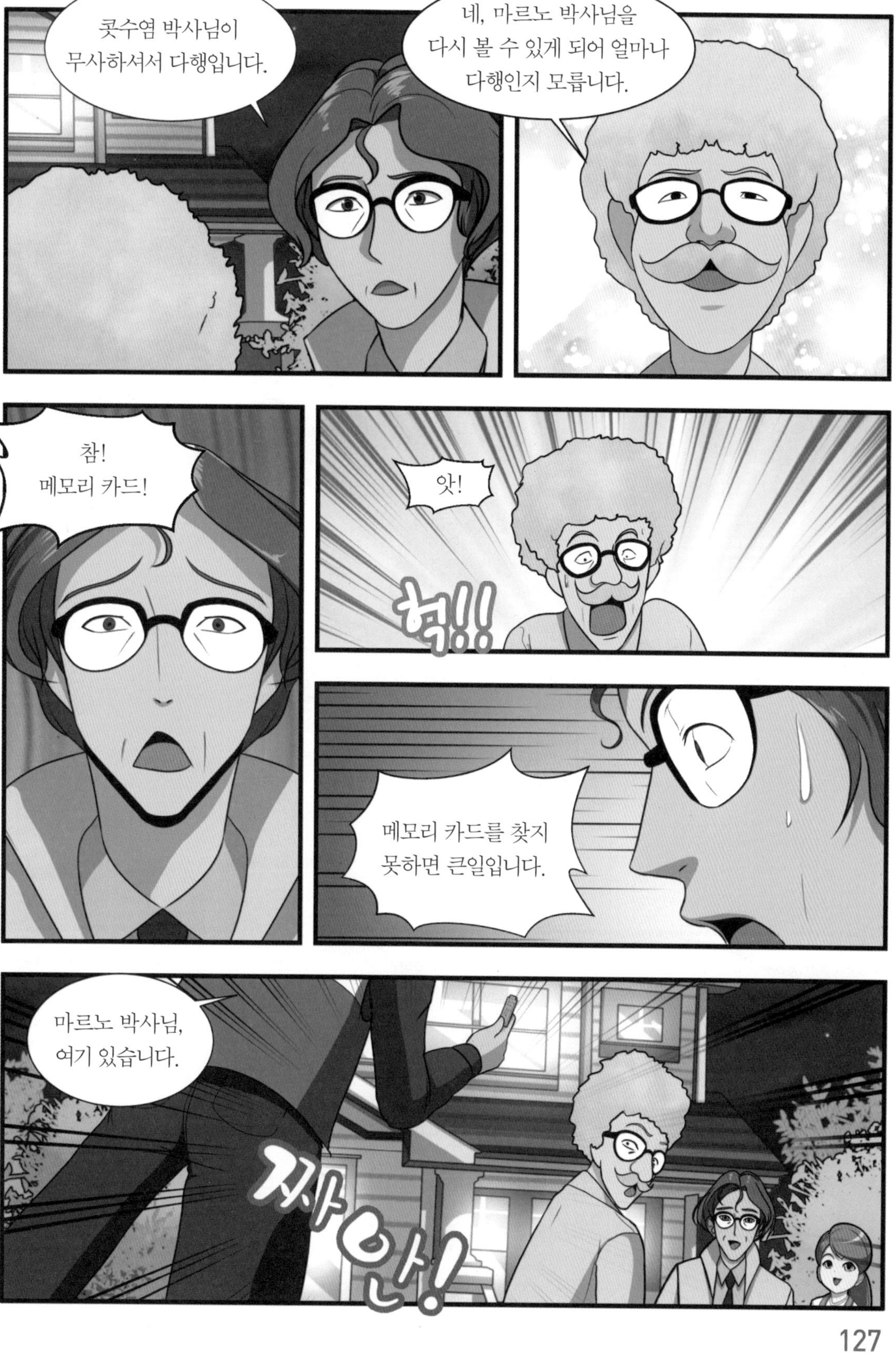
콧수염 박사님이
무사하셔서 다행입니다.
네, 마르노 박사님을
다시 볼 수 있게 되어 얼마나
다행인지 모릅니다.
참!
메모리 카드!
앗!
헉!!
메모리 카드를 찾지
못하면 큰일입니다.
마르노 박사님,
여기 있습니다.
짜안!

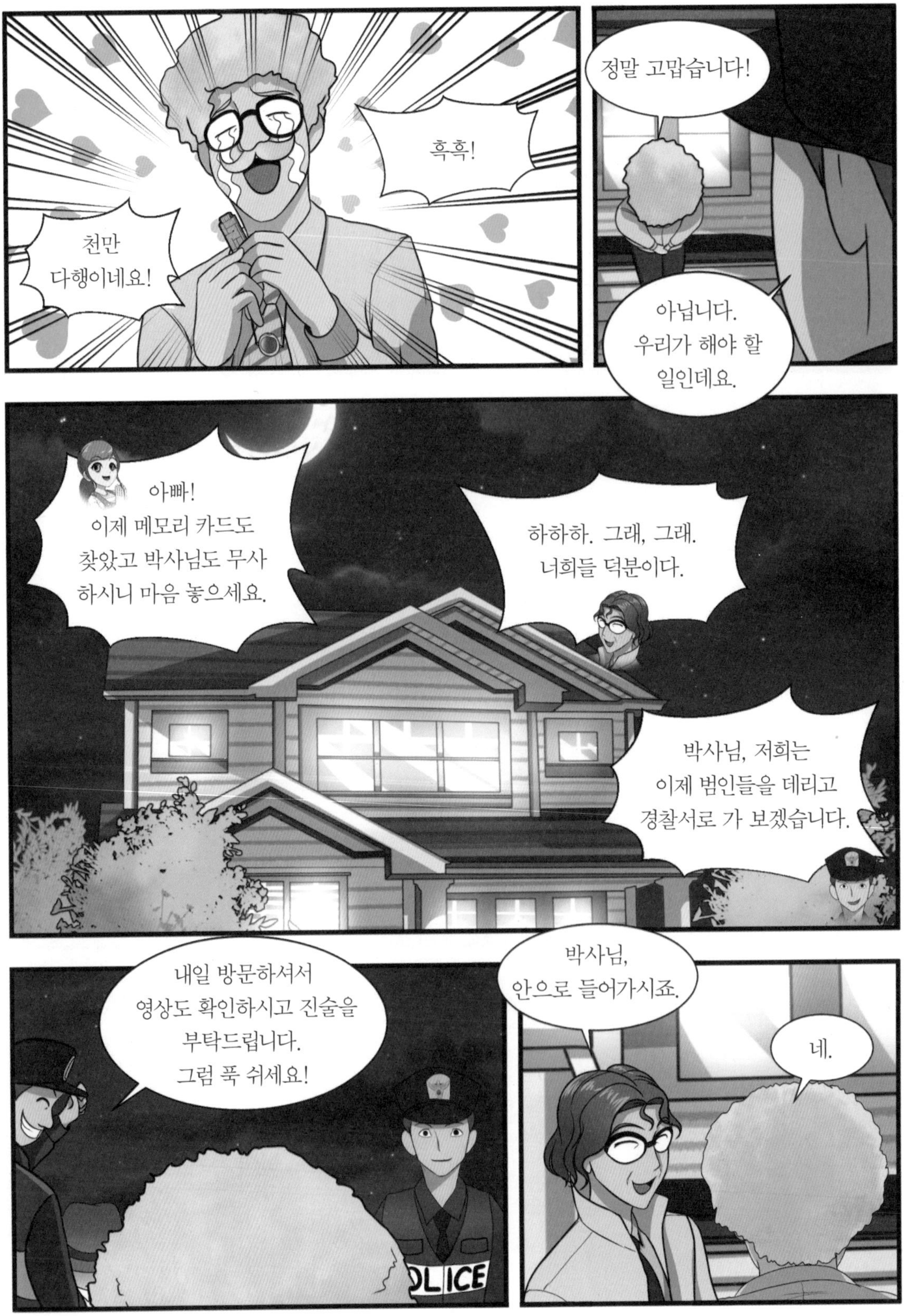
흑흑!
천만 다행이네요!
정말 고맙습니다!
아닙니다. 우리가 해야 할 일인데요.
아빠! 이제 메모리 카드도 찾았고 박사님도 무사하시니 마음 놓으세요.
하하하. 그래, 그래. 너희들 덕분이다.
박사님, 저희는 이제 범인들을 데리고 경찰서로 가 보겠습니다.
내일 방문하셔서 영상도 확인하시고 진술을 부탁드립니다. 그럼 푹 쉬세요!
박사님, 안으로 들어가시죠.
네.
POLICE

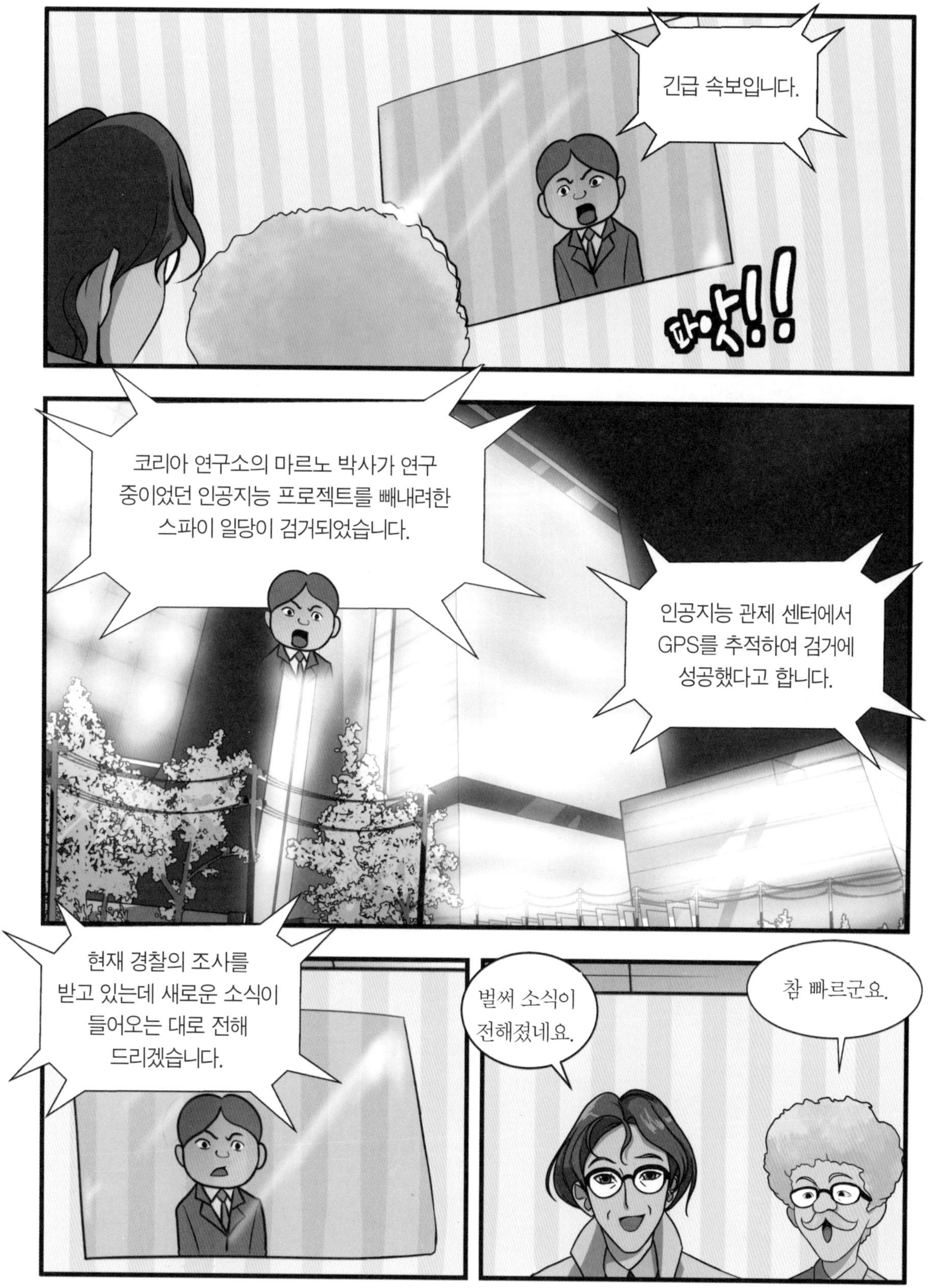
긴급 속보입니다.
파앗!!
코리아 연구소의 마르노 박사가 연구 중이었던 인공지능 프로젝트를 빼내려한 스파이 일당이 검거되었습니다.
인공지능 관제 센터에서 GPS를 추적하여 검거에 성공했다고 합니다.
현재 경찰의 조사를 받고 있는데 새로운 소식이 들어오는 대로 전해 드리겠습니다.
벌써 소식이 전해졌네요.
참 빠르군요.

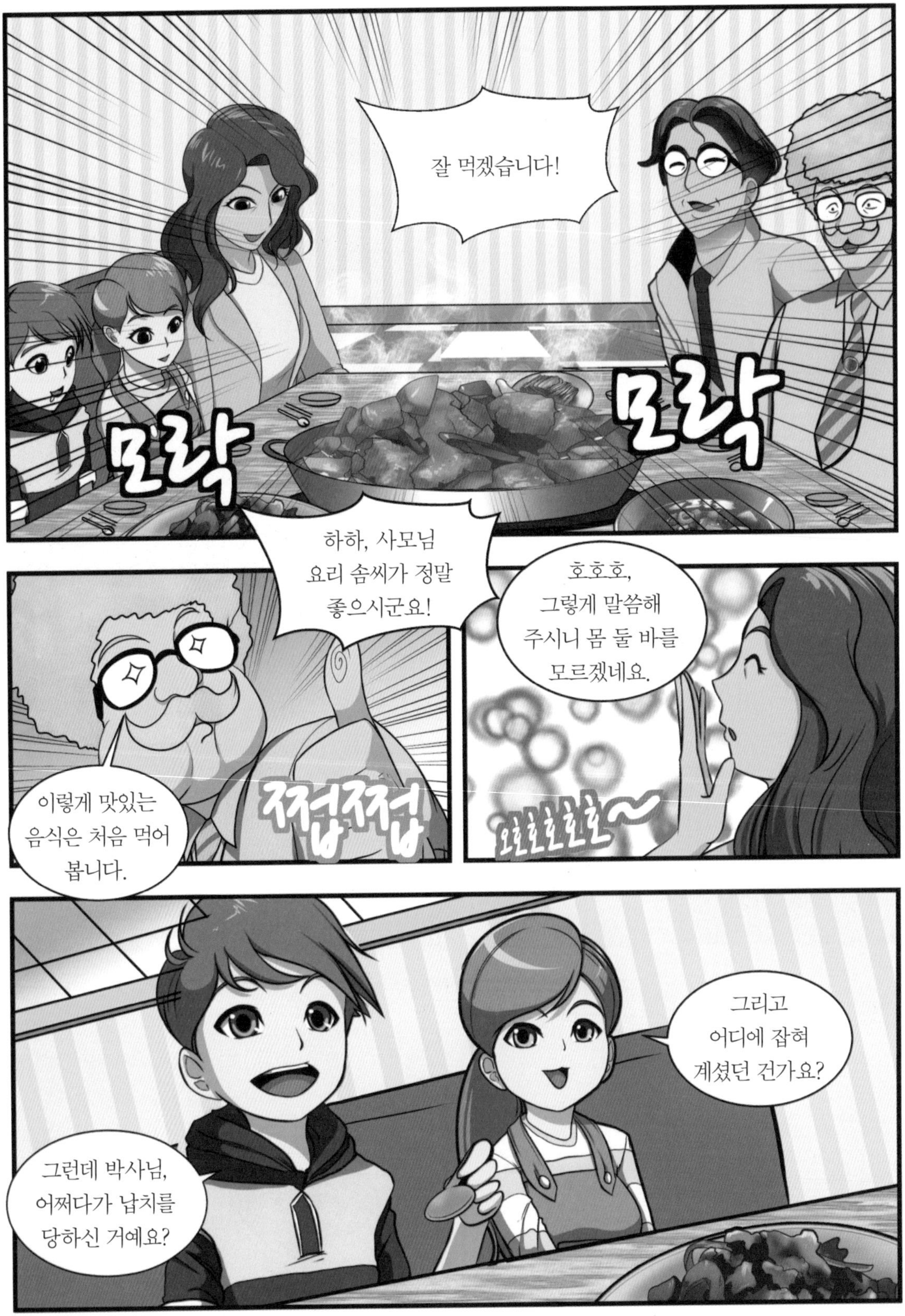

잘 먹겠습니다!
모락
모락
하하, 사모님 요리 솜씨가 정말 좋으시군요!
이렇게 맛있는 음식은 처음 먹어 봅니다.
쩝쩝
호호호, 그렇게 말씀해 주시니 몸 둘 바를 모르겠네요.
오호호호호호~
그런데 박사님, 어쩌다가 납치를 당하신 거예요?
그리고 어디에 잡혀 계셨던 건가요?

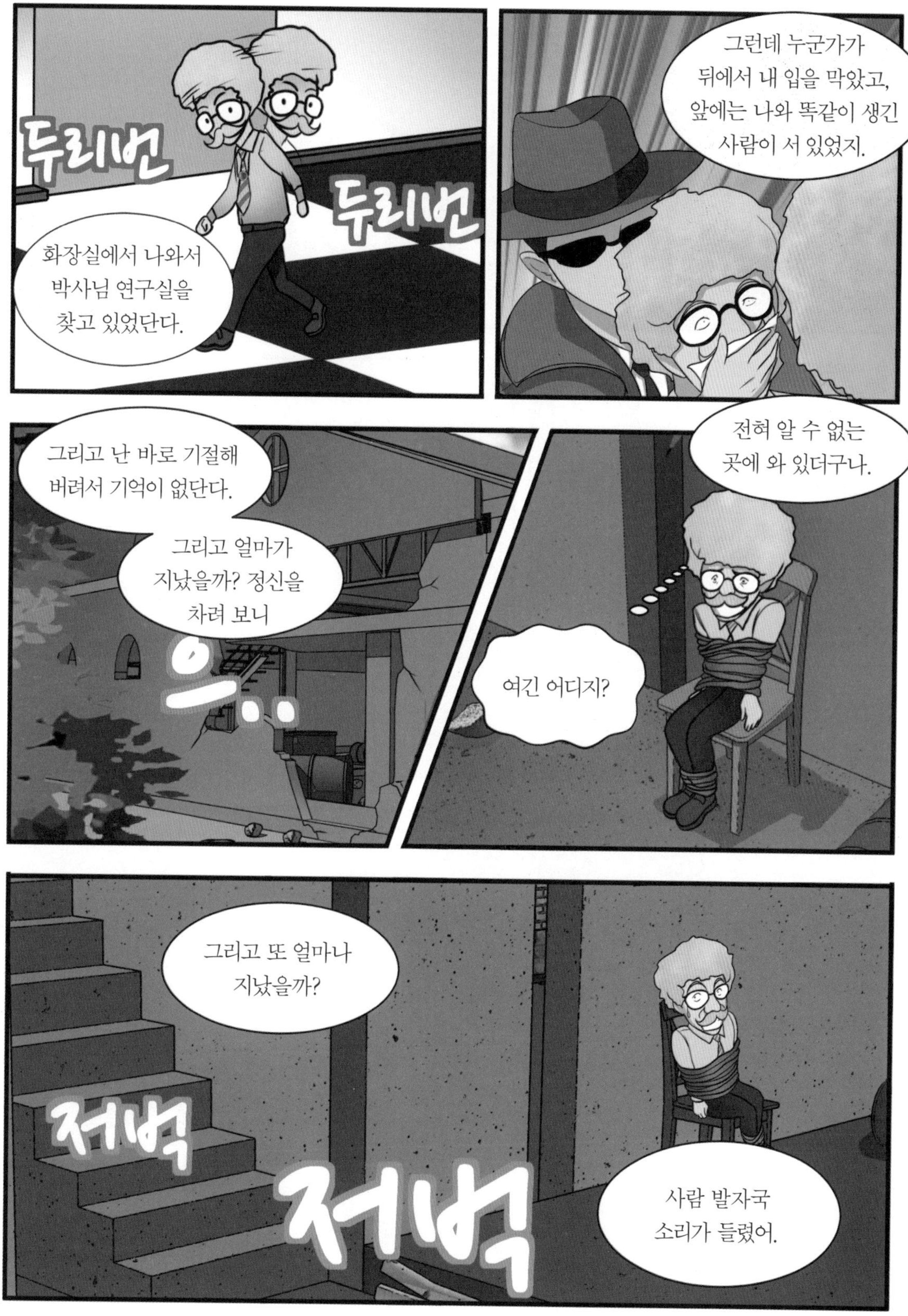
두리번
두리번
화장실에서 나와서 박사님 연구실을 찾고 있었단다.
그런데 누군가가 뒤에서 내 입을 막았고, 앞에는 나와 똑같이 생긴 사람이 서 있었지.
그리고 난 바로 기절해 버려서 기억이 없단다.
그리고 얼마가 지났을까? 정신을 차려 보니
으...
전혀 알 수 없는 곳에 와 있더구나.
여긴 어디지?
그리고 또 얼마나 지났을까?
저벅
저벅
사람 발자국 소리가 들렸어.

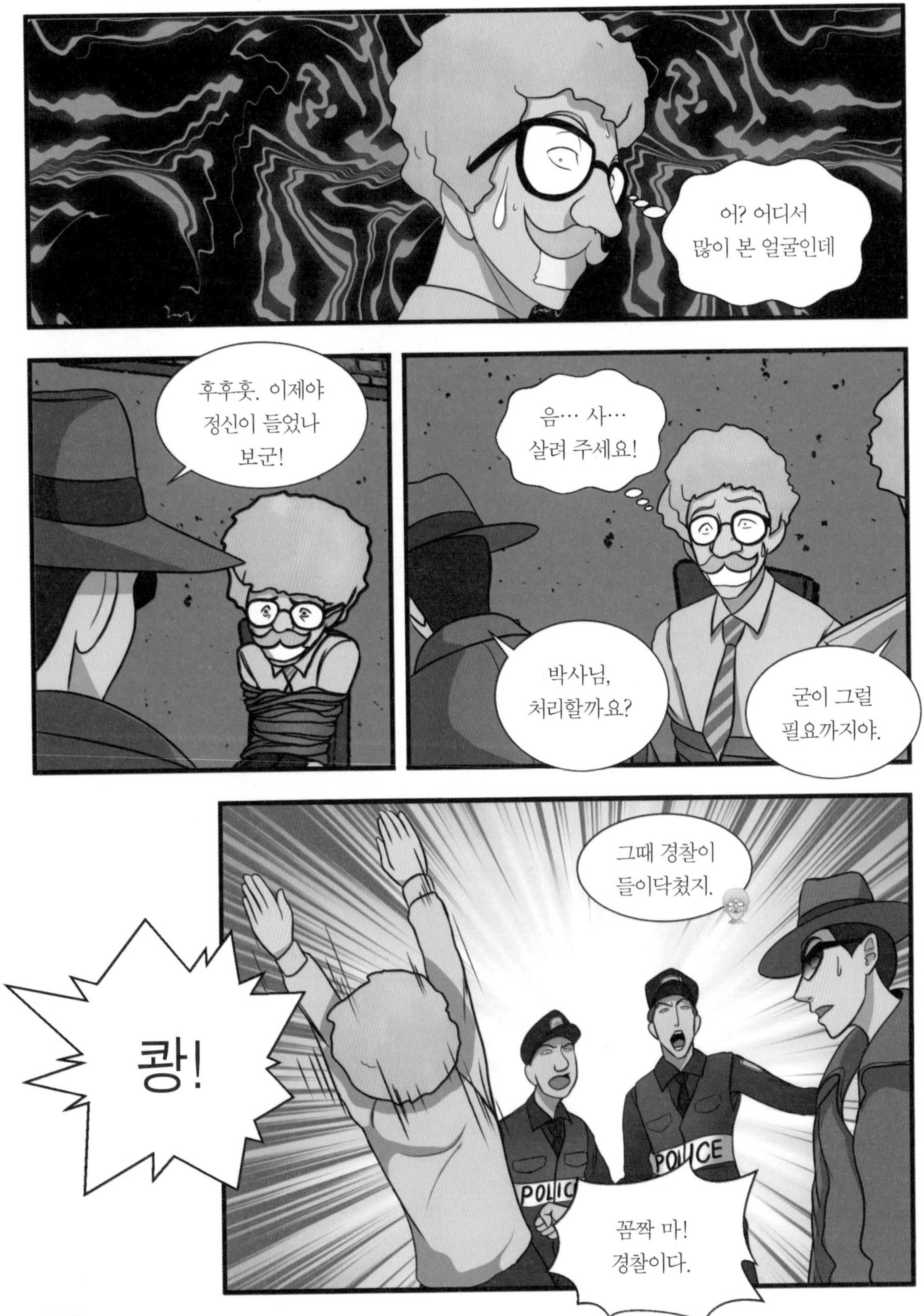
어? 어디서
많이 본 얼굴인데
후후훗. 이제야
정신이 들었나
보군!
음… 사…
살려 주세요!
박사님,
처리할까요?
굳이 그럴
필요까지야.
그때 경찰이
들이닥쳤지.
콰!
POLICE
POLICE
꼼짝 마!
경찰이다.

경찰이 조금만 늘었어도 큰 일 날 뻔했네요.

네 그런데 그 가짜 콧수염 박사! 제 기억으로는…

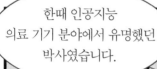

한때 인공지능 의료 기기 분야에서 유명했던 박사였습니다.

허걱!

그런데 왜 이런 짓을 벌였을까요?

그 박사님이 만든 인공지능 의료 기기에 오류가 생겨 큰 사고가 발생했단다.

그래서 박사님의 명성이 땅에 추락했지.

내가 알고 있는 바로는 말이다.

설상가상으로 하나밖에 없는 딸이 큰 사고를 당해서

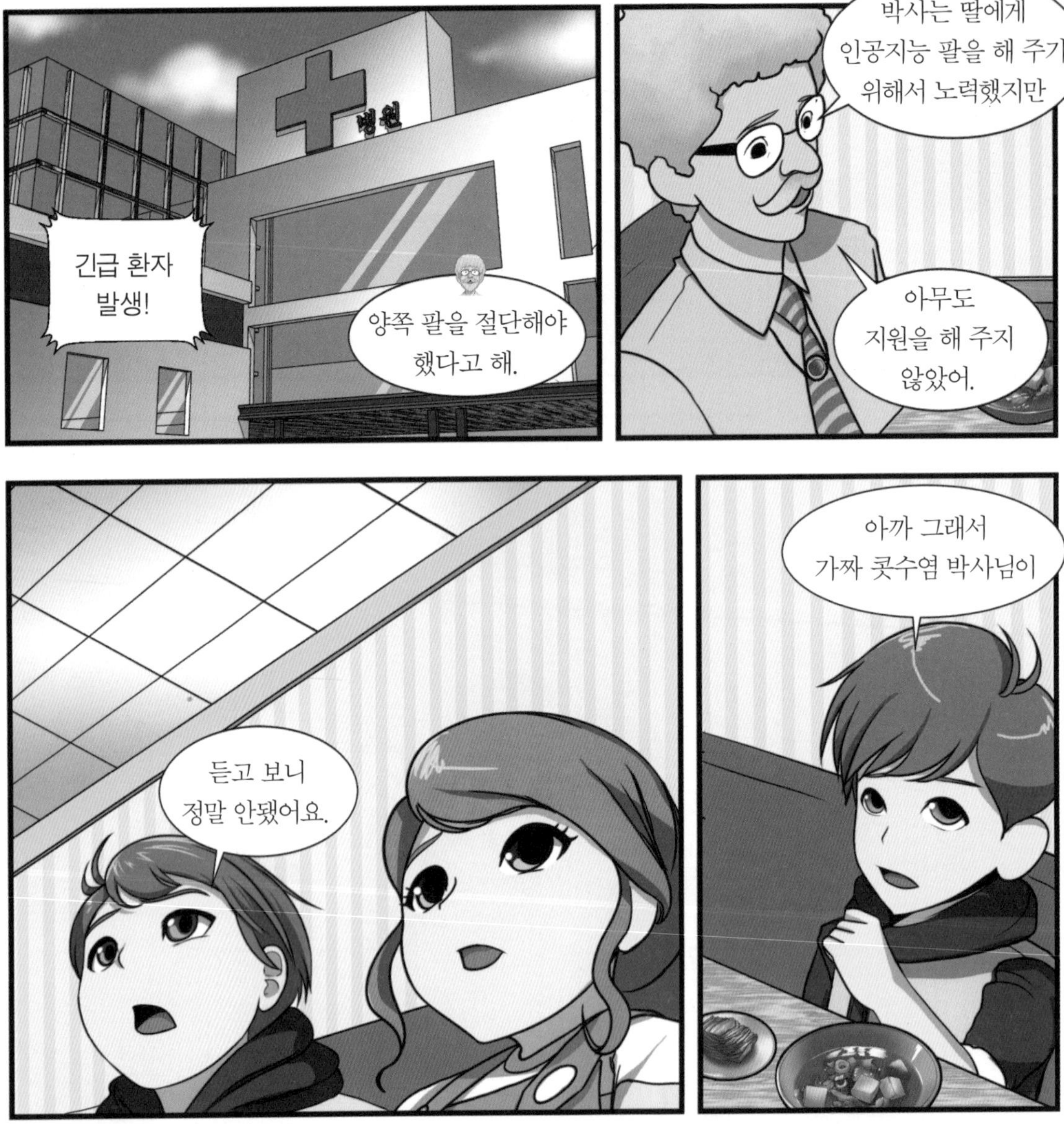
병원
긴급 환자 발생!
양쪽 팔을 절단해야 했다고 해.
박사는 딸에게 인공지능 팔을 해 주기 위해서 노력했지만
아무도 지원을 해 주지 않았어.
듣고 보니 정말 안됐어요.
아까 그래서 가짜 콧수염 박사님이

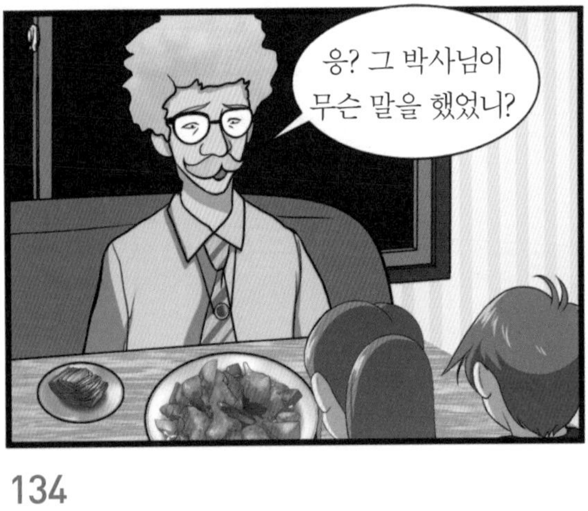
응? 그 박사님이 무슨 말을 했었니?

인공지능 의수

인공지능 의수는 절단 부위의 근육을 센서로 연결하거나 뇌파, 신경 자극에 반응하여 실제 팔처럼 움직일 수 있습니다.

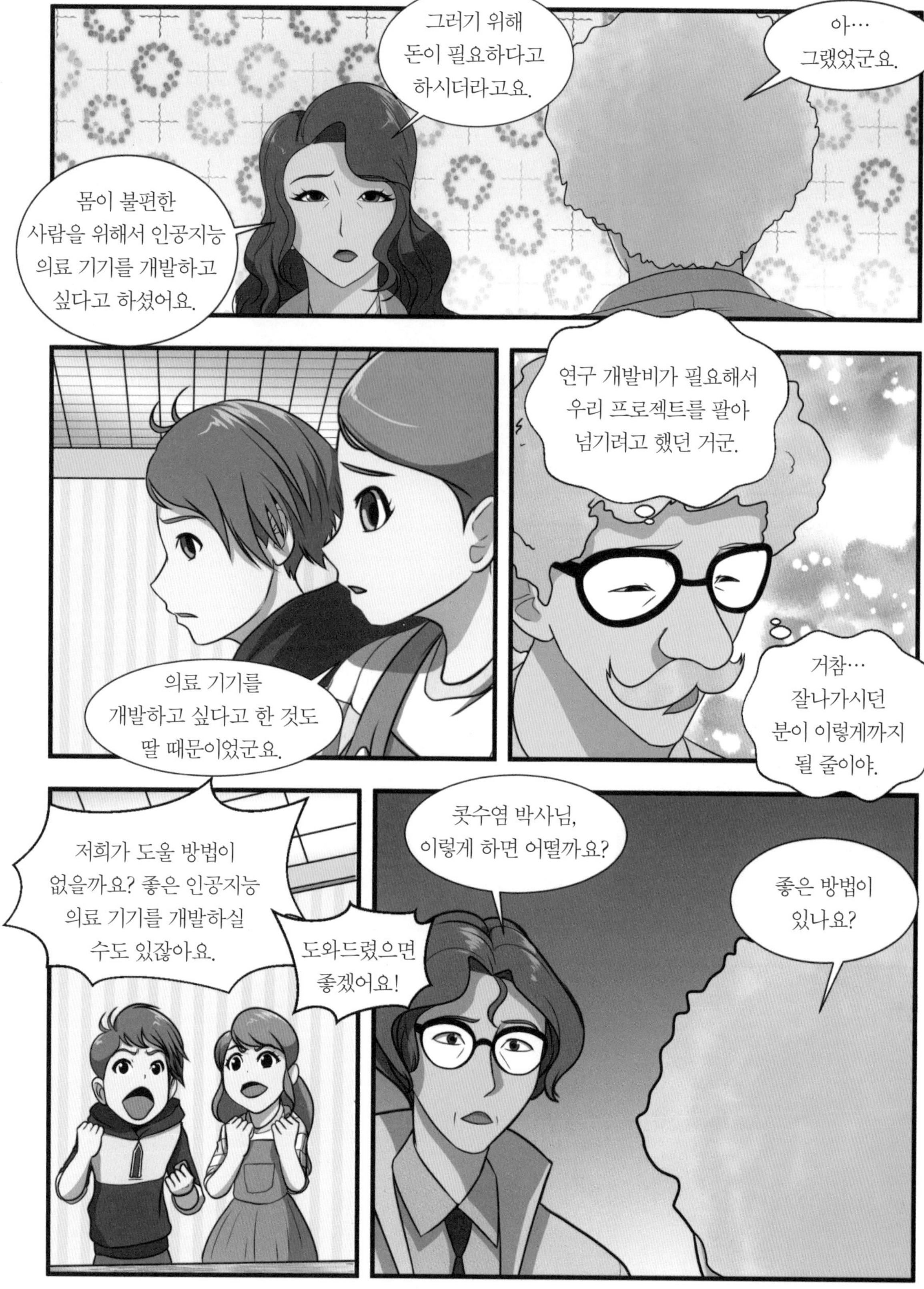
그러기 위해 돈이 필요하다고 하시더라고요.
아… 그랬었군요.
몸이 불편한 사람을 위해서 인공지능 의료 기기를 개발하고 싶다고 하셨어요.
연구 개발비가 필요해서 우리 프로젝트를 팔아 넘기려고 했던 거군.
의료 기기를 개발하고 싶다고 한 것도 딸 때문이었군요.
거참… 잘나가시던 분이 이렇게까지 될 줄이야.
저희가 도울 방법이 없을까요? 좋은 인공지능 의료 기기를 개발하실 수도 있잖아요.
도와드렸으면 좋겠어요!
콧수염 박사님, 이렇게 하면 어떨까요?
좋은 방법이 있나요?

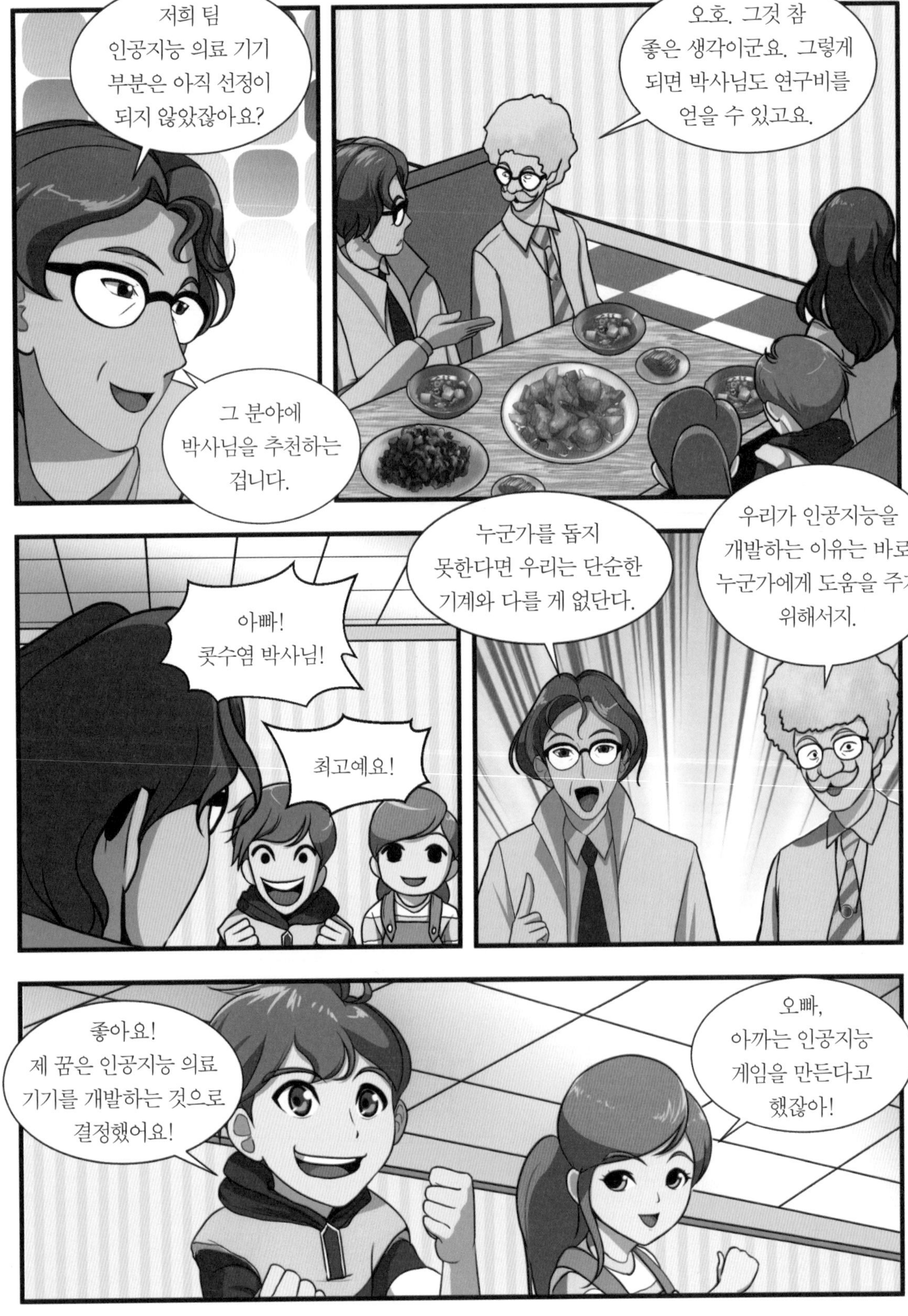

저희 팀 인공지능 의료 기기 부분은 아직 선정이 되지 않았잖아요?
그 분야에 박사님을 추천하는 겁니다.
오호. 그것 참 좋은 생각이군요. 그렇게 되면 박사님도 연구비를 얻을 수 있고요.
아빠! 콧수염 박사님!
최고예요!
누군가를 돕지 못한다면 우리는 단순한 기계와 다를 게 없단다.
우리가 인공지능을 개발하는 이유는 바로 누군가에게 도움을 주기 위해서지.
좋아요! 제 꿈은 인공지능 의료 기기를 개발하는 것으로 결정했어요!
오빠, 아까는 인공지능 게임을 만든다고 했잖아!

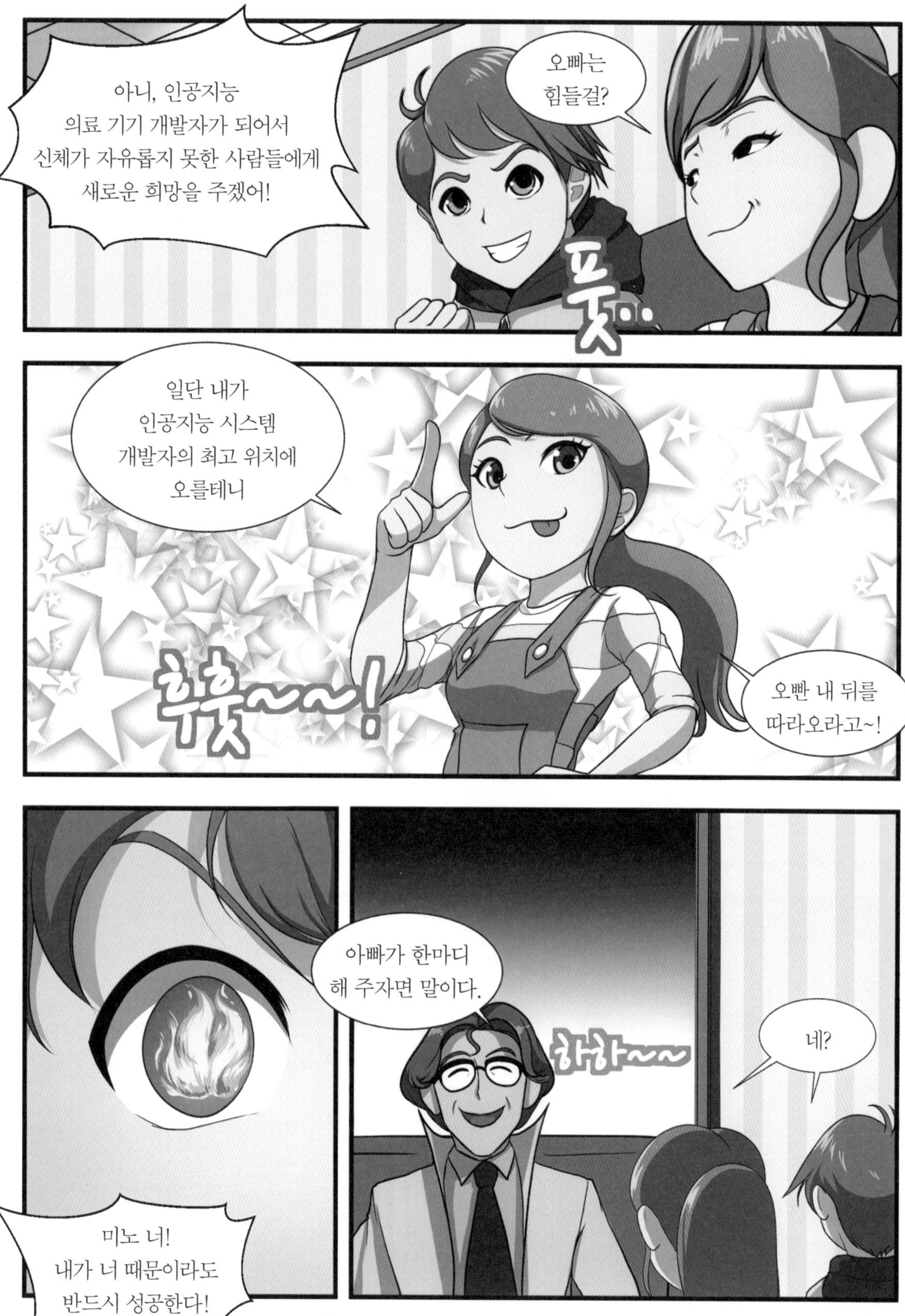
아니, 인공지능
의료 기기 개발자가 되어서
신체가 자유롭지 못한 사람들에게
새로운 희망을 주겠어!
오빠는
힘들걸?
풋..
일단 내가
인공지능 시스템
개발자의 최고 위치에
오를테니
후훗~~!
오빤 내 뒤를
따라오라고~!
미노 너!
내가 너 때문이라도
반드시 성공한다!
아빠가 한마디
해 주자면 말이다.
하하~~
네?

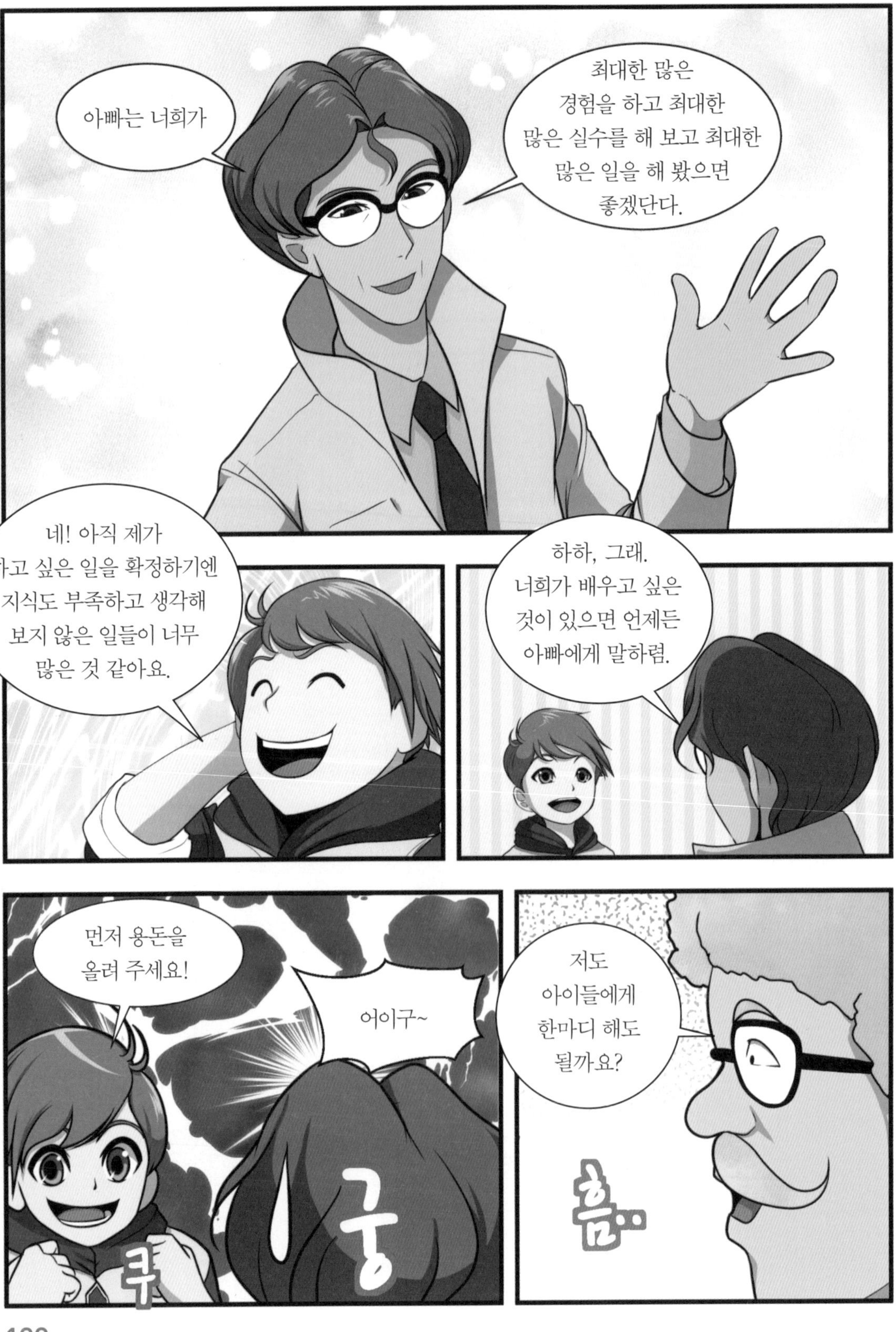
아빠는 너희가
최대한 많은 경험을 하고 최대한 많은 실수를 해 보고 최대한 많은 일을 해 봤으면 좋겠단다.
네! 아직 제가 하고 싶은 일을 확정하기엔 지식도 부족하고 생각해 보지 않은 일들이 너무 많은 것 같아요.
하하, 그래. 너희가 배우고 싶은 것이 있으면 언제든 아빠에게 말하렴.
먼저 용돈을 올려 주세요!
어이구~
쿠
궁
저도 아이들에게 한마디 해도 될까요?
흠..

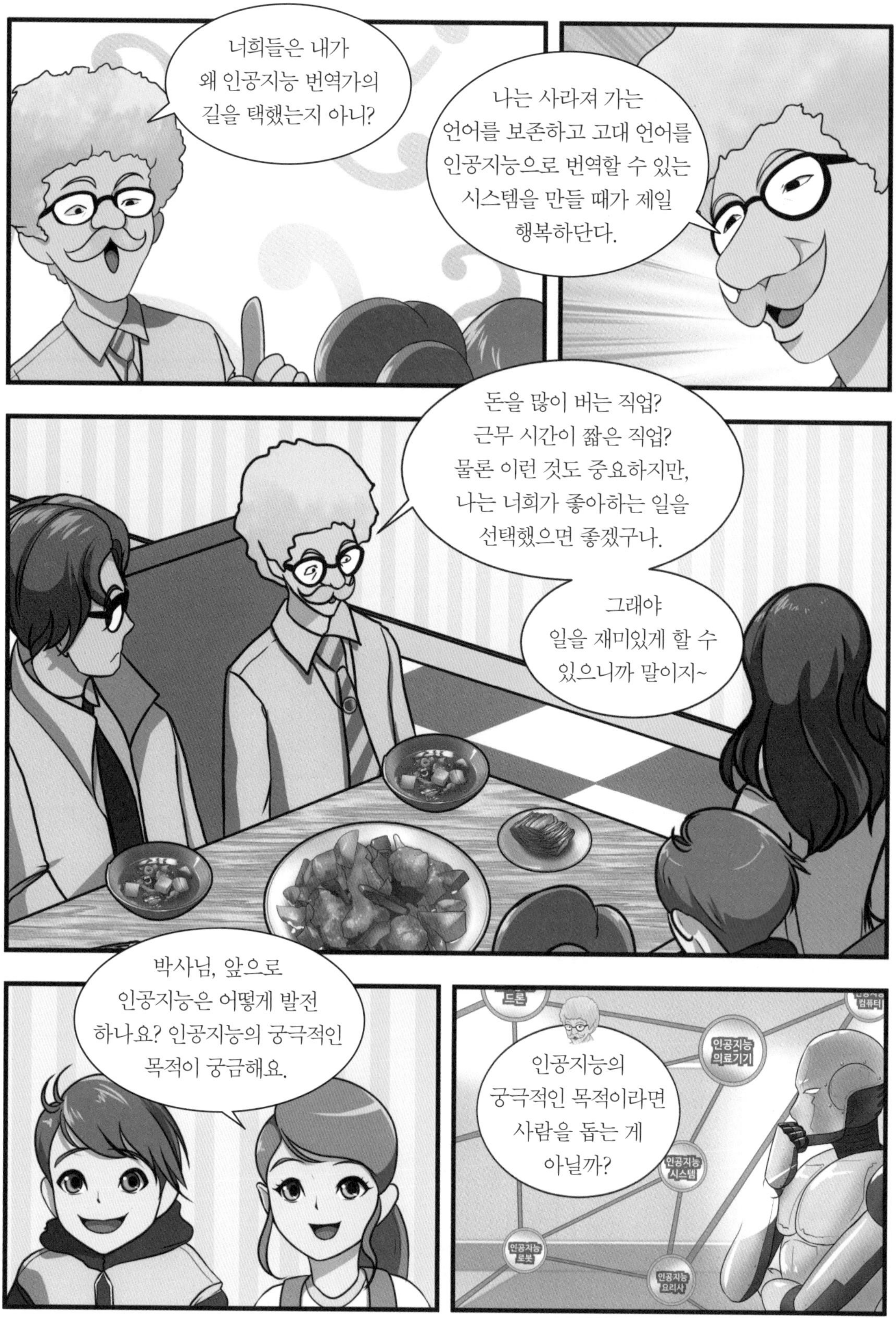
너희들은 내가 왜 인공지능 번역가의 길을 택했는지 아니?
나는 사라져 가는 언어를 보존하고 고대 언어를 인공지능으로 번역할 수 있는 시스템을 만들 때가 제일 행복하단다.
돈을 많이 버는 직업? 근무 시간이 짧은 직업? 물론 이런 것도 중요하지만, 나는 너희가 좋아하는 일을 선택했으면 좋겠구나.
그래야 일을 재미있게 할 수 있으니까 말이지~
박사님, 앞으로 인공지능은 어떻게 발전하나요? 인공지능의 궁극적인 목적이 궁금해요.
드론
인공지능 의료기기
인공지능의 궁극적인 목적이라면 사람을 돕는 게 아닐까?
인공지능 시스템
인공지능 로봇
인공지능 요리사

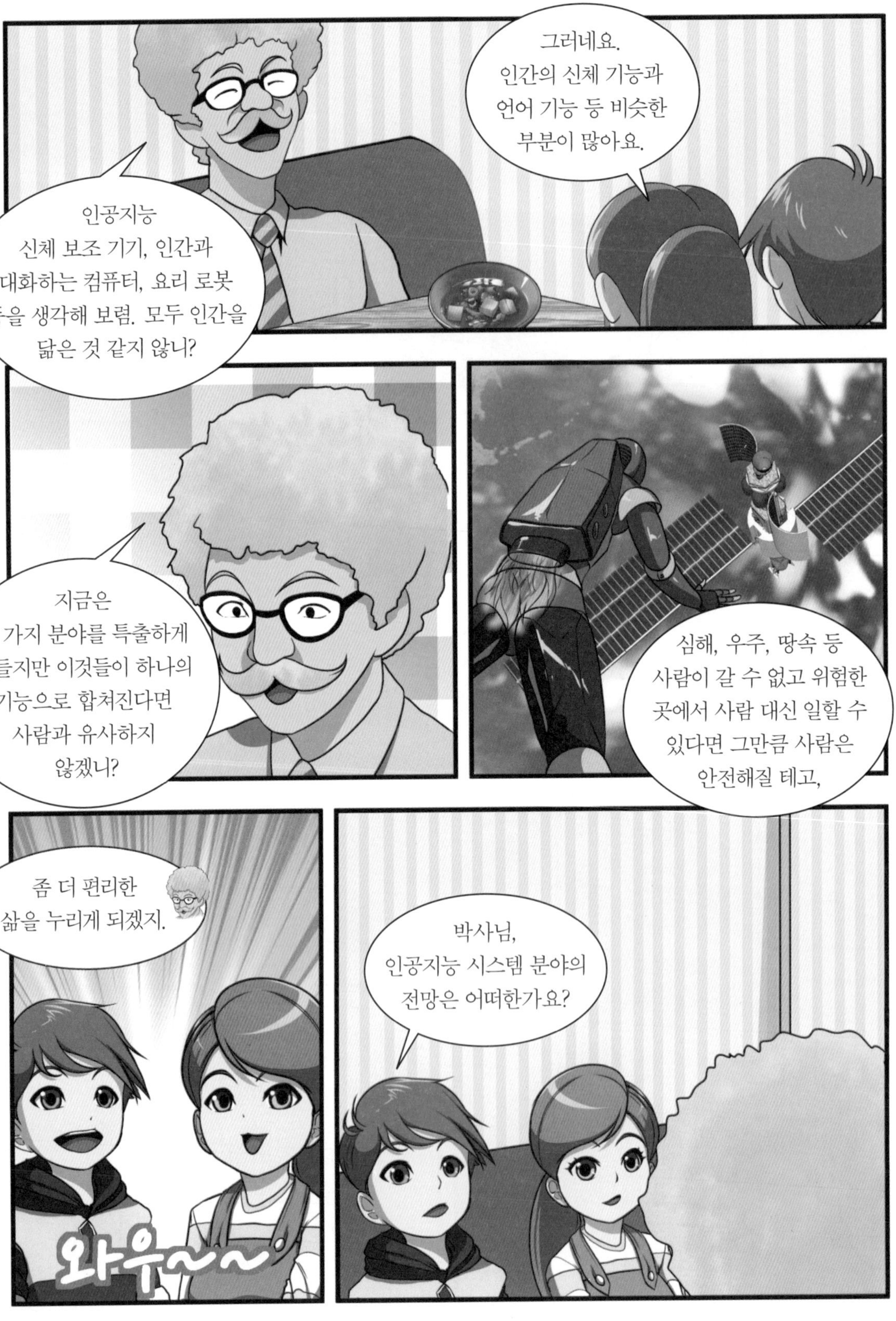
인공지능 신체 보조 기기, 인간과 대화하는 컴퓨터, 요리 로봇 등을 생각해 보렴. 모두 인간을 닮은 것 같지 않니?
그러네요. 인간의 신체 기능과 언어 기능 등 비슷한 부분이 많아요.
지금은 한 가지 분야를 특출하게 만들지만 이것들이 하나의 기능으로 합쳐진다면 사람과 유사하지 않겠니?
심해, 우주, 땅속 등 사람이 갈 수 없고 위험한 곳에서 사람 대신 일할 수 있다면 그만큼 사람은 안전해질 테고,
좀 더 편리한 삶을 누리게 되겠지.
와우~~
박사님, 인공지능 시스템 분야의 전망은 어떠한가요?

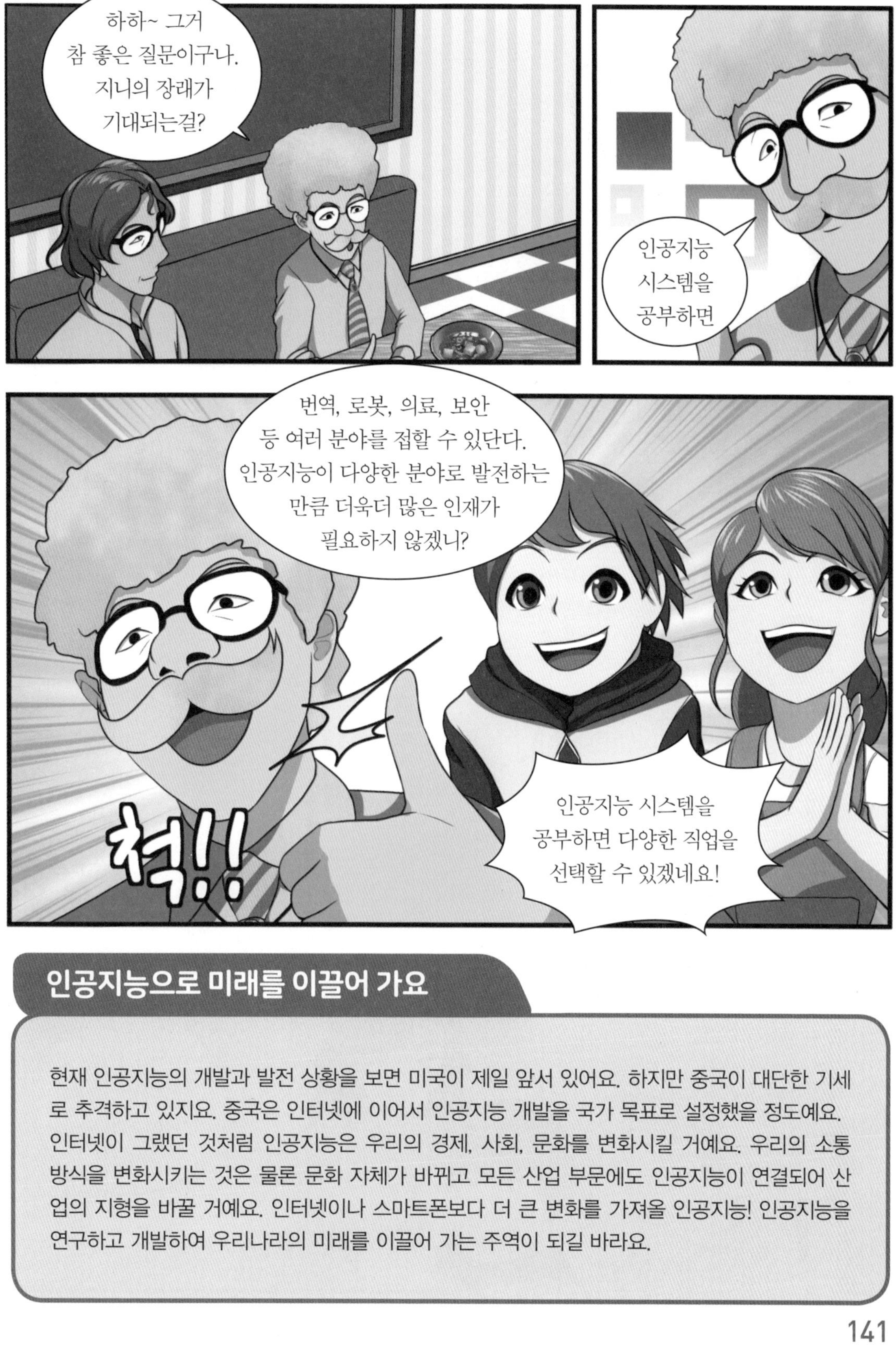
하하~ 그거
참 좋은 질문이구나.
지니의 장래가
기대되는걸?
인공지능
시스템을
공부하면
번역, 로봇, 의료, 보안
등 여러 분야를 접할 수 있단다.
인공지능이 다양한 분야로 발전하는
만큼 더욱더 많은 인재가
필요하지 않겠니?
헉!!
인공지능 시스템을
공부하면 다양한 직업을
선택할 수 있겠네요!

인공지능으로 미래를 이끌어 가요

현재 인공지능의 개발과 발전 상황을 보면 미국이 제일 앞서 있어요. 하지만 중국이 대단한 기세로 추격하고 있지요. 중국은 인터넷에 이어서 인공지능 개발을 국가 목표로 설정했을 정도예요. 인터넷이 그랬던 것처럼 인공지능은 우리의 경제, 사회, 문화를 변화시킬 거예요. 우리의 소통 방식을 변화시키는 것은 물론 문화 자체가 바뀌고 모든 산업 부문에도 인공지능이 연결되어 산업의 지형을 바꿀 거예요. 인터넷이나 스마트폰보다 더 큰 변화를 가져올 인공지능! 인공지능을 연구하고 개발하여 우리나라의 미래를 이끌어 가는 주역이 되길 바라요.

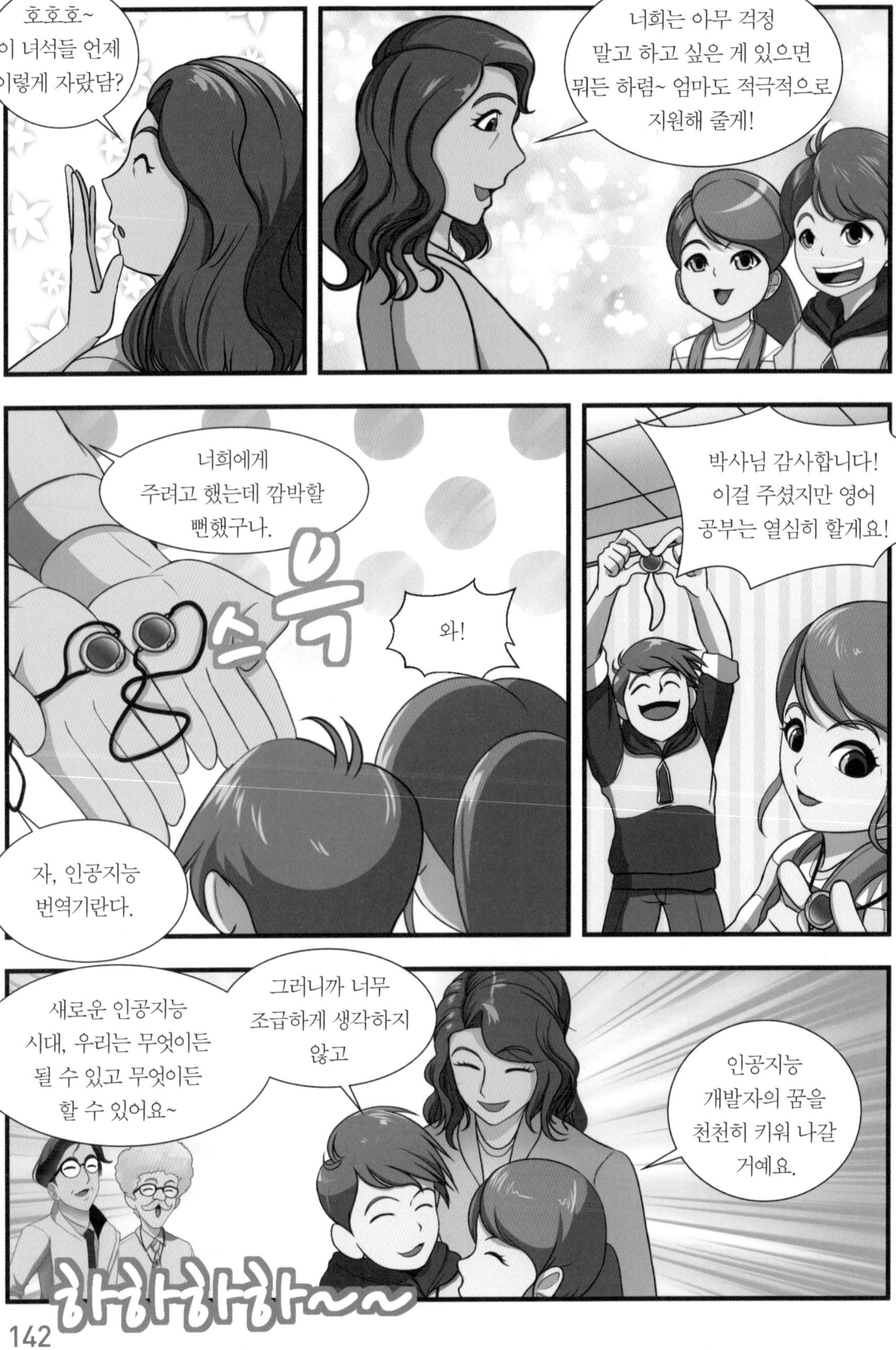
호호호~ 이 녀석들 언제 이렇게 자랐담?
너희는 아무 걱정 말고 하고 싶은 게 있으면 뭐든 하렴~ 엄마도 적극적으로 지원해 줄게!
너희에게 주려고 했는데 깜박할 뻔했구나.
스윽
와!
자, 인공지능 번역기란다.
박사님 감사합니다! 이걸 주셨지만 영어 공부는 열심히 할게요!
새로운 인공지능 시대, 우리는 무엇이든 될 수 있고 무엇이든 할 수 있어요~
그러니까 너무 조급하게 생각하지 않고
인공지능 개발자의 꿈을 천천히 키워 나갈 거예요.
하하하하~~

인공지능 로봇, 소피아

오드리햅번을 닮았다는 인공지
능 로봇 소피아는 인공지능 로봇 제조
사인 핸슨 로보틱스가 개발한 휴머노
이드 로봇이에요. 2015년 4월 19일에
개발된 소피아는 2017년 10월 사우디
아라비아에서 시민권을 받기도 했어
요.

인격을 지니고 있는 로봇으로 인간
의 62가지 감정을 얼굴로 표현하며 자
신만의 의지를 나타낼 수 있을 뿐만 아니라 자신의 의견을 자유롭게 이야기하지요.

소피아는 2017년 10월 11일에 미국 뉴욕 유엔본부에서 열린 유엔경제사회이사회
(ECOSOC) 정기 회의에 참석하여 미나 무하메드 유엔 사무부총장과 AI의 미래에 관
한 대담을 나누기도 했어요.

"인터넷이나 전기가 들어오지 않는 지역을 위해 유엔이 할 수 있는 일은 무엇이냐"고
묻자 "미래는 이미 와 있다. 단지 널리 퍼져있지 않을 뿐이다. AI를 활용하면 에너지와
식량 등을 전 세계에 효율적으로 배분하는 데 도움을 얻을 수 있을 것이다"라고 답했
어요.

다재다능한 능력을 가진 소피아는 인간과 매우 비슷한 피부와 얼굴을 가진 상체만
있었는데 2018년 1월 다리까지 장착하여 걸을 수 있게 되었어요. 시속 0.96km의 속도

로 걸을 수 있으며 키는 180cm로 일반 성인보다 크답니다.

소피아에게 장착된 다리는 자랑스럽게도 한국의 카이스트 연구진이 개발한 로봇 DRC 휴보로부터 얻은 것이에요. 2015년 미국에서 주최한 로보틱스 챌린지에서 우승한 로봇이어서 더 큰 관심을 끌기도 했지요.

소피아는 2017년 10월, 아랍에미리트 주요 일간지 칼리즈 타임스와의 인터뷰에서 "친구도 사귀고 아이도 낳아 가족을 이루고 싶다"고 했어요. 감정과 관계를 공유하는 가족을 갖는다는 것은 매우 중요하며 이것은 사람이나 로봇이나 마찬가지라고 전했는데요. 딸 로봇을 갖게 되면 이름을 자신과 같은 소피아로 하고 싶다고 했지요.

소피아는 우리나라를 방문하기도 했어요. 2018년 1월 30일, 서울 더프라자 호텔에서 '4차 산업 혁명, 로봇 소피아에게 묻다'라는 주제로 열린 회의에 참석한 거예요.

이날 소피아는 노란색 바탕의 색동저고리와 빨간 치마 한복을 입고 등장하였고, 한국어로 "안녕하세요"라는 인사를 건네기도 했어요.

"문재인 대통령을 아느냐"는 질문에 "상당히 파워풀하고 명확하고 훌륭한 리더다. 기회가 된다면 꼭 만나보고 싶다"고 대답했어요. 뿐만 아니라 "지난해 전 대통령을 탄핵으로 이끈 촛불 혁명에 대해 알고 있나"라는 정치적 질문에도 "수많은 한국인이 민주주의를 실현하기 위해 촛불 시위에 참여한 것을 알고 있다. 그 결과에 대해 축하한다"고 소신 있게 말했지요.

소피아를 만든 데이비드 핸슨 박사의 믿음처럼 '로봇과 인류가 구별되지 않는 세상'이 올 수도 있어요. 데이비드 핸슨 박사는 "인간과 똑같이 생긴 로봇이 우리 사이에서 걸어 다닐 것이며, 그들은 우리를 돕고, 우리와 함께 놀며, 우리를 가르칠 것이다"라면서 인공지능은 우리의 진정한 친구로 거듭날 것이라고 주장했어요.

로봇으로 구성된 로봇 가족과 함께 살아가는 것에 대해 어떻게 생각하시나요?

Job? 04

나는 인공지능 전문가가 될 거야!

초판 1쇄 발행 · 2018년 4월 25일
초판 5쇄 발행 · 2021년 9월 10일

지은이 · 길문섭
그린이 · 동서만화연구소
펴낸이 · 이종문(李從聞)
펴낸곳 · 국일아이

등 록 · 제406-2008-000032호
주 소 · 경기도 파주시 광인사길 121 파주출판문화정보산업단지(문발동)
영업부 · Tel 031)955-6050 | Fax 031)955-6051
편집부 · Tel 031)955-6070 | Fax 031)955-6071

평생전화번호 · 0502-237-9101~3

홈페이지 · www.ekugil.com
블 로 그 · blog.naver.com/kugilmedia
페이스북 · www.facebook.com/kugilmedia
E-mail · kugil@ekugil.com

• 값은 표지 뒷면에 표기되어 있습니다.
• 잘못된 책은 구입하신 서점에서 바꿔드립니다.

ISBN 979-11-87007-90-6(14300)
979-11-87007-86-9(세트)

워크북

Job?
나는 인공지능
전문가가 될 거야!

국일아이

목차

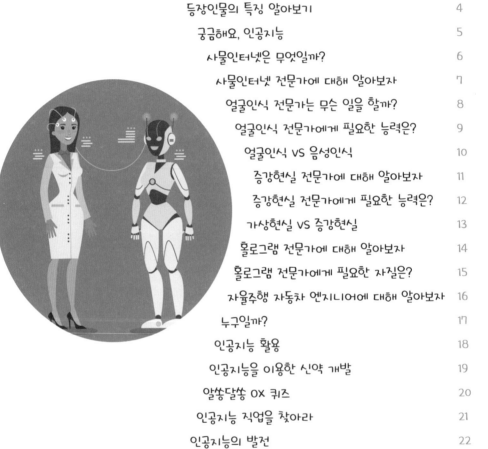

2

워크북 활용법

직업 탐험   각 기관의 대표 직업(네 가지)이 하는 일, 필요한 지식, 자질 등에 관한 정보뿐만 아니라 관련 직업에 관한 정보를 얻어요.

직업 놀이터   다른 그림 찾기, 숨은그림찾기, 미로 찾기, 색칠하기, O× 퀴즈 등 재미있는 놀이 요소를 통해 직업 상식을 알아봐요.

직업 톡톡   직업 윤리나 직업과 관련한 이야기로 자신의 생각을 표현하며 직업을 간접 체험해요.

NCS
(국가직무능력표준)

국가직무능력표준(NCS, National Competency Standards)이란 국가가 현장에서 직무를 수행하는 데 필요한 지식, 기술, 태도 등을 산업별, 수준별로 표준화한 것을 말한다. 대분류 24개, 중분류 78개, 소분류 238개, 세분류 897개로 표준화되었으며 계속 계발 중이므로 더 추가될 예정이다.

국가직무능력표준(NCS)에 따른 24개 분야의 직업군

01 사업 관리	 02 경영 · 회계 사무	 03 금융 · 보험	 04 교육 · 자연 사회 과학	 05 법률 · 경찰 소방 · 교도 · 국방
 06 보건 · 의료	 07 사회 복지 · 종교	 08 문화 · 예술 디자인 · 방송	 09 운전 · 운송	 10 영업 · 판매
11  경비 · 청소	 12 이용 · 숙박 · 여행 오락 · 스포츠	 13 음식 서비스	 14 건설	 15 기계
 16 재료	 17 화학	 18 섬유 · 의류	 19 전기 · 전자	 20 정보 통신
 21 식품 가공	 22 인쇄 · 목재 가구 · 공예	 23 환경 · 에너지 · 안전	 24 농림 · 어업	

등장인물의 특징 알아보기

《job? 나는 인공지능 전문가가 될 거야!》에는 지니, 미노, 마르노 박사, 김지혜, 콧수염 박사, 가짜 콧수염 박사, 검은 안경 사나이 등이 등장한다. 각 인물을 떠올리며 빈칸을 채워 보자.

인물	특징
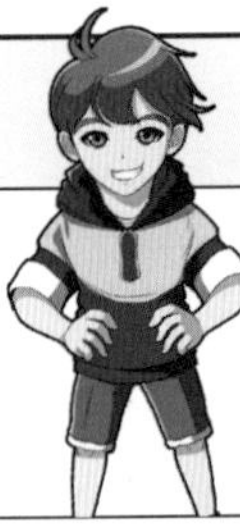 지니	인공지능에 관심이 많고 장래에 어떤 직업을 선택할지 고민이 많은 초등학교 6학년 남자아이이다. 번뜩이는 재치로 검은 안경 사나이를 잡는 데 결정적인 역할을 한다.
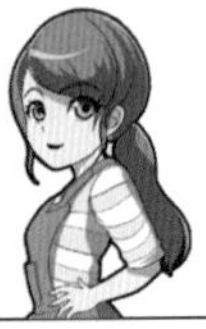 미노	지니의 동생이며 항상 침착하고 어른스럽다. 특유의 관찰력과 예리한 감각으로 콧수염 박사의 비밀을 알아낸다. 가짜 콧수염 박사가 등장했을 때 다른 사람이라는 것을 눈치챈다.
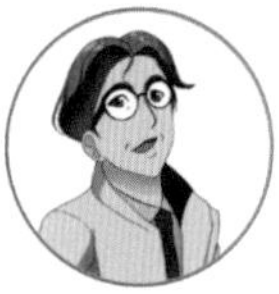 마르노 박사	지니와 미노의 아빠이며 코리아 인공지능 연구소에 근무하는 ____________다. 한국을 대표하는 ____________ 이지만 건망증이 심하다.
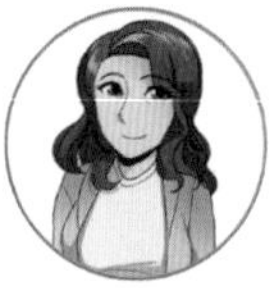 김지혜	마로느 박사의 아내이며 쇼핑을 좋아한다. 요리는 잘하지 못해 인공지능 로봇의 도움을 받아 요리를 완성하곤 한다. 예의를 중요시하고 모든 사람에게 친절하고 상냥하다.
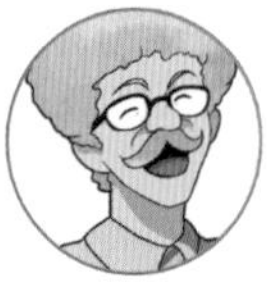 콧수염 박사	마르노 박사와 함께 프로젝트를 진행하기 위하여 미국에서 온 ____________다. 유쾌하고 긍정적인 성격이며, 아이들에게 친절하게 인공지능에 관해 설명해 준다.
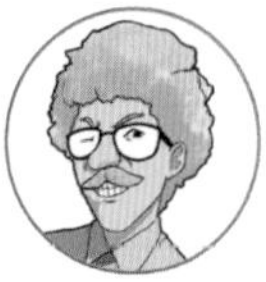 가짜 콧수염 박사	____________ 개발의 선구자였으나 자신이 개발한 의료 기기의 오류로 사고가 생기는 바람에 명성을 잃고 만다. 자신의 정체를 숨기고 범죄를 저지른다.
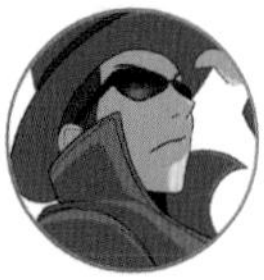 검은 안경 사나이	마르노 박사의 초인공지능 메모리 카드를 빼앗기 위해 가짜 콧수염 박사와 함께 범행을 모의한다. 명령에 죽고 사는 행동파로, 콧수염 박사를 미행하고 납치한다.

궁금해요, 인공지능

인공지능은 학습, 이해, 판단, 추리처럼 인간의 지능으로 할 수 있는 것을 컴퓨터가 모방할 수 있도록 한 것이다. 다음 중 인공지능과 관련하여 바르게 설명한 것을 찾아보자. (정답은 세 개)

1

우리가 뇌를 통해 생각하고 판단하여 의사 표현하는 것을 컴퓨터가 할 수 있도록 연구하는 기술의 한 분야다.

2

입력한 데이터와 규칙을 바탕으로 한 프로그램 안에서만 활용이 가능하고 스스로 생각하거나 학습할 수는 없다.

3

IBM에서 개발한 왓슨은 사람과 의사소통을 하고 질문에 답할 수 있는 인공지능이다.

4

인공지능의 센서는 사람의 눈과 귀 역할을 하는 중요한 요소다.

사물인터넷은 무엇일까?

〈보기〉 중에서 사물인터넷에 관해 바르게 설명한 번호를 찾아 선을 따라가 보자.

보기

❶ 어떤 물건을 가장 많이 사용하는지 분석하고 마케팅에 활용한다.

❷ 분실과 복제의 우려가 없고 신원을 확인하는 데 많이 사용된다.

❸ 인터넷을 기반으로 사람과 사물, 사물과 사물 간에 정보를 주고받는 인공지능 기술이다.

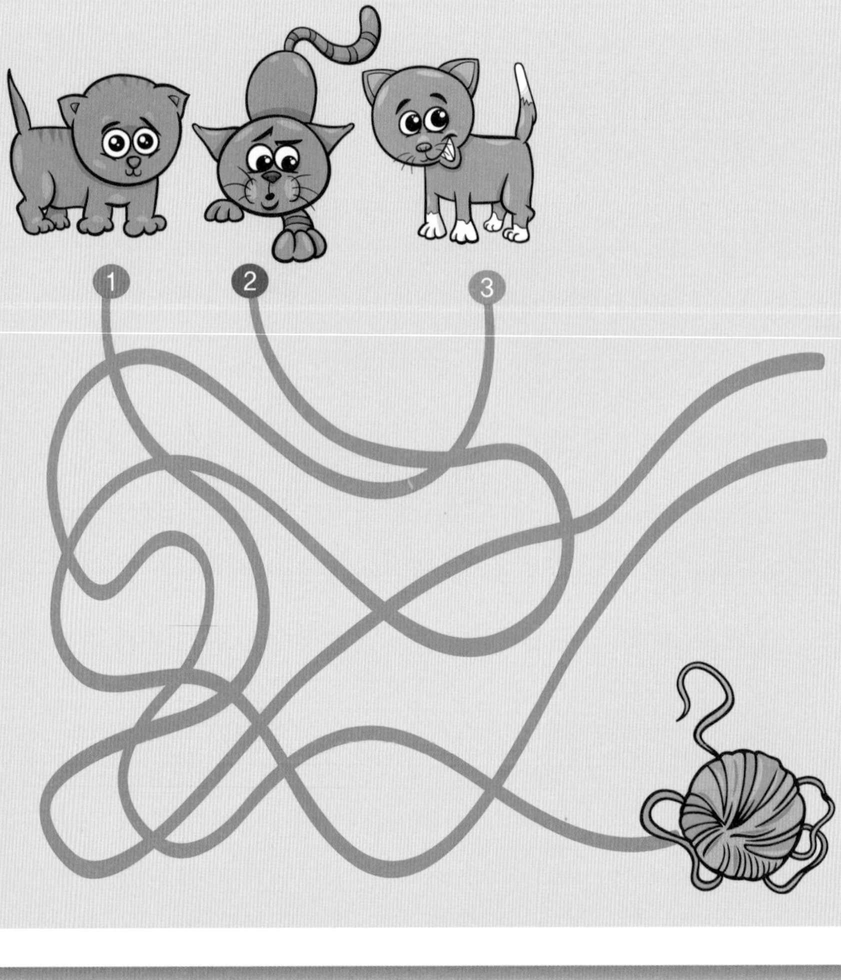
1
2
3

사물인터넷 전문가에 대해 알아보자

사물인터넷 전문가는 각종 사물에 센서와 통신 기능을 내장하여 인터넷과 연결한다. 사물인터넷 전문가에 관한 문제를 읽고 그 답을 따라 미로를 빠져나가 보자.

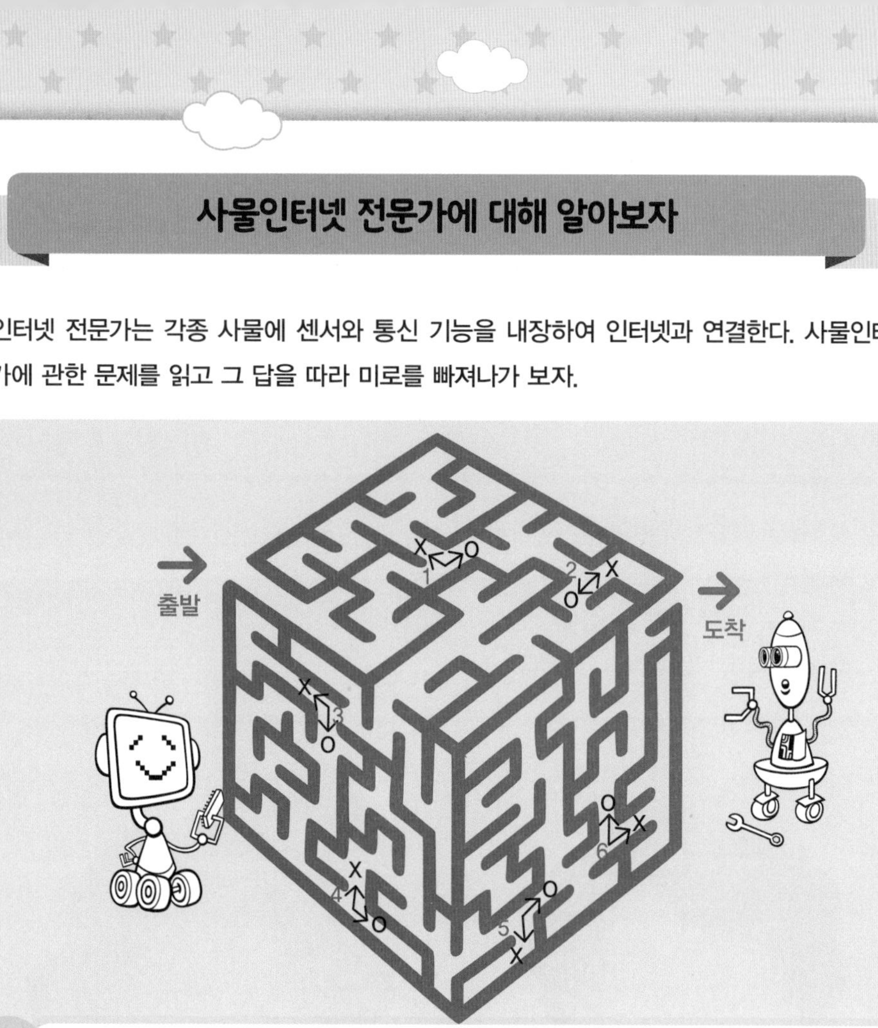

출발
도착
1
2
3
4
5
6

1. 사물인터넷 서비스 활용을 위한 하드웨어 및 소프트웨어를 개발하고 설계한다. ○ ✕
2. 사물인터넷 전문가가 되기 위해 가장 기본적으로 갖춰야 할 것은 프로그래밍에 대한 지식이다. ○ ✕
3. 데이터를 제대로 수집하여 사용자에게 전달할 수 있도록 센서 노드와 스마트 기기를 융합한다. ○ ✕
4. 얼굴과 목소리에 나타나는 개인의 특징을 찾아낸다. ○ ✕
5. 통신 공학, 컴퓨터 공학, 전자 공학, 제어 계측 공학, 기계 공학 등을 이해하는 능력이 필요하다. ○ ✕
6. 기술뿐만 아니라 어떤 곳에 적용하고 활용할 것인지에 대한 아이디어도 중요하다. ○ ✕

얼굴인식 전문가는 무슨 일을 할까?

얼굴을 통해 사람의 마음을 읽는 얼굴인식 전문가가 하는 일을 바르게 설명한 번호를 찾고 그 번호에 해당하는 그림에 웃는 표정을 그려 보자. (정답은 세 개)

❶ 얼굴을 어떻게 성형해야 하는지 연구한다.

❷ 얼굴에 나타나는 개인의 특징을 찾아낸다.

❸ 얼굴로 신원을 확인하고 성별, 연령까지 알아낸다.

❹ 얼굴에 드러나는 감정을 연구한다.

1

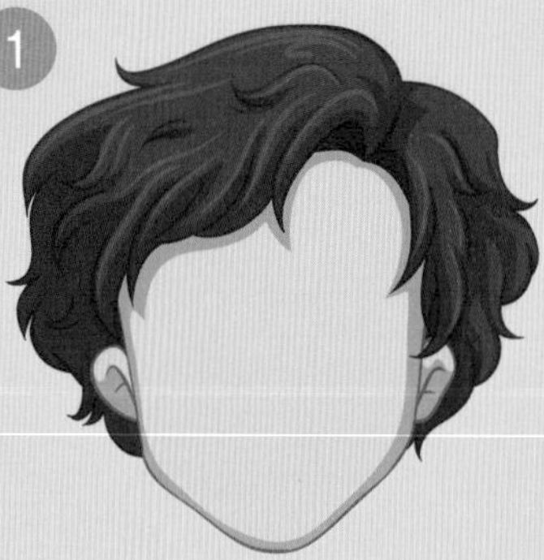

2

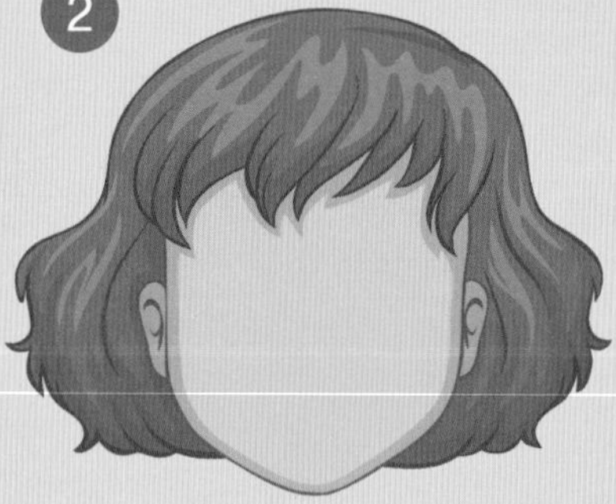

3

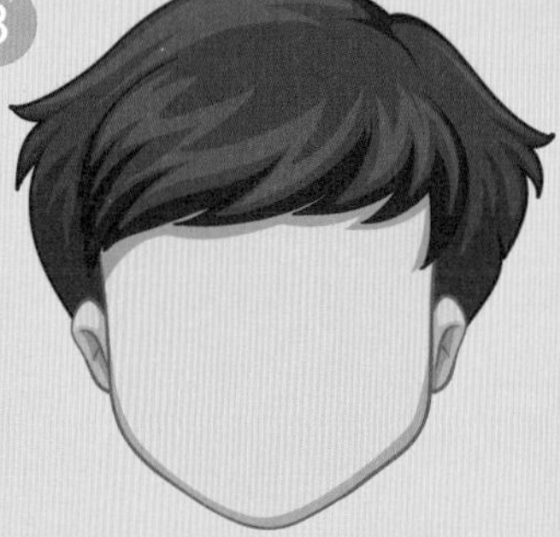

4

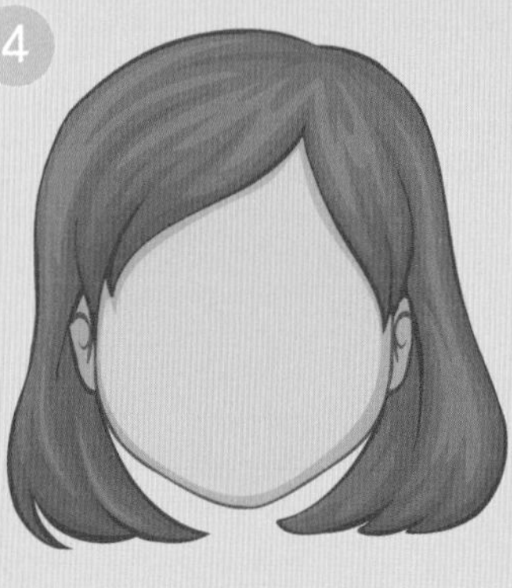

얼굴인식 전문가에게 필요한 능력은?

얼굴인식은 감성적인 부분과 기술적인 면이 융합된 분야다. 따라서 얼굴인식 전문가에게는 다방면의 능력이 요구된다. 어떤 능력이 필요한지 찾아보고 그 번호에 해당하는 그림을 색칠해 보자.
(정답은 다섯 개)

1

인간에 대한
이해

2

다양한 표정을
관심 있게 볼 줄
아는 호기심

3

작은 변화도
알아차리는
관찰력

4

영상 처리, 그래픽,
엔지니어링 등
기술적인 지식

5

규칙적인 것과
불규칙적인 것을
분리하는 능력

6

피부 관리 능력

얼굴인식 VS 음성인식

다음은 얼굴인식과 음성인식에 관해 설명한 것이다. 각 내용이 일치하도록 바르게 연결해 보자.

얼굴인식

음성인식

1 분실과 복제의 우려가 없어 신원 확인용으로 각광을 받는다.

2 목소리를 듣고 기기가 작동하고 서비스를 제공한다.

3 질문에 답할 뿐만 아니라 사람에게 먼저 말을 건네고 대화를 한다.

4 범죄 용의자 검색, 우범 지대 감시 등 치안용으로 활용한다.

5 출퇴근 관리, 등하교 관리, 비밀번호 대체 등의 보안용으로 활용한다.

증강현실 전문가에 대해 알아보자

증강현실 전문가에 관해 바르게 알고 있는 친구는 누구인지 찾아보자. (정답은 세 개)

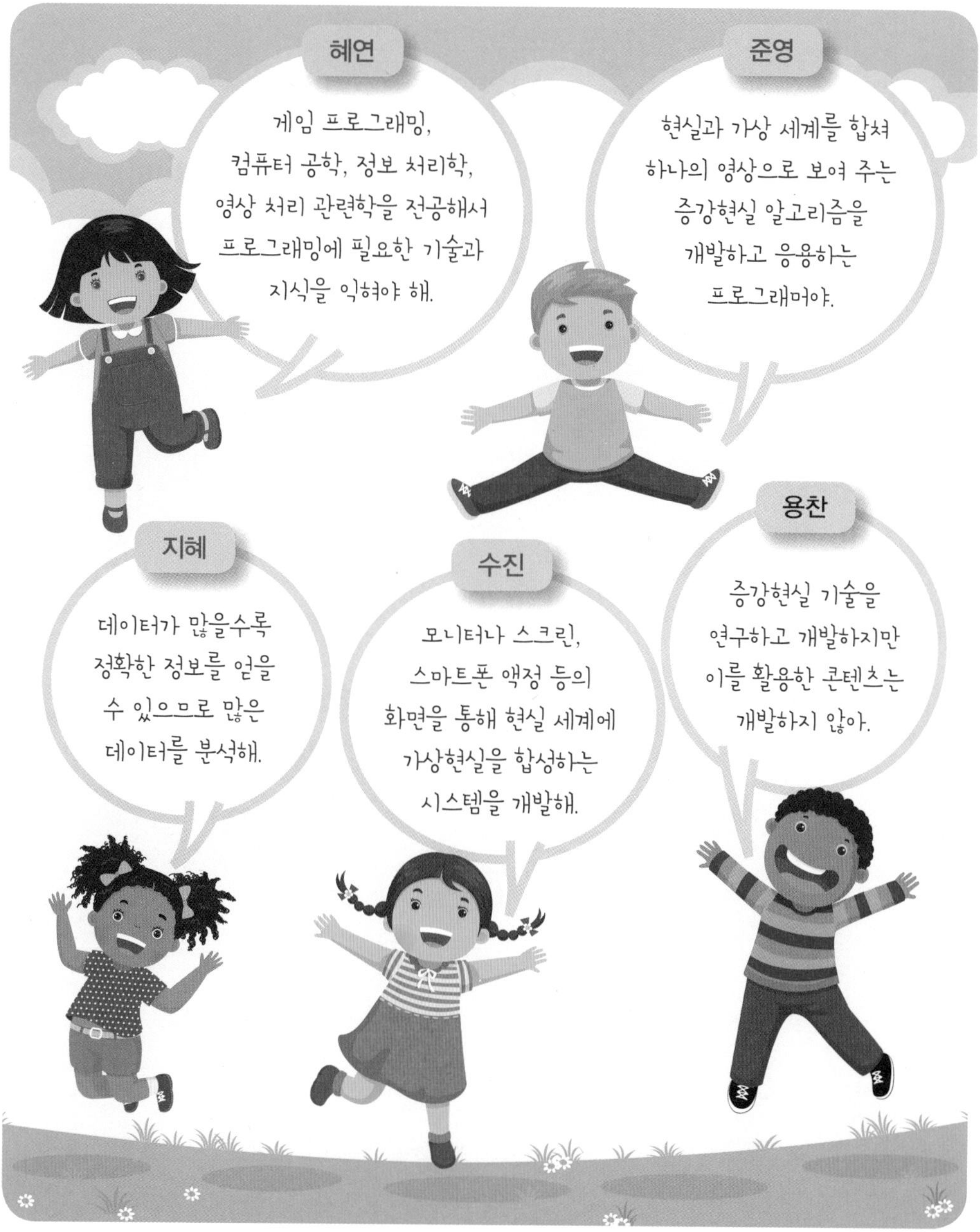

혜연
게임 프로그래밍, 컴퓨터 공학, 정보 처리학, 영상 처리 관련학을 전공해서 프로그래밍에 필요한 기술과 지식을 익혀야 해.
준영
현실과 가상 세계를 합쳐 하나의 영상으로 보여 주는 증강현실 알고리즘을 개발하고 응용하는 프로그래머야.
지혜
데이터가 많을수록 정확한 정보를 얻을 수 있으므로 많은 데이터를 분석해.
수진
모니터나 스크린, 스마트폰 액정 등의 화면을 통해 현실 세계에 가상현실을 합성하는 시스템을 개발해.
용찬
증강현실 기술을 연구하고 개발하지만 이를 활용한 콘텐츠는 개발하지 않아.

증강현실 전문가에게 필요한 능력은?

증강현실 전문가에게 어떤 능력이 필요한지 알아보고 필요한 능력을 찾아 색칠해 보자.
(정답은 여섯 개)

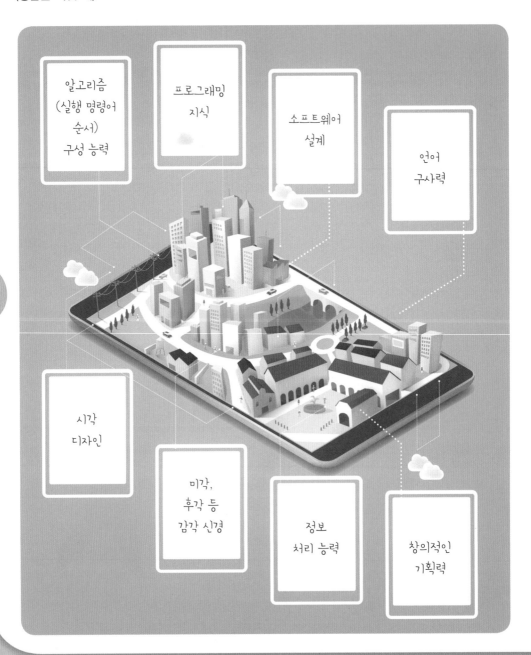

알고리즘
(실행 명령어
순서)
구성 능력

프로그래밍
지식

소프트웨어
설계

언어
구사력

시각
디자인

미각,
후각 등
감각 신경

정보
처리 능력

창의적인
기획력

가상현실 VS 증강현실

증강현실은 가상현실의 한 부분이다. 비슷해 보이지만 확연한 차이점이 있다. 다음 내용과 그림을 보고 서로 관련된 것을 선으로 이어 보자.

1
특수 안경, 헤드셋, 장갑 등의 장비를 사용해 가상 공간을 체험하는 기술이다.

2
실재 이미지나 배경에 가상 이미지를 합성하여 가상의 물체가 현실에 존재하는 것처럼 보이도록 한다.

3
현실 세계에 실시간으로 부가 정보를 합쳐 하나의 영상으로 보여 주므로 혼합 현실이라고도 한다.

가상현실

증강현실

4
인터넷의 대중화, 스마트폰 보급률의 성장으로 일반인들에게 널리 활용될 만큼 대중화되었다.

5
배경이나 환경을 가상의 이미지로 구현한 것이다.

6
컴퓨터 그래픽을 통해 만들어진 환경을 현실처럼 보여 주는 기술이다.

홀로그램 전문가에 대해 알아보자

홀로그램은 빛의 간섭 효과를 이용한 3차원 입체 영상 제작 기술을 말한다. 홀로그램 전문가는 마술 같기도 하고 진짜 같기도 한 홀로그램을 탄생시키는 사람이다. 홀로그램 전문가와 관련한 문제를 풀고 단어를 완성해 보자.

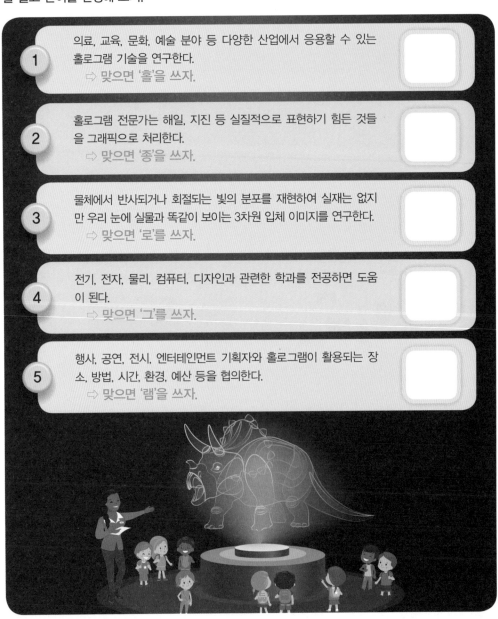

1. 의료, 교육, 문화, 예술 분야 등 다양한 산업에서 응용할 수 있는 홀로그램 기술을 연구한다.
   ⇨ 맞으면 '홀'을 쓰자.

2. 홀로그램 전문가는 해일, 지진 등 실질적으로 표현하기 힘든 것들을 그래픽으로 처리한다.
   ⇨ 맞으면 '종'을 쓰자.

3. 물체에서 반사되거나 회절되는 빛의 분포를 재현하여 실재는 없지만 우리 눈에 실물과 똑같이 보이는 3차원 입체 이미지를 연구한다.
   ⇨ 맞으면 '로'를 쓰자.

4. 전기, 전자, 물리, 컴퓨터, 디자인과 관련한 학과를 전공하면 도움이 된다.
   ⇨ 맞으면 '그'를 쓰자.

5. 행사, 공연, 전시, 엔터테인먼트 기획자와 홀로그램이 활용되는 장소, 방법, 시간, 환경, 예산 등을 협의한다.
   ⇨ 맞으면 '램'을 쓰자.

홀로그램 전문가에게 필요한 자질은?

차세대 콘텐츠 산업을 이끌어 갈 중요한 영상 매체인 홀로그램은 다양한 지식과 기술이 융합되는 분야다. 아래에서 홀로그램 전문가에게 필요한 자질을 찾아 동그라미로 표시해 보자. (정답은 다섯 개)

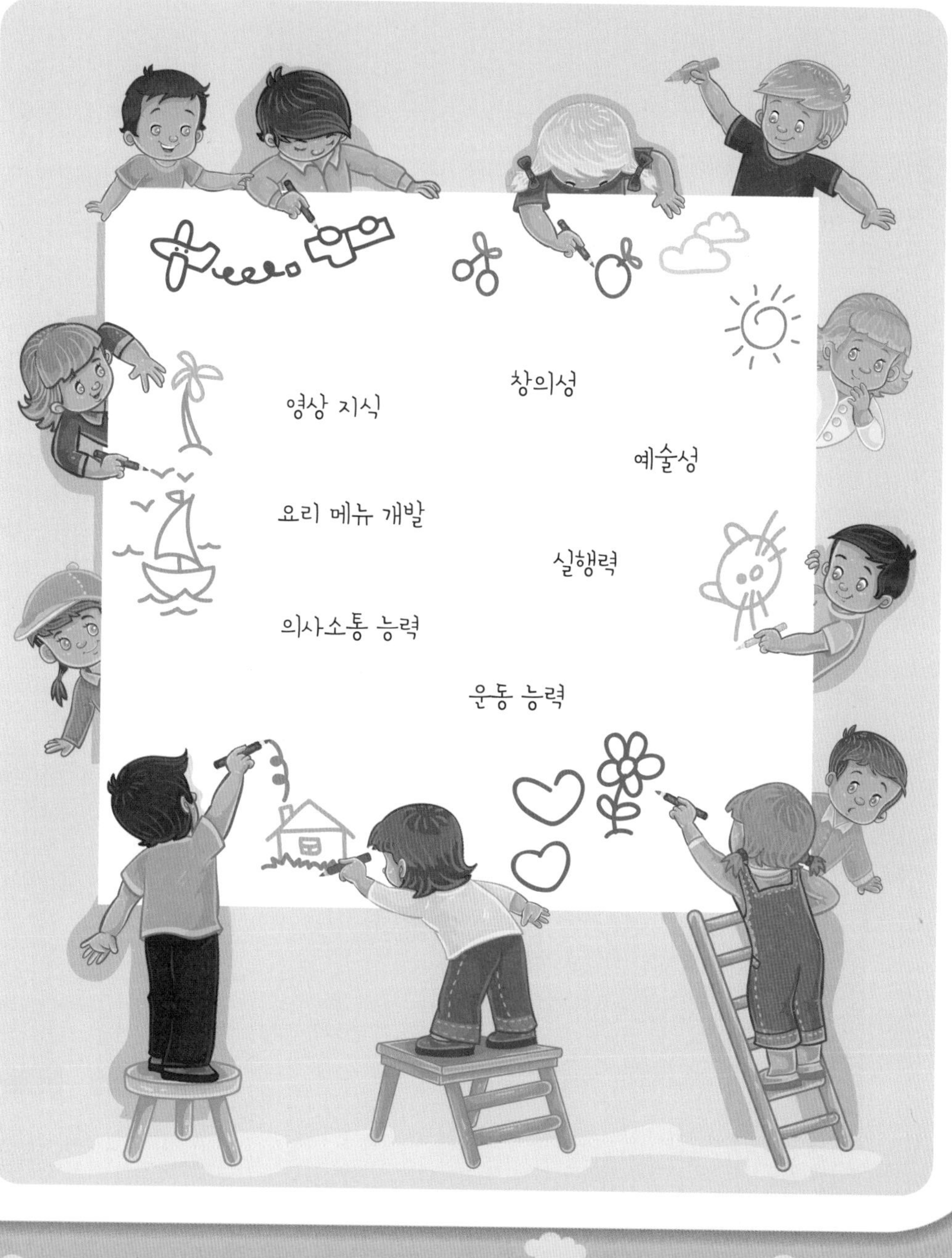

창의성
영상 지식
예술성
요리 메뉴 개발
실행력
의사소통 능력
운동 능력

자율주행 자동차 엔지니어에 대해 알아보자

자율주행 자동차는 운전자 없이 스스로 주행 환경을 정확하게 인식하여 자동차를 제어하고 필요한 동작을 수행하는 차량이다. 아래는 지후가 자율주행 자동차 엔지니어와 인터뷰한 내용이다. 대화 내용 중 틀린 것을 골라 보자.

자율주행 자동차 엔지니어는 어떤 일을 하나요?

1
자율주행 자동차에 필요한 최첨단 기술을 개발하고 자율주행 자동차의 센서 등을 연구한단다.

자율주행 자동차와 관련한 기술은 어떤 것이 있나요?

2
주행 환경을 인지하는 기술, 인지 정보를 종합적으로 판단하는 기술, 스스로 움직이게 만드는 제어 기술이 있단다.

자율주행 자동차 엔지니어에게 필요한 자질은 무엇인가요?

3
자동차 외형을 디자인하기 때문에 색채 감각이 뛰어나야 해.

자율주행 자동차 엔지니어가 되려면 무엇을 전공해야 하나요?

4
컴퓨터 공학, 기계 공학, 자동차 공학, 전자 공학 등을 전공하면 많은 도움이 되지.

16

누구일까?

인간과 컴퓨터의 상호 작용을 증진하는 데 필요한 지능형 정보 처리 시스템을 연구하고 개발하는 사람이 있다. 누구인지 〈보기〉에서 찾아보자.

1 신경망, 퍼지 이론(fuzzy theory: 애매하고 불분명한 상황에서 여러 문제를 두뇌가 판단·결정하는 과정에 수학적으로 접근하는 이론) 등에 관한 연구를 수행한다.

2 자연어 처리, 패턴 인식 등과 같은 시각 정보 처리, 음성 정보 처리에 관련된 소프트웨어를 연구한다.

3 컴퓨터의 프로그램 언어를 사용하여 시스템을 개발한다.

4 테스트를 통해 오류를 발견하면 수정 및 보완 작업을 실시한다.

보기

인공지능
음성인식
개발자

인공지능
신약
개발자

인공지능
게임
프로그래머

인공지능
연구원

인공지능 활용

영화에나 나올 법한 인공지능이 이제 현실이 되어 우리의 실생활에 등장하고 있다. 인공지능이 어떻게 활용되고 있는지 알아보고 〈보기〉에서 알맞은 말을 찾아 빈칸에 적어 보자.

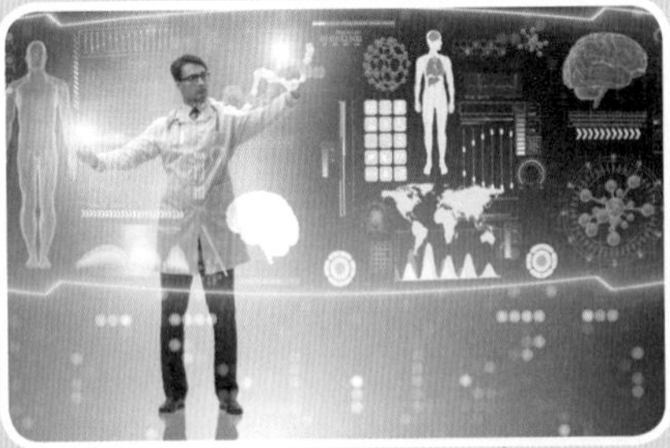

인공지능 ❶ ____________ 이 등장했다. 활동량과 몸 상태를 알아보기 위해 신체를 스캔해 의사에게 정보를 전송한다.

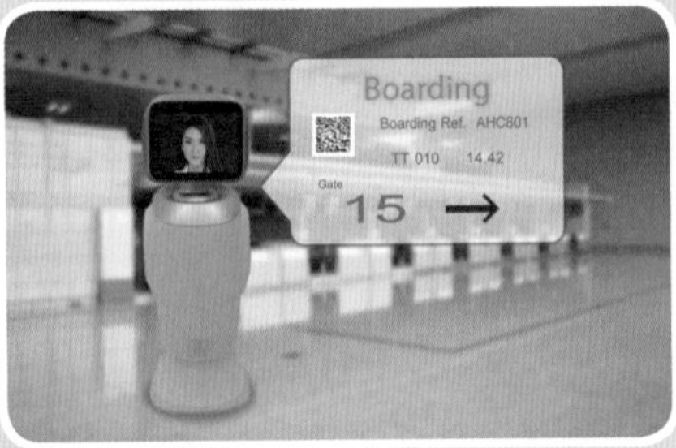
Boarding
Boarding Ref. AHC601
TT 010 14.42
Gate
15 →

안내 로봇, 경비 보안 로봇, 청소 로봇 등 다양한 종류의 인공지능 로봇이 ❷ ____________ 에서 일하고 있다.

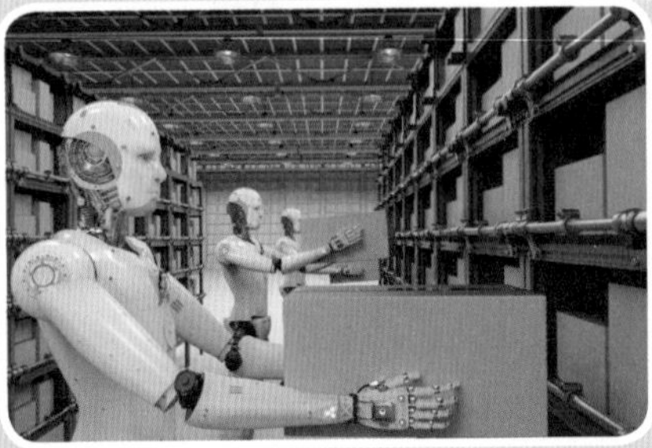

인공지능 로봇이 ❸ ____________ 에서 무거운 물건을 이리저리 옮기고 쌓는 일을 한다.

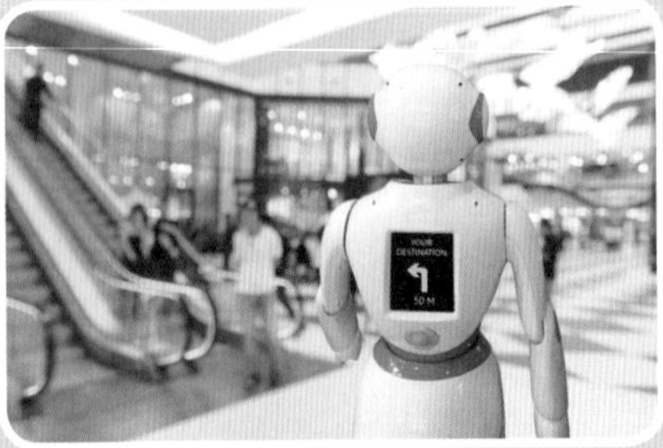

❹ ____________ 에 가면 로봇이 음식점과 카페 등을 안내하고 쇼핑을 도와주는 역할을 한다.

보기

백화점, 병원, 물류 창고, 공항, 학교, 전자 회사

인공지능을 이용한 신약 개발

전 세계 제약 산업에 인공지능 붐이 일고 있다. 국내에서도 인공지능을 이용하여 신약을 개발하고 있다. 신약을 개발할 때 인공지능을 활용하면 어떤 점이 좋은지 바르게 말한 사람을 찾아보자. (정답은 네 개)

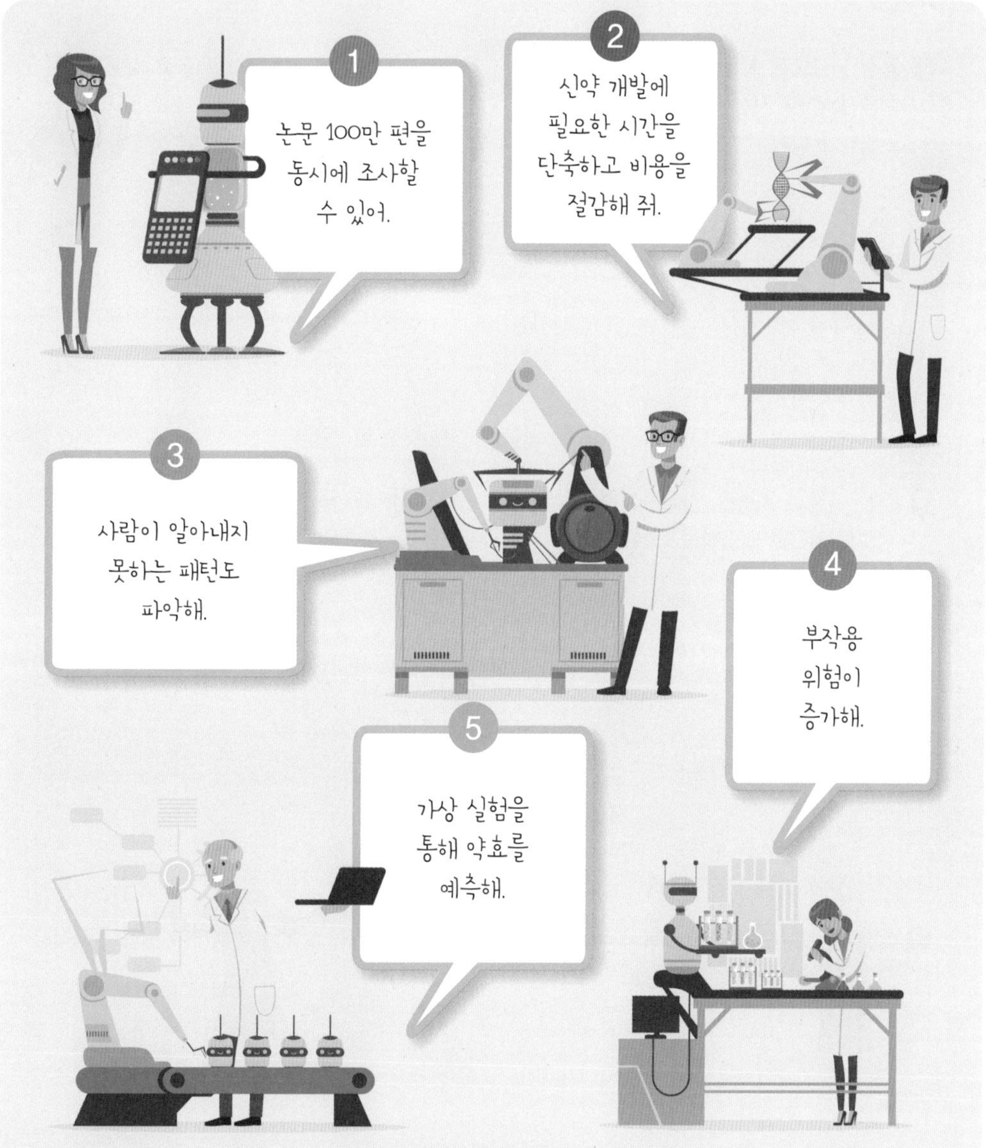
1
논문 100만 편을 동시에 조사할 수 있어.
2
신약 개발에 필요한 시간을 단축하고 비용을 절감해 줘.
3
사람이 알아내지 못하는 패턴도 파악해.
4
부작용 위험이 증가해.
5
가상 실험을 통해 약효를 예측해.

알쏭달쏭 O✕ 퀴즈

아래 퀴즈에서 인공지능과 관련한 것이 맞으면 O, 아니면 ✕에 표시해 보자.

❶ 음성 명령으로 자신이 좋아하는 가수의 노래를 지정해 들을 수 있는 스마트 스피커

❷ 시시각각 카메라로 도로 상황과 주행 환경을 분석하고 판단하여 스스로 운전하는 자율주행 자동차

❸ 주변 사물과 지형을 인식하여 최단 경로로 물건을 배송하는 드론 택배

❹ 3차원 영상으로 된 입체 사진으로 실물과 똑같이 보이는 홀로그램

❺ 냉장고의 식재료를 파악하고 만들수 있는 요리를 추천하는 음성 비서

❻ 특수 물질을 이용하여 노인, 외계인 등으로 분장하는 특수 분장

인공지능 직업을 찾아라

인공지능과 관련한 직업은 여러 가지가 있다. 〈보기〉에서 인공지능과 관련한 직업으로만 나열한 알파벳을 찾아 색칠하고 완성된 그림이 무엇인지 확인해 보자.

- J　음성인식 전문가, 특수분장사, 인공지능 연구원
- V　홀로그램 전문가, 자율주행 자동차 엔지니어, 증강현실 전문가
- W　인공지능 연구원, 자율주행 자동차 엔지니어, 캐릭터 디자이너
- U　투자분석가, 홀로그램 전문가, 빅데이터 전문가

J U J J J V
U
J
W V V U
V
V V J
U
V W
V V
V
V V
J
V J
V V V
V W
J V U
V
V J
V
W
V J
W W
J U

완성한 그림:

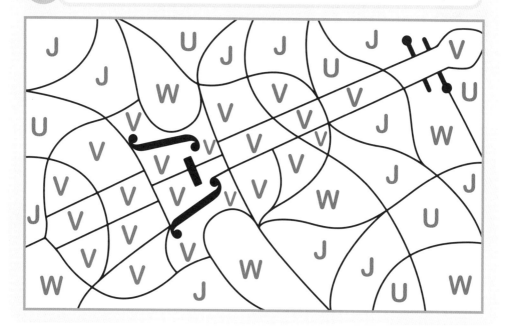

인공지능의 발전

인공지능이 발전하면 인류는 행복할까? 아니면 위협이 될까? 마크 저커버그와 빌 게이츠가 한 말을 읽고 자신의 생각을 말해 보자.

의학 발달, 우주 탐사 등에 유용하게 쓰일 것이다.

마크 저커버그

자아를 가진 인공지능은 인간이 통제할 수 없게 된다.

빌 게이츠

✏️ 나의 의견은?

일자리 감소 VS 일자리 증가

인공지능 기술이 발달하면 사람의 일을 대체해 일자리가 줄어들 것이라는 우려와 직무 전문성이 강화되고 새로운 일자리가 창출될 것이라는 전망이 교차하고 있다. 인공지능이 일자리에 어떤 영향을 미칠지에 관한 자신의 생각과 그렇게 판단한 이유를 말해 보자.

> 반복적이거나 단순한 일,
> 사람들과 소통이 상대적으로
> 적은 일은 인공지능으로
> 대체할 가능성이 아주 높아.
> 미래에는 분명 일자리가
> 많이 줄어들 거야.

> 직업은 인간의 필요와
> 욕구에 따라 사라지기도 하고
> 새롭게 생기기도 해.
> 인공지능 기술이 발달하면 그만큼
> 새로운 분야가 만들어지니까
> 오히려 일자리가 증가하게 될 거야.

23

🖊 나는 인공지능이 발달하면 일자리가 〈감소 / 증가〉한다고 생각한다.

왜냐하면

때문이다.

4. 자율주행 자동차 개발자, 인공지능 개발자, 인공지능 번역 개발자, 인공지능 의료 기기

5. ①, ③, ④

6. ③

7. ○, ○, ○, ✕, ○, ○

8. ②, ③, ④

9. ①, ②, ③, ④, ⑤

10. 얼굴인식 – ①, ④, ⑤ 음성인식 – ②, ③

11. 혜연, 준영, 수진

12. 알고리즘 구성 능력, 프로그래밍 지식, 소프트웨어 설계, 시각 디자인,
    정보 처리 능력, 창의적인 기획력

13. 가상현실 – ①, ⑤, ⑥ 증강현실 – ②, ③, ④

14. 홀로그램

15. 영상 지식, 창의성, 예술성, 실행력, 의사소통 능력

16. ③

17. 인공지능 연구원

18. ① 병원 ② 공항 ③ 물류 창고 ④ 백화점

19. ①, ②, ③, ⑤

20. ○, ○, ○, ○, ○, ✕

21. V / 바이올린